세법의 이해

2025

김완섭 · 손정호 공저

도서출판
어울림
www.aubook.co.kr

2025년 개정판을 내면서

2025년 개정판을 준비하면서, 본서로 공부하는 학습자 측면을 고려하여 내용의 범위를 설정하는 데 많은 시간을 할애하였다. 2025년 개정판에서는 학습범위에 부합하는 본문 내용을 추가·수정하였고, 자격검정시험 기출문제를 현재의 법 내용에 부합하게 반영하여 정리문제로 제시하였다.

2025년도 본서의 내용과 관련된 개정 및 신설내용은 다음과 같다.

국세기본법의 기초 내용과 관련해서는 다음과 같다.
첫째, 제2차 납세의무를 부담하는 출자자의 범위가 확대되어 과점조합원도 포함
둘째, 경정청구기간에 있어서 과세관청의 증액결정 또는 경정처분의 경우 경정청구기간 합리화
셋째, 경정청구 사유에 있어서 청구대상을 세액공제액도 포함하는 것으로 확대
넷째, 세무조사에 있어서 사전통지 기간을 연장하고 불복청구 등의 재조사결정의 경우 사전통지 기간 신설

부가가치세법의 기초 내용과 관련해서는 다음과 같다.
첫째, 면세되는 혈액의 범위에 치료·예방·진단 목적으로 조제한 동물의 혈액 포함
둘째, 조세포탈사업자 대상 부가가치세 수시부과 근거를 신설하여 부가가치세의 신고납부시 수시부과세액 부분을 반영

소득세법의 기초 내용과 관련해서는 다음과 같다.
첫째, 출산·양육부담 완화를 위해 사용자가 근로자에게 지급하는 출산지원금의 전액비과세
둘째, 근로자 등 할인금액에 대한 근로소득 비과세 기준의 마련
셋째, 기본공제 대상자 나이 요건을 명확하게 명문화
넷째, 자녀세액공제 중 자녀수에 따른 공제금액의 확대

저자들 나름대로 많은 노력을 기울였지만 여전히 부족한 점들이 마음속으로 부담으로 자리잡고 있다. 끝으로 책의 내용에 대해 아낌없는 조언과 충고를 해 주신 여러 교수님들에게 머리 숙여 감사를 드리고 출간의 바쁜 일정 속에서도 묵묵히 지켜봐 주시고 저자들을 지원해 주신 도서출판 '어울림'의 허병관 사장님과 직원여러분들께도 감사의 마음을 전하는 바입니다.

2025년 2월
김완섭 · 손정호

머리말

본서는 대학에서 세법 공부를 처음 시작하는 학습자를 위한 기초내용을 포함하고 있다. 세법이 실생활에 매우 밀접한 지식이라는 점은 대부분의 수강생들이 공감하지만, 내용을 학습해 나가기는 상당이 부담스러워 하는 것이 현실이다.

본서를 저술하게 된 이유는 저자가 대학에서 여러 해에 걸쳐 처음 세법을 학습하는 학생들을 대상으로 다양한 기초세법 교재를 사용하여 강의를 하고, 그 후에 학생들로부터 의견을 청취한 결과, 대다수가 수업에 대한 시간적 제약, 내용의 방대함 및 법 내용을 이해하고 연습하는데 한계가 있다는 의견을 들을 수 있었다. 또한 세무실무자들로부터는 처음 세법을 접하는 학생들에게 필요한 세법의 범위와 내용에 대한 조언을 들을 수 있었다. 본서는 나름대로 학생들의 애로사항과 세무실무자들의 조언을 반영하여 저술하려고 노력하였다.

본서는 세법을 처음 공부하는 학생들에게 초점을 맞추었기 때문에 복잡한 계산내용보다는 학습 범위에 포함되는 세법 규정에 대한 개념적인 내용의 이해를 바탕으로 하여, 검정자격시험기출문제를 연습할 수 있도록 저술하였다. 또한 학생들이 본서 범위에 있는 내용을 잘 이해해서 앞으로 좀 더 세부적이면서도 방대한 세법 심화내용을 중도에 포기하지 않고 잘 학습해 나갔으면 하는 바램을 가지고 저술하였다.

본서의 구성은 다음과 같다.

제1장 세법의 기초 지식에서는 세금과 일상생활의 밀접한 관련성 그리고 세법의 구조 등을 학습한다.

제2장 국세기본법의 기초 내용에서는 국세에 관한 기본적이고 공통적인 사항과 납세자의 권리구제절차 등에 대한 기본적인 내용을 학습한다.

제3장 부가가치세법의 기초 내용에서는 법에서 규정하고 있는 개념들에 대한 학습과 계산흐름, 영세율과 면세제도의 비교, 부가가치세 과세거래, 신고와 납부 등에 대해 학습한다.

제4장 소득세법의 기초 내용에서는 소득세의 전반적인 흐름과 개요, 근로소득에 대한 내용, 근로소득자의 연말정산에 대한 내용 등을 학습한다.

나름대로 저자가 생각한 대로 집필하려고 노력했지만 부족함이 많이 있으며, 향후에 계속해서 수정·보완해 나갈 것을 스스로에게 약속하며 집필을 마무리하였다.

본서를 집필하는 동안 많은 분들의 도움과 격려를 받았다. 특히 저자가 근무하고 있는 경인여자대학교 세무회계과 교수님들과 손정호 세무사, 장대준 세무사를 비롯한 실무에 계신 분들께 감사의 마음을 전한다. 그리고 어려운 대학교재 출판환경속에서도 항상 저자에게 힘을 주신 도서출판 어울림 허병관 대표님과 직원들에게도 감사를 전한다.

2021년 2월
저 자

CONTENTS

제3장 부가가치세법의 기초 내용

제4장   소득세법의 기초 내용

I

세금의 기초 지식

제1장

세금의 기초 지식

01 세금의 개념 및 분류

↙ 1-1 일상생활과 세금

"세상에서 피할 수 없는 두 가지는 죽음(death)과 세금(taxes)이다"라는 Benjamin Franklin의 말은 세금이 사람의 일상생활에 있어서 그 만큼 중요하다는 의미를 표현하고 있다. 일상생활과 세금의 관계에 대해서 국세청이 발간한 세금절약가이드 I (2021)에 나와 있는 내용을 살펴보면 다음과 같다.

> 우리가 내는 세금에는 어떤 것이 있나? 우리는 일상생활을 하면서 알게 모르게 많은 세금을 내고 있다.
>
> 사업을 해서 돈을 벌었으면 **소득세**를 내야 하고, 번 돈을 가지고 부동산이나 자동차를 사면 **취득세**를 내야 하며, 집이나 자동차 등을 가지고 있으면 **재산세 · 종합부동산세 · 자동차세** 등을 내야 한다.
>
> 뿐만 아니라 부동산을 팔면 **양도소득세**를 내야 하고, 자식에게 증여를 하면 **증여세**를, 부모가 사망하여 재산을 물려받으면 **상속세**를 내야 한다. 위와 같은 세금은 그래도 알고 내는 세금이지만 우리가 알지도 못하는 사이에 내는 세금도 한 두 가지가 아니다.
>
> 물건을 사거나 음식을 먹으면 그 값에 **부가가치세**가 포함되어 있고, 고급가구 등을 사면 **개별소비세**가, 술값에는 **주세**가, 담배값에는 **담배소비세**가 포함되어 있다.
>
> 어디 그뿐인가? 계약서를 작성하면 **인지세**, 면허를 가지고 있으면 **등록면허세**를 내야하는 등등… 차라리 골치 안 아프게 잊어버리고 지내는 것이 속 편할지 모른다. 그러나 우리의 일상생활 속에서 세금문제는 피할 수가 없다. 소득과 재산이 있거나 거래가 이루어지는 곳에는 항상 세금이 따라 다니기 때문이다.
>
> 그러므로 우리는 세금에 대하여 무관심하거나 피하려고 하지 말고, 내가 내야 하는 세금에는 어떤 것이 있으며, 나는 그 세금을 적정하게 내고 있는지 관심을 갖는 것이 필요하다. 그래야 우리가 세금과 관련된 어떤 의사결정을 하더라도 나중에 후회하는 일이 없을 것이다.

돈을 버는 것(소득), 쓰고(소비), 모으는 등(재산)의 일상생활과 관련된 대표적인 세금	
일상생활	관련 세금 예시
돈을 버는 것(소득)에 대해 세금	소득세, 법인세
돈을 쓰는 것(소비)에 대해 세금	부가가치세, 개별소비세, 주세
돈을 모은 것(재산)에 대해 세금	• 취득 : 취득세, 상속세, 증여세 • 보유 : 재산세, 종합부동산세, 자동차세

1-2 세금이란 무엇인가?

일반적으로 세금이란 '① 국가 또는 지방자치단체가 ② 재정수입을 조달할 목적으로 ③ 직접적인 반대급부없이 ④ 법률에 규정된 과세요건을 충족한 모든 자에게 부과하는 ⑤ 금전급부'라고 정의할 수 있다. 세금의 목적은 국가 또는 지방자치단체의 역할에 필요한 재원의 조달을 주된 목적으로 하고 있지만, 이러한 목적 외에도 경제정책적 기능과 소득재분배 기능 등의 역할을 수행하기도 한다.

세금의 정의에 대한 특징을 살펴보면 다음과 같다.

① 세금을 부과하는 주체 : 국가 또는 지방자치단체(공공단체가 공적인 서비스의 제공에 필요한 지출에 사용하기 위해 공과금은 세금이 아니다.)

② 세금부과의 목적 : 국가 또는 지방자치단체가 필요한 재정수입을 조달할 목적(위법행위에 대한 벌과금은 세금이 아니다.)

③ 세금은 직접적인 반대급부 없이 부과 : 지급한 금액 등에 해당하는 부분만을 돌려 주는 개별적인 보상을 반대급부라고 하는데, 세금은 납부한 금액에 비례하여 개별보상하는 것이 아님(수도요금, 전기요금 등은 사용한 양에 비례하여 요금이 부과되므로 세금이 아니다).

④ 세금은 법률이 규정한 과세요건을 충족한 모든 자에게 부과 : 세금을 내야 할 의무(납세의무)는 법률로 규정해 놓은 과세요건(납세의무자, 과세물건, 과세표준, 세율)을 충족함으로써 성립

⑤ 세금은 금전급부(금전적 부담) : 세금은 원칙적으로 금전으로 납부(예외적으로 세금납부의 편의를 고려하여 상속세 및 증여세법 등 현행법상 물납을 허용하는 경우도 있다).

세금의 분류와 우리나라 세금체계

세금(일반적으로 조세와 혼용해서 사용)은 분류기준에 따라 여러 가지 형태로 나타낼 수 있다.

기준	분류	내 용
① 과세권자	국세	부과·징수권자가 국가인 세금
	지방세	부과·징수권자가 지방자치단체인 세금
② 부과되는 장소	내국세	국내에서 사람이나 물품에 대해 부과하는 세금
	관세	수입물품을 수입할 때 부과하는 세금
③ 독립된 세원 유무	독립세	독립된 세원이 존재하는 세금
	부가세	독립된 세원이 존재하지 않고 독립세에 더하여 부가되는 부가
④ 조세부담전가여부	직접세	납세의무자와 실제 세금을 부담하는 자(담세자)가 동일한 세금
	간접세	납세의무자와 실제 세금을 부담하는 자(담세자)가 동일하지 않은 세금
⑤ 과세표준 계산단위	종량세	과세표준을 수량으로 하는 세금
	종가세	과세표준을 가액으로 하는 세금
⑥ 사용목적 특정 여부	보통세	특정한 지출목적이 정해져 있지 않는 세금
	목적세	특정한 지출목적이 정해져 있는 세금
⑦ 세율구조	비례세	과세물건의 크기에 관계없이 일정한 세율이 적용되는 세금
	누진세	과세물건이 커짐에 따라 점차 높은 세율이 적용되는 세금
⑧ 납세의무자 개인적 상황 고려 여부	인세	납세의무자의 개인적인 상황을 감안하는 세금
	물세	납세의무자의 개인적인 상황을 감안하지 않고 특정한 사실·행위만을 감안하는 세금

1. 용어 설명 : 납세의무자, 납세자, 제2차 납세의무자, 보증인

① 납세의무자 : 세법에 따라 국세를 납부할 의무(국세를 징수하여 납부할 의무는 제외)가 있는 자
② 납세자 : 납세의무자(연대납세의무자와 납세자를 갈음하여 납부할 의무가 생긴 경우의 제2차 납세의무자 및 보증인 포함)와 세법에 따라 국세를 징수하여 납부할 의무를 지는 자
③ 제2차 납세의무자 : 납세자가 납세의무를 이행할 수 없는 경우에 납세자에 갈음하여 납세의무를 지는 자
④ 보증인 : 납세자의 국세 및 강제징수비의 납부를 보증한 자

납 세 자	
납세의무자	징수납부의무자
• 본래의 납세의무자	• 원천징수의무자
• 납세의무 승계받은 자(2장 납세의무 확장 부분)	• 부가가치세법상 대리납부의무자
• 연대납세의무자(2장 납세의무 확장 부분)	
• 제2차 납세의무자(2장 납세의무 확장 부분)	
• 납세보증인	

2. 비례세와 누진세의 적용

1. 비례세
① 단순비례세 : 과세대상이 되는 모든 재화 또는 용역에 대해 그 종류에 관계없이 동일한 세율 적용
(과세대상이 되는 모든 재화의 공급에 대해서 10% 과세 : 1천만원을 공급해도 10%인 100만원, 1억원을 공급해도 10%인 1천만원)
② 차등비례세 : 과세대상이 되는 물품 또는 과세장소의 종류에 따라 서로 다른 세율 적용
(과세대상이 되는 A물품의 반출에 대해서는 5% 과세, 과세대상이 되는 B물품의 반출에 대해서는 7% 과세)

2. 누진세
① 단순누진세 : 과세표준이 증가하면 전체 금액에 대해서 높아진 세율 적용
② 초과누진세 : 과세표준을 단계별로 구분하여 각 단계에 대해서 점차적으로 높은 세율 적용

사 례

김규혜씨의 과세표준은 3,100만원이고 김정록씨의 과세표준은 2,900만원, 세율은 과세표준 3,000만원까지는 10%이고 3,000만원을 초과하면 20%라고 가정
• 단순누진세율이 적용되는 경우 김규혜씨와 김정록씨의 세액을 계산하시오.
  김규혜씨의 세액 : 3,100만원 × 20% = 620만원
  김정록씨의 세액 : 2,900만원 × 10% = 290만원
• 초과누진세율이 적용되는 경우 김규혜씨와 김정록씨의 세액을 계산하시오.
  김규혜씨의 세액 : (3,000만원 × 10%) + (100만원 × 20%) = 320만원
  김정록씨의 세액 : 2,900만원 × 10% = 290만원

우리나라의 세금의 종류별 명목(세목)은 25개이며, 14개의 국세와 11개의 지방세로 구분된다. 우리나라 현행 세금체계는 다음과 같다.

구 분			세 목(25개)
국세 (14개)	내국세	보 통 세	소득세
			법인세
			상속세
			증여세
			종합부동산세
			부가가치세
			개별소비세
			주세
			인지세
			증권거래세
		목 적 세	교육세
			교통 · 에너지 · 환경세
			농어촌특별세
	관 세		관세
지방세 (11개)	도세	보 통 세	취득세
			등록면허세
			레저세
			지방소비세
		목 적 세	지역자원시설세
			지방교육세
	시 · 군세	보 통 세	주민세
			재산세
			지방소득세
			자동차세
			담배소비세

02 세법의 구조와 기본원칙

2-1 세법의 구조

세법은 최상위법인 헌법을 근거로 국가 또는 지방자치단체와 국민간에 형성되는 조세법률관계를 규정해 놓은 법들을 말한다.

국세에 관한 법률은 국세에 관한 일반적이고 공통적인 내용들을 규정해 두고 있는 일반조세법과 개별 국세의 과세요건 등을 규정해 두고 있는 개별조세법이 있다. 지방세에 관한 법률은 지방세기본법, 지방세법, 지방세특례제한법이 있다. 한편, 세금과 관련된 법규명령인 시행령과 시행규칙도 중요한 세법이다.

구분	내용
국세에 관한 법률 (국회에서 의결)	• 일반조세법 : 국세에 관한 일반적이고 공통적인 사항을 규정해 놓은 법률(국세기본법, 국세징수법, 조세범처벌법, 조세범처벌절차법, 조세특례제한법, 국제조세조정에 관한 법률 등) • 개별조세법 : 개별 국세의 과세요건 등을 규정해 놓은 법률(법인세법, 소득세법, 부가가치세법, 상속세 및 증여세법 등)
지방세에 관한 법률	• 지방세기본법, 지방세법 및 지방세특례제한법
법규명령	• 국회의결을 거치지 않고 행정부에서 제정 • 시행령 : 대통령이 제정하는 대통령령 • 시행규칙 : 부처장관(세법의 경우는 기획재정부장관)이 제정하는 부령

1. 세법구조 요약

세법	일반조세법	개별조세법
법률	국세기본법 …	법인세법, 소득세법 …
시행령	국세기본법 시행령 …	법인세법 시행령, 소득세법 시행령 …
시행규칙	국세기본법 시행규칙 …	법인세법 시행규칙, 소득세법 시행규칙 …

2. 세법 내용 검색 방법과 읽는 방법

1. 세법 내용 검색
   ① 조세법전(시중에서 판매)
   ② 인터넷 : 국세법령정보시스템(https://taxlaw.nts.go.kr)

2. 세법 읽는 방법 : 조 → 항 → 호 → 목

부가가치세법	부가가치세법 시행령	부가가치세법 시행규칙
제2조(정의) 이 법에서 사용하는 용어의 뜻은 다음과 같다. 1. "재화"란 재산 가치가 있는 물건 및 권리를 말한다. 물건과 권리의 범위에 관하여 필요한 사항은 대통령령으로 정한다. 2. "용역"이란 재화 외에 재산 가치가 있는 모든 역무와 그 밖의 행위를 말한다. 용역의 범위에 관하여 필요한 사항은 대통령령으로 정한다. · · · 9. "외국법인"이란 「법인세법」 제2조 제3호에 따른 외국법인을 말한다.	제3조(용역의 범위) ① 법 제2조제2호에 따른 용역은 재화 외에 재산 가치가 있는 다음 각 호의 사업에 해당하는 모든 역무와 그 밖의 행위로 한다. 1. 건설업 2. 숙박 및 음식점업 3. 운수업 4. 정보통신업 5. 금융 및 보험업 6. 부동산업. 다만, 다음 각 목의 사업은 제외한다. 　가. 전·답·과수원·목장용지·임야 또는 염전 임대업 · · · 14. 국제 및 외국기관의 사업 ② 제1항 제1호 및 제6호에도 불구하고 건설업과 부동산업 중 기획재정부령으로 정하는 사업은 재화를 공급하는 사업으로 본다.	제2조(사업의 범위) ① 「부가가치세법 시행령」(이하 "영"이라 한다) 제3조제1항제6호 단서에 따른 전·답·과수원·목장용지·임야 또는 염전은 지적공부상의 지목과 관계없이 실제로 경작하거나 해당 토지의 고유 용도에 사용하는 것으로 한다. ② 건설업과 부동산업 중 재화를 공급하는 사업으로 보는 사업에 관한 영 제3조제2항에서 "기획재정부령으로 정하는 사업"이란 다음 각 호의 어느 하나에 해당하는 사업을 말한다. 1. 부동산 매매(주거용 또는 비거주용 건축물 및 그 밖의 건축물을 자영건설하여 분양·판매하는 경우를 포함한다) 또는 그 중개를 사업목적으로 나타내어 부동산을 판매하는 사업 2. 사업상 목적으로 1과세기간 중에 1회 이상 부동산을 취득하고 2회 이상 판매하는 사업 · · ·

2-2 세법의 기본원칙

세법 전반에 대해 적용되는 기본원칙은 조세법률주의와 조세평등주의이다.

조세법률주의란 세금의 부과·징수는 법률에 의하여 이루어져야 하며, 법률에 근거하지 아니하면 과세권자는 조세를 부과·징수할 수 없고 조세의 납부를 요구할 수 없다는 원칙이다. 조세법률주의에 의하면, 조세의 종목과 세율 뿐만 아니라 과세요건인 납세의무자, 과세물건, 과세표준, 세율 등도 모두 법률에 근거해야 한다.

조세법률주의는 과세권자가 자의적으로 과세하는 것을 방지하여 국민의 재산권을 보호하고 국민 생활의 법적 안정성·예측가능성을 확보하기 위한 기능을 갖는다.

조세평등주의란 세금의 부과·징수는 모든 납세자에게 공정하고 평등하게 이루어져야 한다는 원칙을 말하는 것으로, 동일한 세금부담능력(담세력)을 가진 자는 동일한 금액의 세금을 부담하는 해야 한다는 수평적 공평과 상이한 세금부담능력(담세력)을 가진 자는 상이한 금액의 세금을 부담 해야 한다는 수직적 공평을 요구하고 있다.

II

국세기본법의 기초 내용

제2장
국세기본법의 기초 내용

국세기본법은 ① 국세에 관한 법률관계를 명확하게 하고 ② 과세를 공정하게 하며 ③ 국민의 납세의무의 원활한 이행에 이바지함을 목적으로 한다.

국세기본법의 성격	① 총칙법 : 국세에 관한 기본적이고 공통적인 사항 규정(1세목 1세법을 원칙으로 하는 국세간에 내용이 상충되거나 중복되는 문제가 발생할 수 있기 때문에 세법체계의 일관성을 유지하기 위해서 규정) ② 불복절차(권리구제절차)법 : 과세관청의 위법·부당한 처분에 의해 권리 또는 이익을 침해당한 자의 구제에 관한 사항 규정

01 국세부과의 원칙과 세법적용의 원칙

1-1 국세부과의 원칙

국세의 부과란, 국가가 납세자에 대한 조세채권의 내용을 확정하는 것을 말한다. 국세부과의 원칙은 국세를 부과할 때 국가가 우월한 지위에서 납세자의 재산권을 부당하게 침해하는 상황이 나타날 수도 있기 때문에 국세부과시 준수하여야 할 기본원칙이다. 국세부과의 원칙은 ① 실질과세의 원칙 ② 신의성실의 원칙 ③ 근거과세의 원칙 ④ 조세감면의 사후관리가 있다.

1-1-1 실질과세의 원칙

실질과세의 원칙이란 형식과 실질이 다른 경우 실질에 따라 과세되어야 한다는 것이다.

구분	내 용
거래귀속에 관한 실질과세	과세의 대상이 되는 소득 · 수익 · 재산 · 행위 또는 거래의 귀속이 명의일 뿐이고 사실상 귀속되는 자가 따로 있을 때에는 사실상 귀속되는 자를 납세의무자로 하여 세법을 적용 • 사업자등록 명의자와는 별도로 사실상의 사업자가 있는 경우에는 사실상의 사업자를 납세의무자로 봄 • 회사의 주주로 명부에 등재되어 있더라도 회사의 대표자가 임의로 등재한 것일 뿐 회사의 주주로서 권리행사를 한 사실이 없는 경우에는 그 명의자인 주주를 세법상 주주로 보지 않음 • 명의신탁부동산을 매각처분한 경우에는 양도의 주체 및 납세의무자는 명의수탁자가 아니고 명의신탁자
거래내용에 관한 실질과세	세법 중 과세표준의 계산에 관한 규정은 소득, 수익, 재산, 행위 또는 거래의 명칭이나 형식에 관계없이 그 실질내용에 따라 적용 • 세법에서 어떤 비용 항목에 해당하는지 여부는 거래명칭이나 사용한 계정과목 등에 상관없이 그 실질적 내용에 따라 판단
조세회피방지를 위한 경제적 실질과세	제3자를 통한 간접적인 방법이나 둘 이상의 행위 또는 거래를 거치는 방법(우회거래)으로 국세기본법 또는 세법의 혜택을 부당하게 받기 위한 것으로 인정되는 경우에는 그 경제적 실질 내용에 따라 당사자가 직접 거래를 한 것으로 보거나 연속된 하나의 행위 또는 거래를 한 것으로 보아 국세기본법 또는 세법을 적용 • 세금혜택을 부당하게 받기 위하여 우회증여를 통한 자녀증여의 경우 직접 자녀에게 증여한 것으로 보고 과세

1-1-2 신의성실의 원칙

신의성실의 원칙이란 납세자가 그 의무를 이행할 때에는 신의에 따라 성실히 하여야 하며, 세무공무원이 그 직무를 수행할 때에도 또한 같다는 것이다(납세자와 과세관청 모두에게 적용).

구분	내 용
과세관청에 대한 신의성실원칙 적용요건	과세관청에 대한 신의성실원칙은 아래 요건을 모두 갖춘 경우에 한하여 적용 • 과세관청이 납세자에게 신뢰의 대상이 되는 공적인 견해표명(세무공무원의 일반적인 상담 내용만으로는 과세관청이 공적인 견해표명을 한 것으로 인정할 수 없음)을 하였을 것 • 납세자가 과세관청의 견해표명이 정당하다고 신뢰한 데 대하여 납세자에게 귀책사유가 없을 것 • 납세자가 그 견해표명을 신뢰하고 이에 따라 어떤 행위를 하였을 것 • 과세관청이 견해표명에 반하는 소급적인 적법한 처분을 할 것 • 납세자의 경제적 불이익이 있을 것 🅔 세무서 직원들이 명시적으로 부가가치세 면제대상으로 세무지도를 하여 납세의무자가 이를 믿고 부가가치세를 징수하지 않았으나 그 이후에 과세관청이 한 부가가치세 과세처분은 신의성실의 원칙에 위반됨.

1-1-3 근거과세의 원칙

근거과세의 원칙이란 납세의무자가 세법에 따라 장부를 갖추어 기록하고 있는 경우에는 해당 국세 과세표준의 조사와 결정은 그 장부와 이에 관계되는 증거자료에 의하여야 한다는 것이다(실지조사결정).

구분	내 용
장부기록 내용이 사실과 다르거나 장부기록 누락시 처리	국세를 조사 · 결정할 때 장부의 기록 내용이 사실과 다르거나 장부의 기록이 누락된 것이 있을 때에는 그 부분에 대해서만 정부가 조사한 사실에 따라 결정 가능 • 정부가 조사한 사실과 결정의 근거를 결정서에 적어야 함(결정근거 기록) • 행정기관의 장은 납세의무자 또는 대리인이 요구하면 결정서의 열람 · 복사를 허용하거나 그 등본 또는 초본이 원본과 일치함을 확인해야 함(요구는 구술로 함)

1-1-4 조세감면의 사후관리

국세를 감면한 경우에 그 감면의 취지를 성취하거나 국가정책을 수행하기 위하여 필요하다고 인정하면 세법에서 정하는 바에 따라 감면한 세액에 상당하는 자금 또는 자산의 운용 범위를 정할 수 있는데, 조세감면의 사후 관리란 그 운용 범위를 벗어난 자금 또는 자산에 상당하는 감면세액은 세법에서 정하는 바에 따라 감면을 취소하고 징수할 수 있다는 것이다(예 : 조세특례제한법에서의 투자세액공제를 받은 자에 대한 세액공제자산의 매각 제한 등).

1-2 세법적용의 원칙

세법적용의 원칙은 세법 규정의 의미·내용을 명확히 하고(세법의 해석), 구체적인 사실이 해석된 세법 규정에 해당하는지 여부를 검토·확인하여(사실의 인정), 구체적인 사실에 해석한 세법의 내용을 결부시켜서 납세자의 재산권이 부당하게 침해되지 않도록 하여야 한다는 원칙이다. 세법적용의 원칙은 ① 세법해석의 기준 ② 소급과세의 금지 ③ 세무공무원 재량의 한계 ④ 기업회계기준의 존중이 있다.

1-2-1 세법해석의 기준

세법해석의 기준이란 세법을 해석·적용할 때에는 과세의 형평과 해당 조항의 합목적성에 비추어 납세자의 재산권을 부당하게 침해하지 않도록 하여야 한다는 것이다. 세법해석의 기준은 재산권 부당침해금지의 원칙이라고도 한다.

구분	내 용
합목적성에 대한 예시	• 애완견을 데리고 카페에 들어올 수 없다 : 문리해석(문자 그대로) ○ • 애완고양이를 데리고 카페에 들어올 수 없다 : 취지(목적)·적용결과 → 목적론적 해석 ○ • 갓난아이를 데리고 카페에 들어올 수 없다 : 확장해석 ×

1-2-2 소급과세의 금지

소급과세의 금지란 납세의무 성립시의 세법이나 해석·관행에 의해서만 과세하고, 납세의무가 성립한 후에 새로운 세법 또는 해석·관행에 의하여 소급하여 과세하지 않는다는 것이다(납세자의 법적 안정성과 예측가능성 보장).

구분	내 용
입법에 의한 소급과세의 금지	국세를 납부할 의무가 성립한 소득·수익·재산·행위 또는 거래에 대해서는 그 성립 후의 새로운 세법에 따라 소급하여 과세하지 않음 • 확정 후에 소급하여 과세하지 않음(×)
세법의 해석·관행에 의한 소급과세의 금지	세법해석이나 국세행정의 관행이 일반적으로 납세자에게 받아들여진 후에는 그 해석이나 관행에 의한 행위 또는 계산은 정당한 것으로 보며, 새로운 해석이나 관행에 의하여 소급하여 과세하지 않음
소급과세금지의 예외	• 부진정소급 • 유리한 소급효

부진정소급과 진정소급, 유리한 소급효

1. 부진정소급과 진정소급

소급과세인지 여부는 납세의무의 성립시점을 기준으로 판정하기 때문에 새로운 법률이 시행된 날, 새로운 행정명령이 있은 날 이후에 납세의무가 성립하는 분에 한정하여 새로운 법률이나 행정명령을 적용할 수 있음

구분	내용	소급과세 허용여부
부진정소급	과세기간이 있는 세금의 경우 과세기간 중에 법령을 개정하면서 과세기간 개시일부터 소급하여 적용하는 것	허용
진정소급	이미 성립한 납세의무에 대해서 소급하여 적용하는 것	금지
사 례	• 소득세의 과세기간은 1. 1. ~ 12. 31.까지이며 납세의무의 성립일은 12. 31.이다. 세율이 12. 30.에 상향 변경되었다면 납세의무 성립일 전에 변경되었기 때문에 1. 1.부터 소급해서 적용 가능(부진정소급) • 소득세의 과세기간은 1. 1. ~ 12. 31.까지이며 납세의무의 성립일은 12. 31.이다. 세율이 다음연도 중에 상향 변경되었다면 작년 납세의무 성립일 후에 변경되었기 때문에 작년도 소득세 계산에 상향 변경된 세율 적용 불가(진정소급)	

2. 유리한 소급효

소급과세의 금지는 납세자에게 불이익이 되는 것만을 금지하는 것이므로 납세자에게 유리한 소급효는 허용(다만, 개별납세자에게 유리한 소급입법이라 할지라도 그것이 전체적으로 조세형평을 침해할 수 있는 경우에는 허용되지 않음)

1-2-3 세무공무원 재량의 한계

세무공무원 재량의 한계란 세무공무원이 재량으로 직무를 수행할 때에는 과세의 형평과 해당 세법의 목적에 비추어 일반적으로 적당하다고 인정되는 한계를 엄수하여야 한다는 것이다.

1-2-4 기업회계기준의 존중

기업회계기준의 존중이란 세무공무원이 국세의 과세표준을 조사·결정할 때에는 해당 납세의무자가 계속하여 적용하고 있는 기업회계의 기준 또는 관행으로서 일반적으로 공정·타당하다고 인정되는 것은 존중하여야 한다는 것이다. 다만, 세법에 특별한 규정이 있는 것은 그러하지 아니한다.

1-3 국세부과의 원칙과 세법적용의 원칙 비교

구 분	국세부과의 원칙	세법적용의 원칙
의 의	납세자에 대한 조세채권의 내용을 확정하는 과정(국세를 부과하는 과정)에서 지켜야 할 원칙	세법의 해석과 적용에 있어서 지켜야 할 원칙
내 용	• 실질과세의 원칙 • 신의성실의 원칙 • 근거과세의 원칙 • 조세감면의 사후관리	• 세법해석의 기준 • 소급과세의 금지 • 세무공무원 재량의 한계 • 기업회계기준의 존중
적용대상	과세관청 및 납세자	과세관청
특례규정 유무	개별세법에 특례규정 ○ (개별세법이 우선)	개별세법에 특례규정 ×

01. 다음 중 국세기본법상 국세부과의 원칙에 해당하지 않는 것은?

① 실질과세의 원칙   ② 재산권 부당침해금지의 원칙

③ 근거과세의 원칙   ④ 조세감면의 사후관리

02. 다음 중 국세기본법상 국세부과의 원칙이 아닌 것은?

① 실질과세의 원칙   ② 신의성실의 원칙

③ 소급과세금지의 원칙   ④ 근거과세의 원칙

03. 다음은 국세기본법상 실질과세원칙에 대한 설명이다. 다음 중 틀린 것은?

① 소득의 귀속이 명의일 뿐 사실상 귀속자가 따로 있을 때에는 사실상 귀속되는 자를 납세의무자로 한다.

② 과세표준을 계산할 때 거래의 형식에 관계없이 그 실질에 따라 적용한다.

③ 제3자를 통한 간접적인 방법을 거치는 경우 각 거래에 따라 세법을 적용한다.

④ 실질과세원칙에 따라 명의신탁부동산을 매각처분하는 경우에 양도주체 및 납세의무자는 명의신탁자이다.

04. 다음 중 국세기본법상 실질과세원칙에 대한 내용과 가장 거리가 먼 것은?

① 회사의 주주로 명부상 등재되어 있더라도 회사의 대표자가 임의로 등재한 것일 뿐 회사의 주주로서 권리행사를 한 사실이 없는 경우에는 그 명의자인 주주를 세법상 주주로 보지 않는다.

② 공부상 등기 등이 타인의 명의로 되어 있더라도 사실상 해당 사업자가 취득하여 사업에 공하였음이 확인되는 경우에는 이를 그 사실상 사업자의 사업용자산으로 본다.

③ 별도로 사실상의 사업자가 있는 경우에는 사실상의 사업자를 납세의무자로 본다.

④ 납세의무자가 세법에 따라 장부를 갖추어 기록하고 있는 경우에는 해당 국세 과세표준의 조사와 결정은 그 장부와 이에 관계되는 증거자료에 의하여야 한다.

05. 다음 중 국세기본법상 신의성실에 관련된 내용으로 가장 틀린 것은?

① 신의성실의 원칙은 납세자 뿐만 아니라 과세권자에게도 적용되는 원칙이다.

② 과세관청이 납세자에게 신뢰의 대상이 되는 공적인 견해표시를 하여야 한다.

③ 과세대상이 되는 거래의 귀속이 명의일 뿐이고 사실상 귀속되는 자가 따로 있는 때에는 사실상 귀속되는 자를 납세의무자로 하여 세법을 적용하는 원칙이다.

④ 과세관청의 과거 언행에 반하는 처분으로 납세자가 경제적으로 불이익을 당한 경우 적용한다.

06. 국세기본법상 다음 괄호안에 들어갈 내용은 무엇인가?

> 세무공무원이 명시적으로 부가가치세 면제대상으로 세무지도를 하여 납세자가 이를 믿고 부가가치세를 거래징수하지 않았으나 그 이후에 과세관청이 한 부가가치세 과세처분은 (   )의 원칙에 위반된다.

07. 다음 중 국세기본법상 국세부과의 원칙 중 근거과세에 관련된 내용으로 틀린 것은?

① 납세의무자가 세법에 따라 장부를 갖추어 기록하고 있는 경우에는 해당 국세 과세표준의 조사와 결정은 그 장부와 이에 관계되는 증거자료에 의하여야 한다.

② 국세를 조사·결정할 때 장부의 기록 내용이 사실과 다르거나 장부의 기록에 누락된 것이 있을 때에는 장부 전체에 대하여 정부가 조사한 사실에 따라 결정할 수 있다.

③ 정부는 장부의 기록 내용과 다른 사실 또는 장부 기록에 누락된 것을 조사하여 결정하였을 때에는 정부가 조사한 사실과 결정의 근거를 결정서에 적어야 한다.

④ 행정기관의 장은 해당 납세의무자 또는 그 대리인이 요구하면 결정서를 열람 또는 복사하게 하거나 그 등본 또는 초본이 원본과 일치함을 확인하여야 한다.

08. 다음 중 국세기본법상 세법적용의 원칙으로만 선택된 것은?

가, 근거과세의 원칙	나. 조세감면의 사후관리
다. 소급과세의 금지	라. 세무공무원 재량의 한계

① 가, 나   ② 나, 다

③ 다, 라   ④ 나, 라

09. 다음 중 국세기본법상 세법적용의 원칙에 해당하지 않는 것은?

① 소급과세의 금지   ② 기업회계의 존중

③ 조세감면의 사후관리   ④ 납세자 재산권의 부당침해 금지

10. 다음 중 국세기본법상 세법적용의 원칙이 아닌 것은?

① 근거과세의 원칙   ② 소급과세금지의 원칙

③ 세법해석의 기준   ④ 세무공무원 재량의 한계

11. 다음 중 국세기본법상 세법적용의 원칙에 대한 설명으로 옳지 않은 것은?

① 세법을 해석·적용할 때는 과세의 형평(衡平)과 해당 조항의 합목적성에 비추어 납세자의 재산권이 부당하게 침해되지 아니하도록 하여야 한다.

② 세법의 해석이나 국세행정의 관행이 일반적으로 납세자에게 받아들여진 후에는 그 해석이나 관행에 의한 행위 또는 계산은 정당한 것으로 보며, 새로운 해석이나 관행에 의하여 소급하여 과세되지 아니한다.

③ 세무공무원이 재량으로 직무를 수행할 때는 과세의 형평과 해당 세법의 목적에 비추어 일반적으로 적당하다고 인정되는 한계를 엄수하여야 한다.

④ 세무공무원이 국세의 과세표준을 조사·결정할 때는 해당 납세의무자가 계속하여 적용하고 있는 기업회계의 기준 또는 관행으로서 일반적으로 공정·타당하다고 인정되는 것은 세법에 특별한 규정이 있더라도 존중하여야 한다.

12. 다음 중 국세기본법상 세법 해석의 기준 및 소급과세금지에 관한 설명으로 옳지 않은 것은?

① 새로운 해석이나 관행이 형성된 경우 소급하여 과세한다.

② 세법을 해석·적용할 때에는 과세의 형평과 해당 조항의 합목적성에 비추어 납세자의 재산권이 부당하게 침해되지 아니하도록 하여야 한다.

③ 국세를 납부할 의무가 성립한 소득, 수익, 재산, 행위 또는 거래에 대해서는 그 성립 후의 새로운 세법에 따라 소급하여 과세하지 아니한다.

④ 세법의 해석이나 국세행정의 관행이 일반적으로 납세자에게 받아들여진 후에는 그 해석이나 관행에 의한 행위 또는 계산은 정당한 것으로 본다.

13. 다음 중 국세기본법상 소급과세에 관한 설명으로 옳지 않은 것은?

① 개별납세자에게 유리한 소급입법이라고 하더라도 그것이 전체적으로 조세공평을 침해할 수 있는 경우에는 허용하지 않을 수 있다.

② 국세기본법은 새로운 입법에 의한 과세가 소급과세인지 여부를 판단하는 기준시점을 납세의무의 확정시점으로 규정하고 있다.

③ 국세기본법은 입법에 의한 소급과세 이외에 해석에 의한 소급과세에 대해서도 규정하고 있다.

④ 국민의 기득권을 침해하지 않고 당사자의 법적 안정성 또는 신뢰보호에 위배되지 않는 일정한 경우에는 소급과세금지원칙의 예외가 인정될 수 있다.

14. 국세기본법상 "국세를 납부할 의무가 성립한 소득, 수익, 재산, 행위 또는 거래에 대해서는 그 성립 후의 새로운 세법에 따라 소급하여 과세하지 아니한다."는 세법적용의 원칙은 무엇을 설명하고 있는지 용어를 쓰시오.

15. 다음 중 국세기본법상 국세부과의 원칙과 세법적용의 원칙에 대한 설명으로 잘못된 것은?

① 과세의 대상이 되는 소득, 수익, 재산, 행위 또는 거래의 귀속이 명의(名義)일 뿐이고 사실상 귀속되는 자가 따로 있을 때에는 사실상 귀속되는 자를 납세의무자로 하여 세법을 적용한다.

② 납세의무가 이미 성립한 경우에는 새로운 세법을 적용하는 것을 금지한다.

③ 명의신탁부동산을 매각처분한 경우에는 양도의 주체 및 납세의무자는 명의수탁자이다.

④ 사업자등록 명의자와는 별도로 사실상의 사업자가 있는 경우에는 사실상의 사업자를 납세의무자로 본다.

02 납세의무

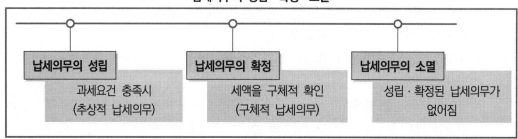

납세의무의 성립 · 확정 · 소멸

납세의무의 성립	납세의무의 확정	납세의무의 소멸
과세요건 충족시 (추상적 납세의무)	세액을 구체적 확인 (구체적 납세의무)	성립 · 확정된 납세의무가 없어짐

2-1 납세의무의 성립

납세의무의 성립이란 과세요건이 충족됨으로써 납세의무가 객관적으로 생겨나는 것을 말하며, 그 성립을 위한 과세관청이나 납세의무자의 특별한 행위가 필요 없이 자동적으로 발생하는 것이다 (추상적 납세의무).

2-1-1 과세요건

과세요건이란 납세의무의 성립에 필요한 법률상의 요건을 말하며, ① 납세의무자 ② 과세물건 ③ 과세표준 ④ 세율이 있다.

구 분	내 용
납세의무자	세법에 따라 국세를 납부할 의무가 있는 자
과세물건	과세대상이라고도 하며 조세채권 · 채무의 성립에 필요한 물적 요소 • 소득을 과세물건으로 하는 세금의 예 : 법인세, 소득세 • 소비를 과세물건으로 하는 세금의 예 : 부가가치세 • 재산을 과세물건으로 하는 세금의 예 : 종합부동산세, 상속세, 증여세
과세표준	세법에 따라 직접적으로 세액산출의 기초가 되는 과세물건의 수량 또는 가액 • 과세물건을 금액화 또는 수량화한 것(종가세, 종량세로 구분)
세율	세액을 산출하기 위하여 과세표준에 곱하는 비율(비례세율, 누진세율)

2-1-2 납세의무의 성립시기

구 분	세 목	납세의무 성립시기
기간세 (과세기간이 끝나는 때 성립)	법인세 소득세 부가가치세	과세기간이 끝나는 때 • 청산소득에 대한 법인세 : 해당 법인이 해산하는 때 • 수입재화에 대한 부가가치세 : 세관장에게 수입신고하는 때
수시세 (과세사실이 발생하는 때 성립)	상속세	상속이 개시되는 때
	증여세	증여에 의하여 재산을 취득하는 때(증여계약일이 아님)
	개별소비세·주세 및 교통·에너지·환경세	과세물품을 제조장으로부터 반출하거나 판매장에서 판매하는 때, 과세장소에 입장하거나·과세유흥장소에서 유흥음식행위를 하는 때 또는 과세영업장소에서 영업행위를 하는 때(다만, 수입물품의 경우는 세관장에게 수입신고하는 때)
	인지세	과세문서를 작성한 때(인지를 첩부할 때가 아님)
	증권거래세	해당 매매거래가 확정되는 때
	종합부동산세	과세기준일(매년 6월 1일)

부가세
(본세에 따라
성립)
	가산세	• 무신고가산세 및 과소신고·초과환급신고가산세 : 법정신고기한
		  이 경과하는 때
		• 납부지연가산세
		  - 지연일수 1일마다 0.022% 적용분 : 법정납부기한 경과 후
		    1일마다 그 날이 경과하는 때
		  - 체납세 3% 적용분 : 납부고지서에 따른 납부기한이 경과하
		    는 때
		    * 출자자의 제2차 납세의무 규정 적용시는 '법정납부기한이
		      경과하는 때'를 납세의무성립일로 함
		• 원천징수 등 납부지연가산세
		  - 지연일수 1일마다 0.022% 적용분 : 법정납부기한 경과 후
		    1일마다 그 날이 경과하는 때
		  - 미납시 3% 적용분 : 법정납부기한이 경과하는 때
		    * 출자자의 제2차 납세의무 규정 적용시는 '법정납부기한이
		      경과하는 때'를 납세의무성립일로 함
		• 그 밖의 가산세 : 가산할 국세의 납세의무가 성립하는 때

	교육세	• 국세에 부과되는 교육세 : 해당 국세의 납세의무가 성립하는 때 • 금융·보험업자의 수익금액에 부과하는 교육세 : 과세기간이 끝 나는 때
	농어촌특별세	본세의 납세의무가 성립하는 때

예외적인 시기에
성립하는 국세
	① 원천징수하는 소득세·법인세 : 소득금액 또는 수입금액을 지급하는 때
	② 납세조합이 징수하는 소득세 또는 예정신고납부하는 소득세 : 과세표준이 되는 금액이
	  발생한 달의 말일
	③ 중간예납하는 소득세·법인세 또는 예정신고기간·예정부과기간에 대한 부가가치세 :
	  중간예납기간 또는 예정신고기간·예정부과기간이 끝나는 때
	④ 수시부과하여 징수하는 국세 : 수시부과할 사유가 발생한 때(수시부과할 때가 아님)	

납세의무의 확정이란 세법에 근거하여 납세의무자 또는 과세관청이 정해진 절차에 따라 납부할 세액을 구체적으로 확정하는 것을 말한다(구체적 납세의무).

2-2-1 납세의무의 확정제도

구 분	내 용
신고납세제도와 신고납부세목	납세의무자의 신고에 의하여 과세표준과 세액을 확정하는 제도 • 납세의무자가 신고하지 않거나 신고한 내용이 세법이 정하는 바에 맞지 않은 경우에는 정부가 과세표준과 세액을 결정하거나 경정하는 때에 그 결정 또는 경정에 따라 확정 • ① 소득세 ② 법인세 ③ 부가가치세 ④ 개별소비세 ⑤ 주세 ⑥ 증권거래세 ⑦ 교육세 ⑧ 교통·에너지·환경세 ⑨ 종합부동산세(납세의무자가 과세표준과 세액을 정부에 신고하는 경우에 한정)
정부부과제도와 정부부과세목	납세의무자의 신고 여부와 관계없이 과세관청의 부과처분(결정)에 의하여 과세표준과 세액을 확정하는 제도 • 납세의무자의 신고는 단지 세법상 과세자료를 제출하는 협력의무의 이행에 불과(정부부과제도에서 신고는 확정력이 없음) • ① 상속세 ② 증여세 ③ 종합부동산세(납세의무자가 과세표준과 세액을 정부에 신고하는 경우는 제외)
납세의무성립시 자동 확정되는 국세	다음의 국세는 납세의무가 성립하는 때에 특별한 절차 없이 그 세액이 확정 • 인지세 : 과세문서를 작성한 때 • 원천징수하는 소득세 또는 법인세 : 소득금액 또는 수입금액을 지급하는 때 • 납세조합이 징수하는 소득세 : 과세표준이 되는 금액이 발생한 달의 말일 • 중간예납하는 법인세(세법에 따라 정부가 조사·결정하는 경우는 제외) : 중간예납기간이 끝나는 때 • 납부지연가산세(납부고지서에 따른 납부기한 후의 가산세로 한정) : 납부고지서에 따른 납부기한이 지난 후 1일마다 그 날이 경과하는 때(체납시 3% 적용분은 납부고지서에 따른 납부기한이 경과하는 때) • 원천징수 등 납부지연가산세(납부고지서에 따른 납부기한 후의 가산세로 한정) : 납부고지서에 따른 납부기한이 지난 후 1일마다 그 날이 경과하는 때

2-2-2 신고납세제도와 정부부과제도의 비교

구 분	신고납세제도	정부부과제도
납세의무확정주체	납세의무자	과세관청
납세의무확정절차	납세의무자가 과세표준신고서 제출	과세관청이 과세표준과 세액을 결정
효력발생시기	과세표준신고서 제출시점	결정통지서(납부고지서)가 납세의무자에게 도달한 시점
적용세목	소득세, 법인세, 부가가치세 등	상속세, 증여세, 종합부동산세

2-3 납세의무의 소멸

2-3-1 납세의무의 소멸사유

구 분	납세의무 소멸사유
납세의무가 실현되어 소멸되는 경우	① 납부 ② 충당
납세의무가 실현되지 않고 소멸되는 경우	① 부과취소 ② 국세부과권 제척기간의 만료 ③ 국세징수권 소멸시효의 완성

> 📖 **용어 설명 : 납부, 충당, 부과취소, 부과철회**
>
> 1. 납부 : 세금을 국가에 내는 것
> 2. 충당 : 납부할 세액과 환급세액을 상계하는 것
> 3. 부과취소 : 유효하게 성립한 부과처분에 대하여 그 성립에 하자가 있음을 이유로 당초 부과한 날에 소급하여 효력을 상실시키는 것
> 4. 부과철회 : 세무서장은 납세자의 주소·영업소의 불명으로 인하여 납부고지서를 송달할 수 없는 때에 징수유예를 할 수 있고, 징수유예한 국세의 징수를 확보할 수 없다고 인정하는 때에 부과철회가 가능(부과철회한 후 납세 자의 행방 또는 재산을 발견한 때에는 지체 없이 부과 또는 징수의 절차를 밟아야 함. 따라서 부과의 취소는 납세의무 소멸사유이나, 부과의 철회는 납세의무의 소멸사유가 아님)

2-3-2 국세부과의 제척기간

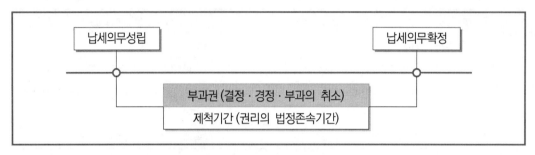

구 분	내 용
의의	부과권은 추상적으로 성립한 납세의무(과세요건 충족)를 구체적으로 확정할 수 있는 국가 권리를 말하는 것이고, 국세부과의 제척기간은 국가가 국세를 부과할 수 있는 일정한 법정기간을 말한다. • 결정, 경정결정, 재경정결정, 부과취소와 같은 처분을 할 수 있는 권리 • 부과제척기간이 만료되면 원칙적으로 국가의 부과권이 소멸되어 납부의무도 소멸 • 조세채권·채무관계를 조속히 확정하여 납세자의 조세법률관계를 안정시키기 위한 제도 　(시효의 중단·정지제도 없음)
국세부과의 제척기간	• 상속세·증여세 이외의 일반적인 국세의 경우

구 분	제척기간
① 일반적인 경우	5년 (역외거래* 7년)
② 납세자가 법정신고기한까지 과세표준신고서를 제출하지 않은 경우(무신고)	7년 (역외거래* 10년)
③ 납세자가 사기나 그 밖의 부정한 행위로 국세를 포탈하거나 환급·공제받은 경우	10년 (역외거래* 15년)
④ 납세자가 부정행위로 아래의 가산세 부과대상이 되는 경우 해당 가산세 　- 소득세법·법인세법상 계산서 등 제출불성실가산세 　- 부가가치세법상 세금계산서불성실가산세	10년

* 역외거래 : 국제거래 및 거래당사자 양쪽이 거주자인 거래로서 국외에 있는 자산의 매매·임대차, 국외에서 제공하는 용역과 관련된 거래

• 상속세·증여세의 경우

구 분	제척기간[1]
① 일반적인 경우	10년
② 납세자가 부정행위로 상속세·증여세를 포탈[2]하거나 환급·공제받은 경우	15년
③ 법정신고기한까지 과세표준신고서를 제출하지 않는 경우(무신고)	
④ 법정신고기한까지 과세표준신고서를 제출한 자가 거짓신고 또는 누락신고를 한 경우(그 거짓신고 또는 누락신고를 한 부분만 해당)	

구 분	내 용
	*1 부담부증여에 따라 증여세와 함께 양도소득세가 과세되는 경우에 그 양도소득세의 제척기간도 증여세에 대하여 정한 기간(10년, 15년)으로 함 *2 납세자가 부정행위로 상속세·증여세를 포탈하는 경우로서 일정한 사유에 해당하는 경우에는 해당 재산의 상속 또는 증여가 있음을 안 날부터 1년 이내에 상속세 및 증여세 부과 가능(특례제척기간은 상속인이나 증여자 및 수증자가 사망한 경우, 포탈세액산출의 기준이 되는 재산가액이 50억원 이하인 경우 적용 배제)
제척기간의 기산일	국세부과의 제척기간은 국세를 부과할 수 있는 날부터 기산(계산을 시작) {표} * '신고하는 국세'란 신고납세제도 세목 뿐만 아니라 정부부과제도의 세목이더라도 신고절차의무를 부과하고 있는 것(예 : 상속세·증여세)이면 모두 포함
제척기간 만료 효과	국세부과권이 장래를 향하여 소멸 • 납세의무가 확정되지도 않은 상태에서 소멸되므로 제척기간이 만료된 후에는 과세표준이나 세액을 변경하는 어떠한 결정 또는 경정도 할 수 없음

표:

구 분	제척기간 기산일
① 과세표준과 세액을 신고하는 국세* (신고하는 종합부동산세는 제외)	과세표준 신고기한 다음 날(중간예납·예정신고기한 및 수정신고 기한은 포함되지 아니함)
② 종합부동산세·인지세	납세의무가 성립한 날(종합부동산세 : 과세기준일, 인지세 : 과세문서를 작성하는 때)
③ 원천징수의무자 또는 납세조합에 대하여 부과하는 국세	해당 원천징수세액 또는 납세조합징수세액 법정 납부기한의 다음날
④ 과세표준신고기한 또는 법정 납부 기한이 연장되는 경우	그 연장된 기한의 다음날
⑤ 공제·면제·비과세 또는 낮은 세율의 적용 등에 따른 세액을 의무불이행 등의 사유로 징수하는 경우	해당 공제세액 등을 징수할 수 있는 사유가 발생한 날

2-3-3 국세징수권의 소멸시효

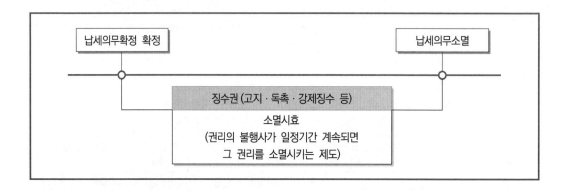

구 분	내 용
의의	징수권은 확정된 조세채권을 실현하기 위해 납세자에게 이행을 청구(납부고지, 독촉, 강제징수 등)하는 권리를 말하는 것이고, 국세징수권의 소멸시효는 권리의 불행사라고 하는 사실 상태가 일정기간 계속되는 경우 그 권리를 소멸하게 하는 제도를 말한다. • 국세징수권도 일정기간 그 권리를 행사하지 않으면 소멸하고, 그로 인하여 납부의무도 소멸
소멸시효 기간과 기산일	• 소멸시효 기간 : 5억원 이상(가산세를 제외한 금액)의 국세는 10년, 5억원 미만(가산세를 제외한 금액)의 국세는 5년간 행사하지 않으면 소멸시효 완성 소멸시효는 국세징수권을 행사할 수 있는 때부터 기산(계산을 시작)

구 분	소멸시효 기산일
① 과세표준과 세액의 신고에 따라 납세의무가 확정되는 국세의 경우 신고한 세액[*1]	그 법정 신고납부기한의 다음 날
② 과세표준과 세액을 정부가 결정·경정 또는 수시부과결정하는 경우 납부고지한 세액[*2]	그 납부고지에 따른 납부기한의 다음 날
③ 원천징수의무자 또는 납세조합으로부터 징수하는 국세의 경우 납부고지한 원천징수세액 또는 납세조합징수세액	그 납부고지에 따른 납부기한의 다음날
④ 인지세의 경우 납부고지한 인지세액	
⑤ 위 '①'의 법정 신고납부기한이 연장된 경우	그 연장된 기한의 다음날

*1 신고납세제도에 의하여 납세의무가 확정되는 세목에 있어서 과세표준과 세액을 신고하였으나 자진납부하지 않은 경우 그 신고된 세액에 한정하여 적용

*2 정부부과제도와 신고납세제도의 모든 세목에 대하여 무신고·과소신고한 세액의 경우에 적용

구 분	내 용
소멸시효의 중단과 정지	• 소멸시효의 중단 | 구 분	내 용
의미와 사유	소멸시효의 진행 중에 권리의 행사로 볼 수 있는 사유가 발생하면 그 때까지 진행되어 온 시효기간이 효력을 잃어버리게 되는 것[소멸시효의 중단 사유 : ① 납부고지 ② 독촉 ③ 교부청구 ④ 압류(예외사항 존재)]
효 력	중단된 소멸시효는 고지한 납부기간, 독촉에 의한 납부기간, 교부청구 중의 기간, 압류해제까지의 기간이 지난 때부터 새로 진행
예 시	 '㉠'은 소멸, '㉡' = 소멸시효기간 | • 소멸시효의 정지 | 구 분	내 용
의미와 사유	징수권 행사를 할 수 없어 유예한 기간 동안 시효의 진행이 일시적으로 멈추는 것(소멸시효의 정지 사유 : ① 분납기간, 납부고지의 유예, 지정납부기한 · 독촉장에서 정하는 기한의 연장, 징수유예기간, 압류 · 매각의 유예기간, 연부연납기간 ② 세무공무원이 국세기본법에 따른 사해행위 취소소송*이나 민법에 따른 채권자대위 소송*을 제기하여 그 소송이 진행 중인 기간 ③ 체납자가 국외에 6개월 이상 계속 체류하는 경우 해당 국외 체류기간) * 사해행위 취소소송 또는 채권자대위 소송의 제기로 인한 시효정지의 효력은 소송이 각하 · 기각 또는 취하한 경우에는 효력이 없음
효 력	정지된 소멸시효는 정지사유기간이 종료 후 잔여기간이 경과하면 소멸시효 완성
예 시	 '㉠' + '㉡' = 소멸시효기간 |
소멸시효 완성 효과	부과된 납세의무는 기산일로 소급하여 징수권이 소멸 • 소멸시효가 완성되면 국세 뿐만 아니라 해당 국세의 강제징수비 및 이자상당세액도 소멸

🔙 용어 설명 : 납부고지, 독촉, 교부청구, 압류, 분납, 징수유예, 압류 · 매각, 연부연납, 사해행위 취소
     소송, 채권자대위 소송

① 납부고지 : 확정된 조세채권에 대해서 세금을 내도록 세무서에서 납세 금액, 납부 기일, 납부 장소 등을 지정하여 알리는 것
② 독촉 : 세금을 납부 기한까지 내지 아니할 경우에 독촉장으로 납부하도록 통지하는 것
③ 교부청구 : 세금 체납자에 관하여 다른 원인으로 강제 집행이 진행 또는 완료되었을 경우, 그 금액 처분에 참가하여 체납 세금을 교부받아 징수 목적을 달성하고자 하는 청구
④ 압류 : 세금체납자의 특정 재산을 처분하거나 이에 대한 권리를 행사하지 못하게 하는 것
⑤ 분납 : 세금을 분할하여 납부하는 것

⑥ 징수유예 : 정해진 기간 내에 세금을 낼 수 없는 자에 대하여 징수권을 미루는 것
⑦ 압류·매각 : 독촉 등을 받고도 납세의무를 이행하지 않는 체납자에 대해 국세징수법에 따라 행해지는 강제징수 절차 (체납자의 재산을 압류하여 공매에 부쳐서 독촉 수수료, 연체금, 미납 국세 금액에 충당)
⑧ 연부연납 : 세금을 한꺼번에 납부하기 곤란한 사정이 있는 경우 세금을 장기간에 걸쳐 나누어 납부하는 것
⑨ 사해행위 취소소송 : 강제징수를 집행함에 있어서 체납자가 세금 징수를 회피하려고 재산권을 목적으로 법률행위를 한 경우에는 체납자를 상대로 소송(訴訟)을 제기하여 사해행위의 취소를 법원에 청구하는 것
⑩ 채권자대위 소송 : 채권자가 자신의 채권을 보전하고자 채무자의 권리를 대신 행사할 수 있는 권리를 근거로 한 소송

2-3-4 국세부과의 제척기간과 국세징수권의 소멸시효 비교

구 분	국세부과의 제척기간	국세징수권의 소멸시효
의미	국세를 부과할 수 있는 법정존속기간 (권리의 행사가능기간)	국세징수권을 일정기간 행사하지 않는 경우에 그 징수권을 소멸시키는 제도(권리의 불행사기간)
적용대상	부과권	징수권
기간	• 일반 세목 : 5년, 7년, 10년 • 상속세·증여세 : 10년, 15년, 특례 제척기간	• 5억 이상 : 10년 • 5억 미만 : 5년
기산일	국세를 부과할 수 있는 날 (신고의무유무에 따라 기산일이 달라짐)	국세징수권을 행사할 수 있는 날(누가 납세의무를 확정하였는가에 따라 기산일이 달라짐)
중단과 정지	없음	있음 • 징수권 행사시 : 소멸시효 중단 • 징수권 행사 불가능한 기간 : 소멸시효 정지
소급효력 유무	소급효력 없음 (국세부과권이 장래를 향하여 소멸)	소급효력 있음 (국세징수권이 기산일로 소급하여 소멸)

01. 다음 중 국세기본법상 납세의무의 성립시기로 틀린 것은?

① 상속세 : 상속이 개시되는 때

② 수입재화에 대한 부가가치세 : 부가가치세 과세기간이 끝나는 때

③ 국세에 부과되는 교육세 : 해당 국세의 납세의무가 성립하는 때

④ 수시부과하여 징수하는 국세 : 수시부과할 사유가 발생한 때

02. 다음 중 국세기본법상 납세의무 성립시기에 대한 설명 중 틀린 것은?

① 법인세 : 과세기간이 끝나는 때. 다만, 청산소득에 대한 법인세는 그 법인이 해산을 하는 때

② 상속세 : 상속에 의하여 재산을 취득하는 때

③ 증여세 : 증여에 의하여 재산을 취득하는 때

④ 인지세 : 과세문서를 작성한 때

03. 다음은 국세기본법상 납세의무의 성립시기에 대한 설명이다. 잘못된 것은?

① 소득세 : 과세기간이 끝나는 때

② 종합부동산세 : 과세기준일(매년 6월 1일)

③ 부가가치세 : 해당 재화 · 용역을 공급하는 때

④ 증권거래세 : 해당 매매거래가 확정되는 때

04. 국세기본법상 납세의무 성립시기로 틀린 것은?

① 무신고 및 과소신고 · 초과환급신고 가산세 : 법정신고기한이 경과하는 때

② 상속세 : 상속이 개시되는 때

③ 증여세 : 증여계약일

④ 인지세 : 과세문서를 작성한 때

05. 다음 중 국세기본법상 납세의무의 성립시기로 옳지 않은 것은?

① 상속세 : 상속이 개시되는 때

② 증여세 : 증여에 의하여 재산을 취득하는 때

③ 원천징수하는 소득세 : 과세기간이 끝나는 때

④ 중간예납하는 소득세 · 법인세 : 중간예납기간이 끝나는 때

06. 국세기본법상 납세의무 성립시기에 대하여 올바르게 설명한 항목은 몇 개인가?

> ① 원천징수하는 소득세 · 법인세 : 소득금액 또는 수입금액을 지급하는 때
> ② 수시부과하여 징수하는 국세 : 수시부과할 사유가 발생한 때
> ③ 인지세 : 인지를 첨부할 때
> ④ 종합부동산세 : 과세기준일
> ⑤ 수입재화에 대한 부가가치세 : 세관장에게 수입신고를 하는 때

① 1개   ② 2개

③ 4개   ④ 5개

07. 다음 중 국세기본법상 납세의무의 성립에 관한 설명으로 옳지 않은 것은?

① 납세의무가 성립된 상태란 과세요건이 충족되고 납세의무가 결정된 상태를 말한다.

② 납세의무의 성립요건은 조세의 주체(납세의무자), 조세객체(과세물건), 과세표준, 세율의 네가지이다.

③ 소득세는 기간과세주의에 따르는 세목으로 그 납세의무는 과세기간이 끝나는 때에 성립한다.

④ 상속세는 자연인의 사망에 의해 상속의 개시라는 수시적 현상이 발생한 때에 그 납세의무가 성립한다.

08. 다음 중 국세기본법상 납세의무 성립시기에 관한 설명으로 옳지 않은 것은?

① ㈜경인의 제20기(20x0.01.01.~20x0.12.31.)의 법인세 납세의무는 20x1.03.31.에 성립한다.

② 내국법인이 개인주주에게 지급하는 배당금에 대한 원천징수하는 소득세의 납세의무는 원칙적으로 해당 배당금을 지급하는 때에 성립한다.

③ ㈜경인의 20x2년 1기 확정신고기간에 대한 부가가치세 납세의무는 해당 확정신고 기간이 끝나는 때에 성립한다.

④ 김상속씨의 상속세 납세의무는 상속이 개시되는 때에 성립한다.

09. 다음 중 과세관청의 처분에 의하여 확정되는 것은?

① 법인세   ② 증여세

③ 부가가치세   ④ 증권거래세

10. 세법상 납세의무의 확정은 신고납세제도와 정부부과제도로 구분된다. 다음 중 정부부과제도를 적용하는 세목은?

① 소득세   ② 상속세

③ 법인세   ④ 부가가치세

11. 다음 중 국세기본법상 납세의무의 성립과 동시에 확정되는 국세가 아닌 것은?

① 인지세   ② 원천징수하는 소득세

③ 납세조합이 징수하는 소득세   ④ 정부가 조사·결정 하는 법인세 중간예납

12. 다음 중 국세기본법상 납세의무자가 과세표준과 세액을 정부에 신고했을 때에 확정되는 국세로 옳지 않은 것은?

① 개별소비세   ② 부가가치세

③ 원천징수하는 소득세 또는 법인세   ④ 증권거래세

13. 다음 중 국세기본법상 납세의무의 확정에 관한 설명으로 옳지 않은 것은?

① 납세의무의 확정이라 함은 조세의 납부 또는 징수를 위하여 세법이 정하는 바에 따라 납부할 세액을 납세의무자 또는 세무관청의 일정한 행위나 절차를 거쳐서 구체적으로 확정하는 것을 말한다.

② 부과과세방식의 세목은 납세의무자의 신고가 있더라도 바로 조세채무가 확정되는 것이 아니고, 과세관청이 부과처분을 하는 때에 조세채무가 확정된다.

③ 원천징수하는 소득세 또는 법인세는 납세의무가 성립하는 때에 특별한 절차 없이도 세액이 확정된다.

④ 중간예납하는 법인세는 과세관청이 확정하는 때 납세의무가 확정된다.

14. 국세기본법상 납세의무의 성립과 확정에 관한 설명으로 틀린 것은?

① 기간 과세되는 세목은 원칙적으로 그 과세기간이 끝나는 때에 납세의무가 성립한다.

② 국세에 부과되는 교육세는 해당 국세의 납세의무가 성립하는 때에 납세의무가 성립한다.

③ 원천징수하는 법인세는 납세의무가 성립하는 때에 특별한 절차 없이 그 세액이 확정된다.

④ 상속세와 증여세는 해당 국세의 과세표준과 세액을 신고하는 때 확정된다.

15. 국세기본법상 납세의무의 성립과 확정에 관한 설명이다. 옳지 않은 것은?

① 납세의무의 성립이란 세법이 정하는 과세요건을 충족하여 구체적인 납세의무가 발생되어진 상태를 말한다.

② 기간 과세되는 세목은 원칙적으로 그 과세기간이 끝나는 때에 납세의무가 성립한다.

③ 납세의무의 확정은 정부부과제도와 신고납세제도로 구분되며, 예외적으로 납세의무가 성립하는 때에 확정되는 세목이 있다.

④ 인지세는 납세의무가 성립하는 때에 자동 확정되는 국세이다.

16. 다음 중 국세기본법상 천재지변 등으로 인하여 납세의무이행이 곤란한 사정을 고려해 주는 규정이 아닌 것은?

① 가산세의 감면   ② 납부기한의 연장
③ 신청기한의 연장   ④ 납세의무의 소멸

17. 다음 중 국세기본법상 납부의무의 소멸 사유로 옳지 않은 것은?

① 충당된 때   ② 국세부과의 제척기간이 끝난 때
③ 납세자가 사망한 때   ④ 국세징수권의 소멸시효가 완성된 때

18. 다음 중 국세기본법상 납부의무의 소멸 사유에 해당되지 않는 것은?

① 국세징수권의 소멸시효가 완성된 때

② 강제징수가 중지된 때

③ 국세부과의 제척기간에 국세가 부과되지 아니하고 그 기간이 끝난 때

④ 부과가 취소된 때

19. 국세기본법상 조세채권의 소멸사유 중 조세채권이 실현되면서 소멸하는 사유로 옳은 것은?

① 충당
② 부과취소
③ 국세부과권 제척기간의 만료
④ 국세징수권 소멸시효의 완성

20. 다음 중 국세기본법상 납세의무소멸사유가 아닌 것은?

① 납부
② 부과철회
③ 납부할 국세 및 강제징수비 상당액과 상계시키는 충당
④ 국세징수권 소멸시효의 완성

21. 부가가치세를 신고 · 납부할 의무가 있는 사업자가 부가가치세를 신고 · 납부하지 않았다면 그 부가가치세의 부과제척기간은 얼마인가?(사기 및 그 밖의 부정행위를 확인할 수 없음)

① 5년   ② 7년
③ 10년   ④ 15년

22. 국세기본법상 국세부과권 및 제척기간에 대한 설명 중 틀린 것은?

① 부과권의 제척기간은 권리의 존속기간을 말한다.
② 국세부과권이란 확정된 세액을 정부가 징수하는 권한이다.
③ 제척기간 만료 후에는 국세를 부과할 수 없다.
④ 중단 · 정지제도가 없다.

23. 다음 중 국세기본법상 국세부과권에 대한 제척기간이 가장 긴 것은?

① 법정신고기한 내 과세표준신고서를 제출하지 아니한 소득세
② 사기행위에 의하여 포탈한 증권거래세
③ 신고에서 누락한 금융자산에 대한 상속세
④ 법정신고기한 내 과세표준신고서를 제출한 부정행위 · 허위 · 누락신고 이외의 증여세

24. 국세기본법상 다음 (㉠)에 들어갈 숫자는?

국세기본법상 상속·증여세 이외의 국세로서 귀속 역외거래(거주자간 국외자산 및 국외용역 거래)에 대한 부과제척기간은 무신고일 경우 (㉠)년이다.

25. 다음 중 국세기본법상 국세부과의 제척기간에 관한 내용으로 틀린 것은?

① 상속·증여세 이외의 국세로서 사기나 그 밖의 부정행위로 환급·공제를 받은 경우 제척기간은 10년이다.

② 종합부동산세의 경우 제척기간의 기산일은 납세의무가 성립한 날이다.

③ 국세부과 제척기간이 지났을지라도 지방국세청장의 허가가 있으면 국세 부과가 가능하다.

④ 원천징수의무자의 경우 원천징수세액의 법정납부기한의 다음날이 제척기간의 기산일이다.

26. 다음 중 국세기본법상 국세부과 제척기간을 바르게 짝지은 것은?(단, 역외거래는 제외한다.)

① 납세자가 소득세를 무신고한 경우 – 국세를 부과할 수 있는 날부터 10년

② 납세자가 사기나 그 밖의 부정한 행위로 부가가치세를 환급 받은 경우 – 국세를 부과할 수 있는 날부터 15년

③ 납세자가 법인세를 과소신고한 경우 – 국세를 부과할 수 있는 날부터 5년

④ 납세자가 상속세를 무신고한 경우 – 국세를 부과할 수 있는 날부터 10년

27. 다음 중 국세기본법상 국세부과의 제척기간에 대한 설명으로 옳지 않은 것은? (단, 역외거래는 제외한다.)

① 납세자가 국세를 법정신고기한까지 과세표준신고서를 제출하지 아니한 경우엔 해당 국세를 부과할 수 있는 날부터 7년이다.

② 납세자가 부가가치세법상 부정행위를 하여 가산세 부과대상이 되는 경우 해당 가산세를 부과할 수 있는 날로부터 10년으로 한다.

③ 납세자가 부정행위로 상속세·증여세를 포탈한 경우 부과제척기간은 국세를 부과할 수 있는 날부터 10년으로 한다.

④ 국외에 있는 상속재산이나 증여재산을 상속인이나 수증자가 취득한 경우 과세관청은 상속 또는 증여가 있음을 안 날부터 1년 이내에 상속세 및 증여세를 부과할 수 있다.

28. 다음 중 국세기본법상 제척기간에 대한 설명으로 틀린 것은? (단, 역외거래 아님)

① 소득세 법정신고기한까지 과세표준신고서를 제출하지 아니한 경우 : 국세를 부과할 수 있는 날부터 7년

② 부정행위로 상속세를 포탈하거나 환급받은 경우 : 국세를 부과할 수 있는 날부터 15년

③ 증여세신고서를 제출하지 아니한 경우 : 국세를 부과할 수 있는 날부터 15년

④ 사기나 그 밖의 부정한 행위로 법인세를 포탈한 경우 : 국세를 부과할 수 있는 날부터 15년

29. 국세기본법상 국세 부과제척기간이란 국가가 결정, 경정결정 등을 할 수 있는 기간을 의미한다. 다음 중 국세 부과제척기간이 잘못 연결된 것은 무엇인가? (단, 역외거래 제외)

① 일반적인 세목의 국세를 사기, 부정한 행위로 포탈한 경우 : 20년

② 상속세와 증여세의 일반적인 경우 : 10년

③ 일반적인 세목의 국세를 무신고한 경우 : 7년

④ 상속세와 증여세를 무신고한 경우 : 15년

30. 국세기본법상 다음 괄호 안에 들어갈 내용은 무엇인가?

> 납세자가 부정행위로 증여세를 포탈하는 경우로서 제3자 명의로 되어 있는 증여자의 재산을 수증자가 취득한 경우에는 과세관청은 해당 재산의 증여가 있음을 안 날로부터 (   ) 이내에 증여세를 부과할 수 있다. 다만, 상속인이나 증여자 및 수증자가 사망한 경우 또는 포탈세액 산출의 기준이 되는 재산가액이 50억원 이하인 경우에는 그러하지 아니하다.

31. 다음은 국세기본법상 국세 부과의 제척기간에 대한 설명이다. (   )에 알맞은 말은?

> 납세자가 부정행위로 상속세·증여세를 포탈하거나 환급·공제받은 경우, 국세부과의 제척기간은 (   )년으로 한다.

32. 국세기본법상 다음 자료에 공통으로 적용되는 국세부과 제척기간은 몇 년인가?

> · 납세자가 부정행위로 상속세·증여세를 포탈하거나 환급·공제받은 경우
> · 상속세 및 증여세법에 따른 신고서를 제출하지 아니한 경우
> · 상속세 및 증여세법에 따라 신고서를 제출한 자가 거짓신고 또는 누락신고를 한 경우

33. 다음 보기 중에서 국세기본법상 제척기간의 기산일로 옳은 보기의 개수를 고르시오.

> ㄱ. 부가가치세 : 과세표준 신고기한 다음 날
> ㄴ. 법인세 : 과세표준 신고기한 다음 날
> ㄷ. 원천징수의무자 : 해당 원천징수세액의 법정 납부기한의 다음 날
> ㄹ. 종합부동산세 및 인지세 : 납세의무가 성립한 날

① 1개   ② 2개   ③ 3개   ④ 4개

34. 다음 중 국세기본법상 소멸시효에 대한 설명으로 틀린 것은?

① 소멸시효가 중단된 경우에는 중단 사유가 발생할 때까지 경과한 소멸시효기간은 그 효력을 상실한다.
② 국세의 징수를 목적으로 하는 국가의 권리는 이를 행사할 수 있는 때부터 5년간 (5억원 이상의 국세는 10년) 행사하지 아니하면 소멸시효가 완성한다.
③ 납부고지, 독촉, 교부청구는 소멸시효 중단 사유에 해당한다.
④ 징수유예기간, 압류기간은 소멸시효의 정지 사유에 해당한다.

35. 다음 중 국세기본법상 국세징수권의 소멸시효에 관한 내용으로 가장 틀린 것은?

① 5억원 이상의 국세의 소멸시효는 10년이다.
② 독촉이 있는 경우 소멸시효는 중단된다.
③ 과세표준과 세액을 신고하는 국세는 해당 국세의 신고기한의 다음날이 소멸시효 기산일이다.
④ 사해행위취소소송의 제기로 인한 시효정지의 효력은 소송이 각하·기각된 경우에는 효력이 없다.

36. 다음은 국세기본법상 국세징수권의 소멸시효에 관한 설명이다. 옳지 않은 것은?

① 국세징수권의 소멸시효란 국가가 국세징수권을 일정기간 행사하지 않는 경우 그 징수권을 소멸시키는 제도이다.
② 국세징수권은 세목에 따라 5년, 7년, 10년, 15년간 행사하지 않으면 소멸된다.
③ 소멸시효에는 중단과 정지가 있다.
④ 국세징수권의 소멸시효가 완성되면 부과된 납세의무는 기산일로 소급하여 소멸한다.

37. 다음 중 국세기본법상 국세징수권의 소멸시효에 관한 설명으로 옳지 않은 것은?

① 국세징수권의 소멸시효란 국가가 국세징수권을 일정기간 행사하지 않는 경우 그 국세징수권을 소멸시키는 제도를 의미한다.

② 국세징수권의 기산일은 과세표준과 세액의 신고에 의하여 납세의무가 확정되는 국세의 경우 그 법정신고납부기한의 다음 날이다.

③ 국세징수권은 이를 행사할 수 있는 때부터 5억원 이상의 국세는 5년 동안 행사하지 아니하면 소멸시효가 완성된다.

④ 소멸시효의 중단사유로는 납부고지, 독촉, 교부청구, 압류 등이 있다.

38. 다음 중 국세기본법상 국세징수권 소멸시효의 기산일이 틀린 것은?

① 과세표준과 세액의 신고에 의하여 납세의무가 확정되는 국세의 경우 신고한 세액 : 그 법정 신고납부기한의 다음날

② 과세표준 및 세액을 정부가 결정, 경정 또는 수시부과 결정하는 경우 납부고지한 세액 : 원래의 법정 신고납부기한의 다음 날

③ 원천징수의무자 또는 납세조합으로부터 징수하는 국세로서 납부고지한 원천징수세액 또는 납세조합징수세액 : 그 납부고지에 따른 납부기한의 다음 날

④ 인지세로서 납부고지한 인지세액 : 그 납부고지에 따른 납부기한의 다음 날

39. 다음은 국세기본법상 국세징수권 소멸시효에 관하여 설명한 내용이다. 타당하지 않은 것은?

① 국세징수권 소멸시효의 완성은 기산일로 소급하여 징수권이 소멸하며, 제2차 납세의무자 등에도 그 효력이 미친다.

② 국세징수권의 소멸시효가 완성되면 납세자의 원용(주장)이 없더라도 그 국세징수권은 당연히 소멸한다.

③ 납세자는 본인의 의사에 의하여 국세징수권의 소멸시효의 이익을 포기할 수 있다.

④ 5억원 이상의 국세에 대한 국세징수권 소멸시효는 10년으로 한다.

40. 다음 중 국세기본법상 소멸시효의 중단사유가 아닌 것은?

① 징수유예기간　　② 납부고지　　③ 교부청구　　④ 압류

41. 다음 중 국세기본법상 소멸시효의 중단사유로 옳지 않은 것은?

　　① 납부고지　　　② 독촉　　　　③ 교부청구　　　④ 충당

42. 국세기본법상 국세징수권 소멸시효의 중단 사유가 아닌 것은?

　　① 납부고지　　　② 독촉　　　　③ 교부청구　　　④ 연부연납기간

43. 다음 중 국세기본법상 국세징수권의 소멸시효 중단 사유가 아닌 것은?

　　① 과세예고　　　② 납부고지　　　③ 독촉　　　　④ 압류

44. 다음 중 국세기본법에 따른 소멸시효의 정지사유가 아닌 것은?

　　① 세법에 따른 분납기간　　　　　② 세법에 따른 이의신청기간
　　③ 세법에 따른 징수유예기간　　　④ 세법에 따른 강제징수유예기간

45. 다음 중 국세기본법상 소멸시효 정지의 사유가 아닌 것은?

　　① 독촉　　　　② 연부연납기간　　③ 징수유예기간　　④ 분납기간

46. 국세기본법상 다음 괄호 안에 들어갈 내용은 무엇인가?

> 5억원 이상의 국세에 대한 징수권은 이를 행사할 수 있는 때부터 (　)년 동안 행사하지 아니하면 소멸시효가 완성된다.

47. 다음 (　　)에 들어갈 알맞은 숫자는?

> 국세의 징수를 목적으로 하는 국가의 권리("국세징수권"이라 한다.)는 세목을 불문하고 이를 행사할 수 있는 때부터 (　　)년, 5억원 이상의 국세는 10년 동안 행사하지 아니하면 소멸시효가 완성한다.

48. 다음 중 국세기본법상 국세징수권 소멸시효 완성의 효과로 옳지 않은 것은?

① 강제징수비는 공익비용이므로 소멸시효 완성의 효력이 미치지 않는다.

② 해당 국세의 이자상당세액에도 그 효력이 미친다.

③ 소멸시효 완성된 조세에 대한 과세관청의 징수행위는 무효이다.

④ 주된 납세자의 소멸시효 완성의 효력은 납세보증인에게도 미친다.

49. 다음 중 국세기본법상 납부의무 등에 대한 설명으로 가장 옳지 않은 것은?

① 국세 및 강제징수비를 납부할 의무는 납부·충당되거나 부과가 취소된 때에 소멸한다.

② 납세고지의 사유로 중단된 소멸시효는 고지한 납부기간이 지난 때로부터 새로 진행한다.

③ 국세의 징수를 목적으로 하는 국가의 권리는 이를 행사할 수 있는 때부터 5억원 이상의 국세는 10년 그 외의 국세는 5년간 행사하지 않으면 소멸시효가 완성된다.

④ 납세자가 부정한 행위로 법인세를 포탈한 경우에는 그 법인세의 납세의무가 성립한 날부터 10년이 지난 날 후에는 부과할 수 없다.

50. 국세기본법상 국세부과의 제척기간과 국세징수권의 소멸시효와 관련된 내용 중 옳지 않은 것은?

① 국세부과의 제척기간은 중단과 정지가 없으나, 국세징수권의 소멸시효는 중단과 정지가 있다.

② 5억 이상의 국세채권의 국세징수권은 이를 행사할 수 있는 때로부터 10년간 행사하지 않으면 소멸시효가 완성된다.

③ 사기·그 밖의 기타 부정행위로 국세를 포탈하거나 환급·공제받은 법인세의 제척기간은 15년이다.

④ 소멸시효의 중단사유로는 납부고지·독촉·교부청구·압류 등이 있다.

51. 다음은 국세기본법상 제척기간과 소멸시효의 비교이다. 잘못된 것은?

	제척기간	소멸시효
① 성격	권리의 존속기간	권리의 불행사기간
② 중단	있음	없음
③ 소급효력	없음	있음
④ 대상	국세의 부과권(형성권)	국세의 징수권(청구권)

03 납세의무의 확장

납세의무의 확장이란 본래의 납세의무자 외의 자에게도 일정한 사유에 해당되는 경우에 조세채권의 효력이 미치는 경우를 말하는 것으로 ① 납세의무의 승계 ② 연대납세의무 ③ 제2차 납세의무 ④ 양도담보권자의 물적납세의무가 있다.

3-1 납세의무의 승계

- 일정한 사유로 인하여 본래의 납세의무자로부터 다른 자에게로 납세의무가 이전되는 것
- 포괄적으로 권리·의무가 승계되는 법인의 합병과 상속의 경우에만 납세의무가 승계(피합병법인·피상속인의 납세의무 → 합병법인·상속인에게 승계)
- 당사자의 의사에 관계없이 법정요건의 충족에 의해 강제승계(별도의 처분이나 행위가 필요 없음)
- 납세의무의 승계에 관하여 세법에 특례규정이 있는 경우에는 그 세법의 규정이 우선 적용

3-1-1 법인의 합병으로 인한 납세의무의 승계

법인이 합병한 경우 합병 후 존속하는 법인 또는 합병으로 설립된 법인은 합병으로 소멸된 법인에 ① 부과되거나 그 법인이 ② 납부할 국세 및 강제징수비를 납부할 의무를 진다(상속과 달리 승계 한도가 없음).

① '부과되거나'는 이미 확정된 국세 등을 말하며 ② '납부할'은 앞으로 부과되어 납부하게 될 국세 등을 말한다.

3-1-2 상속으로 인한 납세의무의 승계

상속이 개시된 때에 그 상속인 또는 상속재산관리인은 피상속인에게 부과되거나 그 피상속인이 납부할 국세 및 강제징수비를 상속으로 받은 재산[상속으로 받은 (자산총액-부채총액) - 상속으로 인하여 부과되거나 납부할 상속세]의 한도에서 납부할 의무를 진다.

연대납세의무

- 2명 이상의 납세의무자가 하나의 납세의무에 대하여 각각 독립적으로 전액의 납세의무를 이행할 책임을 지고, 연대납세의무자 1명이 납세의무를 이행하면 다른 연대납세의무자의 납세의무도 소멸하는 것
- 연대납세의무에 대하여 각 세법에 특례 규정이 있는 경우에는 그 세법의 규정이 우선 적용

3-2-1 국세기본법의 연대납세의무 규정

구 분	내 용
공유물·공동사업 등의 연대납세의무	공유물, 공동사업 또는 그 공동사업에 속하는 재산에 관계되는 국세 및 강제징수비는 그 공유자 또는 공동사업자가 연대하여 납부할 의무를 짐 • 공동소유차량에 대한 개별소비세, 공동사업에 대한 부가가치세 등
법인분할시 연대납세의무	• 존속분할시 : 분할등기일 이전에 부과되거나 납세의무가 성립한 국세 및 강제징수비에 대하여 분할로 승계된 재산 가액을 한도로 ① 분할되는 법인 ② 분할신설법인 ③ 분할합병의 상대방 법인이 연대납세의무를 짐 • 소멸분할시 : 분할법인에 부과되거나 분할법인이 납부할 국세 및 강제징수비에 대하여 분할로 승계된 재산가액을 한도로 ① 분할신설법인 ② 분할합병의 상대방 법인이 연대납세의무를 짐
신회사 설립시 연대납세의무	법인이 '채무자 회생 및 파산에 관한 법률'에 따라 신회사를 설립하는 경우 기존의 법인에 부과되거나 납세의무가 성립한 국세 및 강제징수비는 신회사가 연대하여 납부할 의무를 짐

3-2-2 소득세법의 특례규정(국세기본법의 규정에 대한 예외)

구 분	내 용
공동사업에 대한 소득금액 계산	공동사업자간 손익분배비율에 의하여 분배되었거나 분배될 소득금액에 따라 공동사업자별로 소득세 납세의무를 짐(연대납세의무 배제)
공동소유한 자산에 대한 양도소득금액계산	해당 자산을 공동으로 소유하는 각 거주자가 납세의무를 짐(연대납세의무 배제)

3-2-3 그 밖의 내용

- 어느 연대채무자가 변제 기타 출재(재산을 내놓는 것)로 공동면책이 된 때에는 다른 연대채무자의 부담부분에 대하여 구상권을 행사할 수 있다.
- 어느 연대채무자에 대하여 소멸시효가 완성된 때에는 그 부담부분에 한하여 다른 연대납세의무자도 그 납부의무를 면한다.
- 연대납세의무자 1인에 대한 부과처분의 무효 또는 취소의 사유는 다른 연대납세의무자에게 그 효력이 미치지 않는다.
- 연대납세의무자 각자의 납세의무는 개별적으로 확정될 것을 요하므로 어느 연대납세의무자에게 납부고지를 하지 않았다면 그에 대한 연대납세의무는 구체적으로 확정되지 아니한다.

3-3   제2차 납세의무

- 본래의 납세자가 납세의무를 이행하지 아니하여 그의 재산에 대하여 강제징수를 집행하여도 금액이 부족한 경우에 주된 납세자와 일정한 관계에 있는 자가 그 부족액에 대하여 보충적으로 납세의무를 부담하는 것(청산인 등의 제2차 납세의무, 출자자 등의 제2차 납세의무, 법인의 제2차 납세의무, 사업양수인의 제2차 납세의무)

3-3-1 제2차 납세의무의 성격

구 분	내 용
부종성	제2차 납세의무는 본래의 납세의무가 존재하는 것을 전제로 성립하고, 본래의 납세의무에 관하여 생긴 사유는 제2차 납세의무에도 그 효력이 있다는 성격(본래의 납세의무에 변동이 생기면 제2차 납세의무도 변경되며, 주된 납세의무가 소멸되면 제2차 납세의무도 소멸)
보충성	제2차 납세의무자는 본래의 납세자의 재산에 대하여 강제징수를 집행하여도 징수할 금액에 부족한 경우에 한하여 납부책임을 진다는 성격

3-3-2 제2차 납세의무

구 분	청산인 등의 제2차 납세의무	출자자 등의 제2차 납세의무	법인의 제2차 납세의무	사업양수인의 제2차 납세의무
주된 납세자	해산하여 청산하는 법인	법인(증권시장에 주권이 상장된 법인 제외)	• 무한책임사원 • 과점주주	사업양도인
제2차 납세의무자	• 청산인 또는 • 잔여재산을 분배·인도받은 자	• 무한책임사원 　– 합명회사의 사원 　– 합자회사의 무한책임사원 • 과점주주·과점조합원	법 인	사업양수인으로서 아래 어느 하나에 해당하는 자 • 양도인과 특수관계인인 자 • 양도인의 조세회피를 목적으로 사업을 양수한 자
요 건	• 법인이 해산하여 청산하는 경우 • 국세 및 강제징수비를 납부하지 아니하고 잔여재산을 분배·인도 • 법인의 재산으로 징수부족	• 주된 납세의무자가 법인(증권시장에 주권이 상장된 법인 제외) • 납세의무성립일 현재 무한책임사원(합명회사의 사원, 합자회사의 무한책임사원) 또는 과점주주·과점조합원 • 법인의 재산으로 징수부족	• 국세의 납부기간 만료일 현재 무한책임사원 또는 과점주주 • 주된 납세자의 소유주식·출자지분의 매각불능, 양도 및 강제징수 제한 • 무한책임사원 또는 과점주주의 재산으로 징수부족	• 사업의 포괄적 양수도 • 양수도한 해당 사업에 관한 국세일 것 • 사업양도인의 재산으로 징수부족
제2차 납세의무대상 국세 등의 범위	그 법인에 부과되거나 그 법인이 납부할 국세 및 강제징수비	법인에 부과되거나 그 법인이 납부할 국세 및 강제징수비	무한책임사원 또는 과점주주가 납부할 국세 및 강제징수비	양도일 이전에 양도인의 납세의무가 확정된 그 사업에 관한 국세 및 강제징수비
제2차 납세의무의 한도	• 청산인 : 분배·인도한 재산가액 • 분배·인도받은 자 : 분배·인도받은 재산가액(분배·인도시점 시가)	• 무한책임사원(한도 없음) • 과점주주·과점조합원(한도 : 징수부족액×지분비율)	• (자산-부채)×지분비율 • 자산·부채의 평가는 주된 납세자가 납부할 국세의 납부기간 만료일 현재의 시가	• 양수한 재산가액

① 청산인 : 법인이 해산하여 청산(재산관계를 정리)하는 경우 잔여재산분배 등 청산업무에 대한 모든 행위를 대표하는 자
② 과점주주 : 주주 또는 합자회사의 유한책임사원, 유한책임회사의 사원, 유한회사의 사원 1명과 그의 특수관계인으로서 그들의 소유주식 합계 또는 출자액 합계가 해당 법인의 발행주식 총수 또는 출자총액의 50%를 초과하면서 그 법인의 경영에 대하여 지배적인 영향력을 행사하는 자들
③ 사업포괄 양도 · 양수 : 사실상 사업에 관한 모든 권리(미수금에 관한 것 제외)와 의무(미지급금에 관한 것 제외) 일체를 포괄적으로 양도 · 양수하는 것(계약 명칭이나 형식에 관계 없음)

3-4   양도담보권자의 물적납세의무

• 양도담보는 담보의 목적으로 재산의 소유권을 채권자에게 이전하고 채무자가 채무를 변제할 때에 반환하는 형식의 담보(채무 변제기한까지는 실질적으로 채무자의 재산임)

3-4-1 양도담보권자의 물적납세의무

양도담보권자의 물적납세의무는 본래의 납세자가 국세 및 강제징수비를 체납한 경우에 그 납세자의 다른 재산에 대하여 강제징수를 하여도 징수할 금액에 미달하는 상황에서만 그 양도담보재산으로써 본래의 납세자의 국세 및 강제징수비를 징수할 수 있다. 다만, 그 국세의 법정기일 전에 담보의 목적이 된 양도담보재산에 대해서는 그러하지 아니하다.

양도담보권자에게 납부고지가 있은 후 납세자가 양도에 의하여 실질적으로 담보된 채무를 불이행하여 해당 재산이 양도담보권자에게 확정적으로 귀속되고 양도담보권이 소멸하는 경우에는 납부고지 당시의 양도담보재산이 계속하여 양도담보재산으로서 존속하는 것으로 본다.

3-4-2 양도담보재산에 대한 징수

양도담보재산에서 국세를 징수하는 경우에는 양도담보권자에게 납부의 고지를 하여야 하며, 양도담보권자가 납부통지서에 의한 납부기한까지 납부의무를 이행하지 않을 경우 세무서장은 납부최고서를 발부하지 않고 양도담보재산을 압류할 수 있다. 양도담보권자가 물적납세의무를 이행하지 않은 경우에는 양도담보재산에 대하여만 강제징수를 할 수 있으므로 양도담보재산 이외의 다른 재산은 압류할 수 없다.

01. 국세기본법상 납세의무의 승계에 관한 설명으로 틀린 것은?

① 법인이 합병한 경우 합병 후 존속하는 법인 또는 합병으로 설립된 법인은 합병으로 소멸된 법인에 부과되거나 그 법인이 납부할 국세 및 강제징수비를 납부할 의무를 진다.

② 피상속인에게 한 처분 또는 절차는 상속으로 인한 납세의무를 승계하는 상속인에 대해서도 효력이 있다.

③ 상속이 개시된 때에 그 상속인은 피상속인에게 부과되거나 그 피상속인이 납부할 국세 및 강제징수비를 별도의 한도 없이 납부할 의무를 진다.

④ 상속인이 있는지 분명하지 아니할 때에는 상속인에게 하여야 할 납세의 고지·독촉이나 그 밖에 필요한 사항은 상속재산관리인에게 하여야 한다.

02. 다음 중 국세기본법상 상속으로 인한 납세의무의 승계에 대한 설명으로 틀린 것은?

① 상속인은 피상속인이 납부할 국세를 상속으로 받은 재산의 한도에서 납부할 의무를 진다.

② 상속받은 재산은 납부할 상속세가 있을 경우 상속받은 자산총액에서 상속받은 부채총액만 차감하여 계산한다.

③ 상속포기자가 피상속인의 사망으로 인하여 보험금을 받는 때에는 상속포기자를 상속인으로, 보험금을 상속받은 재산으로 보아 납부할 의무를 진다.

④ 상속인이 2명 이상일 때에 각 상속인은 피상속인이 납부할 국세를 상속분에 따라 상속을 받은 재산의 한도에서 연대하여 납부할 의무를 진다.

03. 다음 중 국세기본법상 연대납세의무에 대한 설명으로 가장 옳지 않은 것은?

① 연대납세의무란 수인이 동일한 납세의무에 관하여 각각 자신의 지분만큼 납부할 의무를 부담하는 것을 말한다.

② 국세기본법상 연대납세의무는 개별세법에 특례규정을 둘 수 있다.

③ 국세기본법에는 법인의 분할로 인한 연대납세의무가 규정되어 있다.

④ 법인이 "채무자 회생 및 파산에 관한 법률"에 따라 신회사를 설립하는 경우 기존의 법인에 대하여 부과되거나 납세의무가 성립한 국세 등은 신회사에 연대납세의무가 있다.

04. 다음 중 국세기본법상 공동사업에 대한 연대납세의무에 관한 설명으로 옳지 않은 것은?

① 공동사업에 관한 국세는 공동사업자가 연대하여 납부할 의무를 진다.

② 납부고지서는 연대납세의무자 모두에게 각각 송달하여야 한다.

③ 연대납세의무자 중 1인이 그 일부를 납부했을 경우 다른 연대납세의무자에게도 그 납부한 한도 내에서 납세의무는 소멸된다.

④ 연대납세의무에 관하여 다른 세법에 특례규정이 있는 경우에도 그 특례규정이 우선 적용되지 않는다.

05. 다음 중 국세기본법상 공동사업에 대한 연대납세의무에 관한 설명 중 옳지 않은 것은?

① 납부고지서는 연대납세의무자 모두에게 각각 송달하여야 한다.

② 연대납세의무자 1인에게 조세채무의 전액에 대해 이행을 청구할 수 있다.

③ 연대납세의무자 1인이 전액을 납부한 경우라도 다른 연대납세의무자의 부담부분에 대해 구상권을 가지게 되는 것은 아니다.

④ 연대납세의무자 1인에 대한 부과처분의 무효 또는 취소의 사유는 다른 연대납세의무자에게 그 효력이 미치치 않는다.

06. 다음 중 국세기본법상 제2차 납세의무가 아닌 것은?

① 출자자의 제2차 납세의무   ② 사업양도인의 제2차 납세의무

③ 법인의 제2차 납세의무   ④ 청산인 등의 제2차 납세의무

07. 국세기본법상 (㉠)에 들어갈 말은 무엇인가?

> (㉠)란 주주 또는 합자회사의 유한책임사원, 유한책임회사의 사원, 유한회사의 사원 1명과 그의 특수관계인으로서 그들의 소유주식 합계 또는 출자액 합계가 해당 법인의 발행주식 총수 또는 출자총액의 50%를 초과하면서 그 법인의 경영에 대하여 지배적인 영향력을 행사하는 자들을 말한다.

08. 국세기본법상 본래의 주된 납세자가 납세의무를 이행하지 아니하여 그의 재산에 대하여 강제징수를 집행하여도 징수할 금액에 부족한 경우에 주된 납세자와 일정한 관계에 있는 자가 그 부족액에 대하여 보충적으로 납세의무를 부담하는 것을 무엇이라 하는지 쓰시오.

09. 다음 중 국세기본법상 제2차 납세의무에 대한 설명으로 옳은 것은?

① 청산인의 제2차 납세의무는 한도가 없다.
② 출자자의 제2차 납세의무자는 납부기간 종료일 현재의 무한책임사원이다.
③ 과점주주의 경우에는 징수할 금액에 지분율을 곱한 금액을 한도로 제2차 납세의무를 진다.
④ 사업양수인은 양도인이 사업용부동산을 양도함에 따라 납부하여야 할 양도소득세에 대해 제2차 납세의무가 있다.

10. 다음 중 국세기본법상 제2차 납세의무에 관한 설명으로 가장 옳지 않은 것은?

① 주된 납세의무에 관하여 생긴 사유는 제2차 납세의무에도 효력이 있다.
② 법인의 재산으로 그 법인에게 부과되거나 그 법인이 납부할 국세 및 강제징수비에 충당하여도 부족한 경우에는 그 국세의 납세의무 성립일 현재의 무한책임사원과 과점주주가 그 부족액에 대해 별도의 한도액 없이 제2차 납세의무를 진다.
③ 주된 납세자에게 강제징수할 다른 재산이 있어 그 재산가액으로 체납된 국세 등에 충당할 수 있는 경우에는 제2차 납세의무를 지지 않는다.
④ 사업양수인은 사업양도일 이전에 성립되었으나 사업양도일까지 확정되지 않은 국세 등에 대해서는 제2차 납세의무를 지지 않는다.

11. 다음은 국세기본법상 제2차 납세의무에 대한 설명이다. 옳지 않은 것은?

① 무한책임사원 및 과점주주가 출자자의 제2차 납세의무를 지는 경우에는 징수 부족한 국세 및 강제징수비 전액에 대하여 납세의무를 진다.

② 법인의 재산으로 해당 법인이 납부할 국세에 충당하여도 부족할 경우 해당 법인의 무한책임사원은 제2차 납세의무를 진다.

③ 법인의 제2차 납세의무를 계산하는 경우 자산총액과 부채총액의 평가는 주된 납세자가 납부할 국세의 납부기한 만료일 현재의 시가로 한다.

④ 사업양수인은 양도인이 사업용 부동산을 양도함으로써 납부하여야 할 양도소득세에 대하여는 제2차 납세의무를 지지 않는다.

12. 다음 중 국세기본법상 제2차 납세의무에 대한 설명으로 잘못된 것은?

① 해산한 법인의 청산인 등은 각자가 받은 재산의 가액을 한도로 제2차 납세의무가 있다.

② 합명회사의 무한책임사원은 무제한 납세의무를 진다.

③ 납세의무 성립일 현재 과점주주는 지분율만큼 제2차 납세의무가 있다.

④ 사업을 양수한 양수인은 해당 사업에 관한 양도 전후의 모든 국세에 대해 제2차 납세의무가 있다.

13. 국세기본법상 제2차 납세의무에 대한 설명으로 옳지 않은 것은?

① 법인(상장법인 제외)의 재산으로 해당 법인이 납부할 국세에 충당하여도 부족할 경우 해당 법인의 무한책임사원은 제2차 납세의무를 진다.

② 무한책임사원 및 과점주주가 출자자의 제2차 납세의무를 질 때는 징수부족한 국세 및 체납처분비 전액에 대하여 납세의무를 진다.

③ 사업양수인은 주된 납세자인 사업양도인의 재산으로 징수부족한 금액의 한도 내에서 양수한 재산의 가액을 한도로 제2차 납세의무를 진다.

④ 주주 또는 유한책임사원 1명과 그 특수관계인으로서 그들의 소유주식 합계 또는 출자액 합계가 해당 법인의 발행주식총수 또는 출자총액의 50% 초과하면서 그에 관한 권리를 실질적으로 행사하는 자들은 제2차 납세의무를 지는 과점주주에 포함된다.

14. 다음 중 국세기본법상 제2차 납세의무의 납부책임 한도에 대한 설명으로 옳지 않은 것은?

① 청산인 등의 제2차 납세의무에서 청산인 : 분배하거나 인도한 재산의 가액
② 출자자의 제2차 납세의무에서 무한책임사원 : 징수부족액에서 지분비율을 곱한 금액
③ 법인의 제2차 납세의무에서 법인 : 순자산가액에서 지분비율을 곱한 금액
④ 사업양수인의 제2차 납세의무에서 사업양수인 : 양수한 재산가액

15. 다음 중 국세기본법상 제2차 납세의무에 대한 설명으로 가장 옳지 않은 것은?

① 청산인이 제2차 납세의무를 지는 경우에는 분배하거나 인도한 재산의 가액을 한도로 납세의무를 진다.
② 사업양수인은 양도인의 양도일이 지난 후 납세의무가 확정된 그 사업에 관한 국세에 대하여도 납세의무를 진다.
③ 법인이 과점주주에 대한 제2차 납세의무를 지는 경우에는 법인의 자산총액에서 부채총액을 차감한 금액에 해당 과점주주의 지분율을 곱한 금액을 한도로 납세의무를 진다.
④ 법인의 재산으로 해당 법인이 납부할 국세 등에 충당하여도 부족할 경우에 무한책임사원은 한도 없이 제2차 납세의무를 진다.

16. 다음은 국세기본법상 사업양수인의 제2차 납세의무에 대한 설명이다. 가장 옳지 않은 것은?

① 사업양수인의 제2차 납세의무대상인 국세는 해당 사업에 관한 모든 국세로 양도소득세도 포함된다.
② 사업양수인의 제2차 납세의무대상국세는 사업양도일 이전에 양도인의 납세의무가 확정된 국세이다.
③ 사업양수인의 납세의무의 한도는 양수한 재산가액을 한도로 한다.
④ 사업에 관한 모든 권리와 의무를 승계할 때 미수금과 미지급금은 모든 권리와 의무에서 제외된다.

17. 다음은 국세기본법상 제2차 납세의무를 나타낸 표이다. 다음 중 가장 틀린 것은?

구분	주된 납세자	제2차 납세의무자
청산인 등의 제2차 납세의무	① 해산법인	청산인과 잔여재산을 분배 · 인도받은 자
출자자의 제2차 납세의무	법인(증권시장에 주권이 상장된 법인 제외)	② 무한책임사원(합명회사의 사원, 합자 회사의 무한책임사원) 또는 일정한 과점주주
법인의 제2차 납세의무	무한책임사원 또는 과점주주	③ 법인의 대표이사
사업양수인의 제2차 납세의무	④ 사업양도인	사업양수인

① 해산법인
② 무한책임사원(합명회사의 사원, 합자회사의 무한책임사원) 또는 일정한 과점주주
③ 법인의 대표이사
④ 사업양도인

18. 다음 중 국세기본법상 납세의무의 확장에 관한 설명으로 옳지 않은 것은?

① 법인이 합병한 경우 합병 후 존속하는 법인 또는 합병으로 설립된 법인은 합병으로 소멸된 법인에 부과되거나 그 법인이 납부할 국세 및 강제징수비를 납부할 의무를 진다.

② 상속이 개시된 때에 그 상속인 및 상속재산관리인은 피상속인에게 부과되거나 그 피상속인이 납부할 국세 및 강제징수비를 상속으로 받은 재산의 가액에 상관없이 모두 납부할 의무를 진다.

③ 법인이 분할되거나 분할합병되는 경우 분할되는 법인에 대하여 분할일 또는 분할합병일 이전에 부과되거나 납세의무가 성립한 국세 및 강제징수비는 분할되는 법인이 연대하여 납부할 의무를 진다.

④ 법인이 분할 또는 분할합병으로 해산하는 경우 해산하는 법인에 부과되거나 그 법인이 납부할 국세 및 강제징수비는 분할 또는 분할합병으로 설립되는 법인이 연대하여 납부할 의무를 진다.

04 국세와 일반채권의 관계

　채권자간에는 일반적으로 채권자평등주의가 적용된다. 채권자평등주의란 어떤 채무자의 재산으로 모든 채무를 변제할 수 없을 경우에 변제하지 못한 채권에 대해서는 발생원인, 발생시기, 금액 등에 관계없이 모두 평등하게 취급되며, 특정 채권자만이 우선적으로 변제받을 수 없다는 것이다.
　그러나 국세채권은 국가 재정수입의 기반이 되는 공익성에 기초하고 있기 때문에, 채권자평등주의에 반하는 국세우선권 제도를 두고 있다. 그리고 일방적으로 국세우선권을 적용할 경우에 나타날 수 있는 부작용 등을 고려하여 국세우선권에 대한 제한의 내용도 두고 있다.

4-1 　국세우선권

- 국세 및 강제징수비는 다른 공과금(국세징수법에서 규정하는 강제징수의 예에 의하여 징수할 수 있는 채권 중 국세, 관세, 임시수입부가세, 지방세와 이에 관계되는 강제징수비를 제외한 것)이나 그 밖의 채권에 우선하여 징수
- '우선하는 징수'란 납세자의 재산을 강제환가절차에 의해 매각하는 경우에 그 매각대금 중에서 국세 등을 우선하여 징수한다는 의미
- 국세우선권은 강제매각대금 배분순위의 문제

4-2 　국세우선권의 제한

- 국세의 공시성이 없음으로 인하여 국세우선권을 예외 없이 인정할 경우에는 국민들에게 예측하지 못한 손실을 초래할 가능성이 있기 때문에 일정한 채권에 대해서는 국세우선권을 제한하고 있음

다음의 어느 하나에 해당하는 공과금이나 그 밖의 채권에 대해서는 국세우선권을 제한한다.

국세우선권이 제한되는 것	내　용
공익비용 (모든 채권자를 위한 비용)	강제집행·경매 또는 파산절차에 따라 재산을 매각할 때 그 매각대금 중에서 국세 및 강제징수비를 징수하는 경우의 그 강제집행, 경매 또는 파산 절차에 든 비용

국세우선권이 제한되는 것	내 용
선집행하는 지방세·공과금의 강제징수비	지방세나 공과금의 강제징수를 할 때 그 강제징수금액 중에서 국세 및 강제징수비를 징수하는 경우의 그 지방세나 공과금의 강제징수비
소액임차보증금	'주택임대차보호법' 또는 '상가임대차보호법'이 적용되는 임대차관계에 있는 주택 또는 건물을 매각할 때 그 매각금액 중에서 국세를 징수하는 경우 임대차에 관한 보증금 중 일정금액으로서 임차인이 우선하여 변제받을 수 있는 금액에 관한 채권
근로관계로 인한 채권 (임금채권)	사용자의 재산을 매각하거나 추심할 때 그 매각대금 또는 추심금액 중에서 국세를 징수하는 경우에 임금, 퇴직금, 재해보상금, 그 밖의 근로관계로 인한 채권은 다음과 같다. ① 최종 3월분 임금·최종 3년간 퇴직금·재해보상금은 사용자의 총재산에 대하여 질권 또는 저당권에 의하여 담보된 채권과 조세·공과금 및 다른 채권에 우선함 ② 그 밖의 임금채권은 질권 또는 저당권에 의하여 담보된 채권을 제외하고는 조세·공과금 및 다른 채권에 우선하여 변제. 다만, 질권 또는 저당권에 의하여 담보된 채권에 우선하는 조세·공과금에 대하여는 그러하지 않음 최종3월분 임금·최종3년간 퇴직금·재해보상금 ＞ 피담보채권, 국세채권, 공과금 및 일반채권 피담보채권 ＞ 그 밖의 임금채권 ＞ 국세채권, 공과금 및 일반채권

피담보채권	법정기일 전에 다음의 어느 하나에 해당하는 권리가 설정된 재산이 매각되어 그 매각대금에서 국세를 징수하는 경우 그 권리에 의하여 담보된 채권 또는 임대차보증금반환채권
	 ① 전세권·질권·저당권
	 ② '주택임대차보호법' 또는 '상가임대차보호법'에 따라 대항요건(주택의 경우 주택의 인도와 주민등록, 상가의 경우 상가건물의 인도와 사업자등록신청)과 확정일자를 갖춘 임차권
	 ③ 납세의무자를 등기의무자로 하고 채무불이행을 정지조건으로 하는 대물변제의 예약에 따라 채권담보의 목적으로 가등기(가등록)를 마친 가등기 담보권
	 • 해당 재산에 대해서 부과된 상속세·증여세·종합부동산세는 위 ①~③의 권리에 의하여 담보된 채권 또는 임대차보증금반환채권 보다 우선함
	 • 법정기일
	   - 과세표준과 세액의 신고에 따라 납세의무가 확정되는 국세(중간예납하는 법인세, 예정신고납부하는 부가가치세·양도소득세 포함)의 경우 신고한 해당 세액 : 그 신고일
	   - 과세표준과 세액을 정부가 결정·경정 또는 수시부과 결정을 하는 경우 고지한 해당 세액(납부고지서에 따른 납부기한 후의 납부지연가산세와 납부고지서에 따른 납부기한 후의 원천징수 등 납부지연가산세 포함) : 그 납부고지서의 발송일
	 위 ①~③의 어느 하나에 해당하는 권리(전세권 등)가 설정된 재산이 양도, 상속 또는 증여된 후 매각되어 그 매각대금에서 국세를 징수하는 경우 해당 재산에 설정된 전세권 등에 의하여 담보된 채권 또는 임대차보증금반환채권(재산소유자 변경시 피담보채권)
	   - 다만, 해당재산의 직전 보유자가 전세권 등의 설정 당시 체납하고 있었던 국세 등을 고려하여 일정한 금액 범위에서는 국세를 우선 징수

4-3 　조세채권 상호간의 우선순위

- 납세담보물을 매각하였을 때에는 그 국세 및 강제징수비는 매각대금 중에서 다른 국세 및 강제징수비와 지방세에 우선하여 징수
- 국세 강제징수에 따라 납세자의 재산을 압류한 경우에 다른 국세 및 강제징수비 또는 지방세의 교부 청구(참가압류 포함)가 있으면 압류에 관계되는 국세 및 강제징수비는 교부청구(참가압류 포함)된 다른 국세 및 강제징수비 또는 지방세에 우선하여 징수(지방세 강제징수에 의하여 납세자의 재산을 압류한 경우에 국세 및 강제징수비의 교부청구가 있으면 교부청구된 국세 및 강제징수비는 압류에 관계되는 지방세의 다음 순위로 징수)
- 담보 있는 조세 〉 압류한 조세 〉 교부청구한 조세

4-4 　국세채권과 일반채권간의 우선순위

	우 선 순 위	
1순위	공익비용(강제집행 · 경매비용, 파산절차에 든 비용, 강제징수비)	
2순위	소액임차보증금, 최종 3월분 임금채권 · 3년간 퇴직금 · 재해보상금	
	법정기일 전에 피담보채권이 설정된 경우	법정기일 후에 피담보채권이 설정된 경우
3순위	피담보채권	법정기일이 담보설정일 이전인 국세
4순위	그 밖의 임금채권	피담보채권
5순위	법정기일이 담보설정일 이후인 국세	그 밖의 임금채권
6순위	공과금 및 일반채권	공과금 및 일반채권

- 피담보채권은 그 밖의 임금채권에 우선
- 해당 재산에 대하여 부과된 상속세, 증여세, 종합부동산세는 법정기일 전에 피담보채권이 설정된 경우에도 피담보채권에 우선

압류재산에 피담보채권이 없는 경우 우선 순위

1순위 : 공익비용(강제집행 · 경매비용, 파산절차에 든 비용, 강제징수비)
2순위 : 소액임차보증금, 최종 3월분 임금채권 · 3년간 퇴직금 · 재해보상금
3순위 : 그 밖의 임금채권
4순위 : 국세
5순위 : 공과금과 일반채권

01. 다음은 국세기본법상 납세자의 재산을 강제환가절차에 의해 매각하는 경우에 그 매각대금 중에 국세우선권에 제한을 가져오는 것이다. 이에 해당하지 않는 것은?

① 국세의 법정기일 전에 전세권·질권·저당권의 설정을 등기·등록한 사실이 증명되는 재산

② 선집행 지방세·공과금

③ 소액주택임차보증금

④ 최종 3월분의 임금채권

02. 다음 중 국세기본법상 국세우선권에 제한을 가져오는 것에 해당하지 않는 것은?

① 강제집행, 경매 또는 파산 절차에 든 비용

② 선집행 지방세와 공과금

③ 종업원의 최종 3월분의 임금

④ 소액주택임차보증금

03. 다음 중 국세기본법상 국세우선권에서 다음의 채권이 경합하는 경우 가장 우선이 되는 것은?

① 소액임차보증금

② 공익비용(강제집행 등에 든 비용)

③ 국세

④ 지방세

04. 다음 중 국세기본법상 국세우선권에서 다음 보기의 국세 채권 등이 경합하는 경우 그 우선순위를 바르게 나열한 것은?

(1) 소액임차보증금	(2) 국세	(3) 강제집행, 경매 또는 파산 절차에 든 비용

① (1) - (2) - (3)

② (1) - (3) - (2)

③ (2) - (3) - (1)

④ (3) - (1) - (2)

05. 국세기본법상 다음의 예와 같이 국세와 경합되는 채권이 있는 경우로서, 압류재산에 질권 또는 저당권에 의하여 담보된 채권이 없는 경우 다음 채권의 우선 변제순위를 나열하시오.

Ⓐ 임차인의 보증금 중 일정액, 최종 3월분의 임금과 최종 3년간의 퇴직금 및 재해보상금
Ⓑ 최종 3월분 이외의 임금 및 기타 근로관계로 인한 채권
Ⓒ 국세
Ⓓ 일반채권

---

06. 거주자 갑은 20x2년 귀속 종합소득세를 납부하지 않았다. 따라서 관할 세무서장은 갑이 보유 중인 주택을 압류하여 매각하였다. 주택의 매각대금은 30,000,000원이다. 이 중에서 종합소득세로 징수할 수 있는 금액은 얼마인가?

---

1. 강제징수비 : 5,000,000원
2. 종합소득세 체납액 : 19,000,000원
3. 주택에 대한 미등기 임대보증금 : 10,000,000원
- 이 중 법에 따른 소액주택임차보증금은 8,000,000원이다.

---

07. 다음 중 국세기본법상 국세 우선권에 대한 설명으로 가장 틀린 것은?

① 사용자의 재산을 매각하거나 추심할 때 그 매각금액 또는 추심금액 중에서 국세를 징수하는 경우에 근로기준법 또는 근로자퇴직급여 보장법에 따라 국세에 우선하여 변제되는 임금, 퇴직금, 재해보상금, 그 밖에 근로관계로 인한 채권이 있다.

② 등기되지 않은 주택 임차보증금은 어떠한 경우에도 국세보다 우선하지 못한다.

③ 국세의 법정기일 후에 저당권 설정을 등록한 재산을 매각할 때 그 매각금액 중에서 저당권에 의하여 담보된 채권은 국세에 우선하지 못한다.

④ 강제집행, 경매 또는 파산 절차에 따라 재산을 매각할 때 그 매각금액 중에서 국세 및 강제징수비를 징수하는 경우 그 강제집행, 경매 또는 파산 절차에 든 비용이 국세 및 강제징수비 보다 우선한다.

08. ㈜경인은 20x1년분 법인세를 무신고하여서 관할 세무서는 법인세를 결정하여 20x2년 6월 1일 납부고지서를 발송하였으며 동 납부고지서는 20x2년 6월 4일에 ㈜경인에 도달되었다. ㈜경인이 법인세를 납부하지 않아 독촉장을 발부한 후 20x2년 9월 5에 ㈜경인의 공장을 압류하여 1억 5천만원에 공매하였으며, 강제징수비로 4,000,000원이 소요되었다. 강제징수비가 포함되지 않은 채권의 세부내역은 다음과 같다.

채권자	구 분	채권금액	비고
세무서	법인세채권	70,000,000원	
국민은행	대여금	40,000,000원	저당권설정일 20x2년 5월 29일
신한은행	대여금	50,000,000원	저당권설정일 20x2년 6월 2일
종업원	임금채권	90,000,000원	최종 3월 임금채권 60,000,000원 포함
㈜인천	매출채권	30,000,000원	담보가 설정되지 않은 일반채권(무담보채권)

위의 자료에 의하여 공매대금을 채권별로 배분하시오.

[풀이]

순서	구분	채권액	배분액
1	공익비용	4,000,000원	4,000,000원
2	최종3월 임금채권	60,000,000원	60,000,000원
3	피담보채권(국민은행) - 저당권 설정일 5월 29일	40,000,000원	40,000,000원
4	법인세*채권	70,000,000원	46,000,000원
5	피담보채권(신한은행) - 저당권 설정일 6월 2일	50,000,000원	-
6	그 밖의 임금채권	30,000,000원	-
7	담보가 설정되지 않은 일반채권 (무담보채권)	30,000,000원	-
계			150,000,000원

* 세무서가 결정한 법인세의 법정기일은 납세고지서 발송일인 6월 1일이므로 5월 29일에 담보설정된 국민은행의 대여금은 법인세채권에 우선한다. 그러나 6월 2일에 담보설정된 신한은행의 대여금은 법인세채권에 우선하지 못한다. 따라서 법인세채권은 국민은행의 대여금과 신한은행의 대여금의 사이에 위치하게 된다.

09. 거주자인 김경인씨가 20x1년 귀속 종합소득세를 신고하였지만, 신고한 금액을 납부하지 않아 관할 세무서는 김경인씨의 주택을 20x3년 11월 5일에 압류하여 20x4년 3월 13일에 매각하였다. 주택의 매각대금은 100,000,000원이며, 강제징수비로 6,000,000원이 소요되었다. 강제징수비가 포함되지 않은 채권의 세부내역은 다음과 같다.

구 분	채권금액	비고
소득세채권	70,000,000원	소득세 신고일은 20x2년 5월 31일
해당 주택에 설정된 저당권에 의해 담보되는 채권 (피담보채권)	40,000,000원	저당권설정일 20x2년 5월 3일
해당 주택에 대한 임차보증금	30,000,000원	주택임대차보호법에 의한 우선변제금액(소액임차보증금)은 1천 4백만이며, 20x2년 5월 26일에 확정일자 받음
김경인씨가 운영하는 사업체 종업원의 임금채권	20,000,000원	최종 3월 임금채권 8,000,000원 포함

위의 자료에 의하여 매각대금을 채권별로 배분하시오.

[풀이]

순서	구분	채권액	배분액
1	공익비용(강제징수비)	6,000,000원	6,000,000원
2	소액임차보증금과 최종 3월 임금채권	22,000,000원	22,000,000원
3	저당권에 의해 담보되는 채권 (피담보채권)	40,000,000원	40,000,000원
4	대항요건을 갖춘 잔여임차보증금	16,000,000원	16,000,000원
5	그 밖의 임금채권	12,000,000원	12,000,000원
6	소득세*채권	70,000,000원	4,000,000원
계			100,000,000원

* 소득세의 법정기일이 저당권 설정일과 세입자의 확정일자 보다 늦기 때문에 피담보채권, 대항요건을 갖춘 잔여임차보증금이 소득세채권에 우선한다. 그리고 그 밖의 임금채권도 소득세채권에 우선한다.

05 과세와 환급

5-1-1 관할관청

관할관청이란 국세를 신고·납부하거나 국세를 부과·징수할 때 해당 국세의 납세지를 관할하는 과세관청을 말한다.

구 분	내 용
과세표준신고의 관할	• 과세표준신고서는 신고 당시 해당 국세의 납세지를 관할하는 세무서장에게 제출하여야 함(다만, 전자신고를 하는 경우에는 지방국세청장이나 국세청장에게 제출가능) • 과세표준신고서가 관할 세무서장 외의 세무서장에게 제출된 경우에도 그 신고는 유효함
결정 또는 경정결정의 관할	• 국세의 과세표준과 세액의 결정 또는 경정결정은 그 처분 당시 그 국세의 납세지를 관할하는 세무서장이 함 • 국세의 과세표준과 세액의 결정 또는 경정결정하는 때에 그 국세의 납세지를 관할하는 세무서장 이외의 세무서장이 행한 결정 또는 경정결정처분은 그 효력이 없음(다만, 세법 또는 다른 법령에 등에 의하여 권한 있는 세무서장이 결정 또는 경정결정하는 경우에는 그러하지 않음)

📚 용어 설명 : 결정, 경정결정
① 결정 : 납세의무를 확정하는 행정관청의 처분으로서 세법상 과세표준과 세액을 정부가 확정하는 절차(주로 정부부과과 세제도의 세목인 상속세 및 증여세 등에서 채택되며, 신고납세제도하의 세목 중 납세의무자 스스로 과세표준과 세액의 신고가 없는 경우 정부가 개입하여 그 과세표준과 세액을 확정하는 절차)
② 경정결정 : 납세의무자가 신고한 과세표준액이나 세액 등이 세무서에서 조사한 바와 서로 다를 경우에 세무서장이 조사한 바에 따라 이를 고치는 것(=경정)

5-1-2 수정신고

　수정신고란, 과세표준을 과소신고한 경우 또는 환급세액을 과다신고한 경우에 관할 세무서장이 해당 국세의 과세표준과 세액을 결정 또는 경정하여 통지하기 전으로서 제척기간이 만료되기 전까지 수정하여 신고할 수 있는 제도를 말한다.

구 분	내 용
수정신고자와 수정신고기한	• 수정신고자 : 과세표준신고서를 법정신고기한까지 제출한 자(근로소득만 있는 자 등과 같이 과세표준 확정신고의무가 면제된 자 포함) 및 기한후과세표준신고서를 제출한 자 • 수정신고기한 : 관할 세무서장이 과세표준과 세액을 결정 또는 경정하여 통지하기 전으로서 국세부과의 제척기간이 끝나기 전까지 수정신고 가능
수정신고사유	아래에 어느 하나에 해당할 때 수정신고 가능 • 과세표준신고서 또는 기한후과세표준신고서에 기재된 과세표준 및 세액이 세법에 따라 신고하여야 할 과세표준 및 세액에 미치지 못할 때(신고세액 〈 정상세액 → 과소신고) • 과세표준신고서 또는 기한후과세표준신고서에 기재된 결손금액 또는 환급세액이 세법에 따라 신고하여야 할 결손금액이나 환급세액을 초과할 때(신고 환급세액 〉 정상 환급세액 → 과대환급신고) • 원천징수의무자가 정산 과정에서 소득세 확정신고의무가 면제된 자의 소득을 누락한 것, 세무조정 과정에서의 누락 등 불완전한 신고를 하였을 때(경정 등의 청구를 할 수 있는 경우는 제외)
추가자진납부	• 세법에 따라 과세표준신고액에 상당하는 세액을 자진납부하는 국세에 관하여 과세표준수정신고서를 제출하는 납세자는 이미 납부한 세액이 과세표준수정신고액에 상당하는 세액에 미치지 못할 때에는 그 부족한 금액과 가산세를 추가납부
수정신고효력	• 신고납부세목의 수정신고(과세표준신고서를 법정신고기한까지 제출한 자의 수정 신고로 한정)는 당초의 신고에 따라 확정된 과세표준과 세액을 증액하여 확정하는 효력이 있지만, 기한후과세표준신고서를 제출한 자가 과세표준수정신고서를 제출한 경우에는 세액을 증액하여 확정하는 효력이 없음 • 정부부과세목의 수정신고는 세액을 증액하여 확정하는 효력이 없음
과소신고ㆍ 초과환급신고 가산세 감면	과세표준신고서를 법정신고기한까지 제출한 자가 법정신고기한이 지난 후 2년 이내에 수정신고를 한 경우(과세표준과 세액을 경정할 것을 미리 알고 과세표준수정신고서를 제출한 경우는 제외)에는 과소신고가산세ㆍ초과환급신고가산세만 다음과 같이 감면 • 법정신고기한이 지난 후 1개월 이내에 수정신고한 경우 : 90% 감면 • 법정신고기한이 지난 후 1개월 초과 3개월 이내에 수정신고한 경우 : 75% 감면 • 법정신고기한이 지난 후 3개월 초과 6개월 이내에 수정신고한 경우 : 50% 감면 • 법정신고기한이 지난 후 6개월 초과 1년 이내에 수정신고한 경우 : 30% 감면 • 법정신고기한이 지난 후 1년 초과 1년 6개월 이내에 수정신고한 경우 : 20% 감면 • 법정신고기한이 지난 후 1년 6개월 초과 2년 이내에 수정신고한 경우 : 10% 감면

5-1-3 경정청구

경정청구란, 당초 신고·결정된 과세표준 및 세액이 세법에 의하여 신고하여야 할 과세표준과 세액보다 과다한 경우나 환급세액이 과소한 경우에 대한 세액의 경정을 관할 세무서장에게 청구할 수 있는 제도를 말한다.

구 분	내 용
경정청구대상자와 경정청구기한	• 경정청구대상자 : 과세표준신고서를 법정신고기한까지 제출한 자 및 기한후과세표준 신고서를 제출한 자(후발적 사유에 해당하는 경우는 국세의 과세표준 및 세액의 결정을 받은 무신고자도 가능) • 경정청구기한 : 법정신고기한이 지난 후 5년 이내[결정 또는 경정으로 인하여 증가된 과세표준 및 세액에 대하여는 해당 처분이 있음을 안 날(처분의 통지를 받은 때에는 그 받은 날)부터 3개월 이내(법정신고기한이 지난 후 5년 이내로 한정)]에 관할 세무서장에게 청구 가능[후발적 사유(소송에 대한 판결에 의해 확정되는 경우 등)의 경우는 후발적 사유가 발생한 것을 안 날로부터 3개월 이내 청구가능]
경정청구사유	아래에 어느 하나에 해당할 때 경정청구 가능 • 과세표준신고서 또는 기한후과세표준신고서에 기재된 과세표준 및 세액(각 세법의 규정에 따라 결정 또는 경정이 있는 경우에는 해당 결정 또는 경정 후의 과세표준 및 세액을 말함)이 세법에 따라 신고하여야 할 과세표준 및 세액을 초과하는 때 • 과세표준신고서 또는 기한후과세표준신고서에 기재된 결손금액, 세액공제액 또는 환급세액(각 세법의 규정에 따라 결정 또는 경정이 있는 경우에는 해당 결정 또는 경정 후의 결손금액, 세액공제액 또는 환급세액을 말함)이 세법에 따라 신고하여야 할 결손금액, 세액공제액 또는 환급세액에 미치지 못할 때 • 후발적 사유
경정청구효력	• 청구를 받은 세무서장은 그 청구를 받은 날부터 2개월 이내에 과세표준 및 세액을 결정 또는 경정하거나 결정 또는 경정하여야 할 이유가 없다는 뜻을 그 청구를 한 자에게 통지 • 청구를 한 자가 2개월 이내에 아무런 통지를 받지 못한 경우에는 통지를 받기 전이라도 그 2개월이 되는 날의 다음 날부터 이의신청, 심사청구, 심판청구 또는 감사원법에 따른 심사청구 가능 • 청구를 받은 세무서장은 그 청구를 받은 날부터 2개월 이내에 과세표준 및 세액의 결정 또는 경정이 곤란한 경우에는 청구를 한 자에게 관련 진행상항 및 이의신청, 심사청구, 심판청구 또는 감사원법에 따른 심사청구를 할 수 있다는 사실을 통지 • 경정청구는 과세표준 및 세액을 확정시키는 효력 없음

5-1-4 기한 후 신고

기한 후 신고란, 법정신고기한까지 과세표준신고서를 제출하지 아니한 자가 관할 세무서장이 세법에 따라 해당 국세의 과세표준과 세액을 결정하여 통지하기 전까지 신고할 수 있도록 한 제도를 말한다.

구 분	내 용
기한 후 신고자와 기한 후 신고기한	• 기한 후 신고자 : 법정신고기한까지 과세표준신고서를 제출하지 아니한 자 • 기한 후 신고기한 : 해당 국세의 과세표준과 세액을 결정하여 통지하기 전까지 기한 후 신고 가능
자진납부	• 기한후과세표준신고서를 제출한 자로서 세법에 따라 납부하여야 할 세액이 있는 자는 그 세액을 납부
기한 후 신고 효력	• 기한후과세표준신고서를 제출하거나 기한후과세표준신고서를 제출한 자가 과세표준수정신고서를 제출한 경우 관할 세무서장은 세법에 따라 신고일부터 3개월 이내에 해당 국세의 과세표준과 세액을 결정 또는 경정하여 신고인에게 통지(부득이한 사유로 신고일로부터 3개월 이내에 결정 또는 경정할 수 없는 경우에는 그 사유를 신고인에게 통지해야 함) • 과세표준과 세액을 확정하는 효력 없음
무신고 가산세 감면	과세표준신고서를 법정신고기한까지 제출하지 아니한 자가 법정신고기한이 지난 후 6개월 이내에 기한 후 신고를 한 경우(과세표준과 세액을 경정할 것을 미리 알고 기한후과세표준신고서를 제출한 경우는 제외)에는 무신고가산세만 다음과 같이 감면 • 법정신고기한이 지난 후 1개월 이내에 기한 후 신고한 경우 : 50% 감면 • 법정신고기한이 지난 후 1개월 초과 3개월 이내에 기한 후 신고한 경우 : 30% 감면 • 법정신고기한이 지난 후 3개월 초과 6개월 이내에 기한 후 신고한 경우 : 20% 감면

5-1-5 수정신고, 경정청구, 기한 후 신고 비교

유 형	납세자	과세관청	효 력
과 소 신 고	수 정 신 고	증 액 결 정	• 정부부과세목 : 확정력 × • 신고납부세목 : 확정력 ○
과 대 신 고	경 정 청 구	감 액 결 정	확정력 ×
무 신 고	기한 후 신고	결 정	확정력 ×

5-1-6 기한 후 납부

과세표준신고서를 법정신고기한까지 제출하였으나 과세표준신고액에 상당하는 세액의 전부 또는 일부를 납부하지 아니한 자는 그 세액과 국세기본법 또는 세법에서 정하는 가산세를 세무서장이 고지하기 전에 납부할 수 있다.

5-2 가산세의 부과와 감면

5-2-1 가산세의 부과

구 분	내 용
가산세 부과	• 정부는 세법에서 규정하는 의무를 위반한 자에게 국세기본법 또는 세법에서 정하는 바에 따라 가산세를 부과할 수 있음 • 가산세는 해당 의무가 규정된 세법의 해당 국세의 세목으로 함(다만, 해당 국세를 감면하는 경우에는 가산세는 그 감면대상에 포함시키지 아니하는 것으로 함) • 가산세는 납부할 세액에 가산하거나 환급받을 세액에서 공제
가산세 성격	가산세는 징수절차상의 편의를 위해 세법이 정하는 국세의 세목으로 하여 세법에 의하여 산출한 본세의 세액에 가산하여 함께 징수하는 행정상 제재의 일종

5-2-2 국세기본법의 가산세

구 분	가산세 종류	해당 납부세액에 대한 가산세율	
		일반	부정행위
신고 관련	무신고가산세	20%	40%(역외거래의 경우 60%)
	과소신고 · 초과환급신고가산세	10%	40%(역외거래의 경우 60%)
납부 관련	납부지연가산세 (미납부, 과소납부, 초과환급)	1일 0.022%	

5-2-3 가산세의 감면과 한도

구 분	내 용
가산세 미부과	• 천재 등으로 인한 기한연장 사유에 해당하는 경우 • 납세자가 의무를 이행하지 아니한 데 대한 정당한 사유가 있는 경우 • 세법해석에 관한 질의 · 회신 등에 따라 신고 · 납부하였으나 이후 다른 과세처분을 하는 경우 등
가산세 감면*	아래의 경우는 해당 가산세액의 50%를 감면 • 과세전적부심사 결정 · 통지기간에 그 결과를 통지하지 아니한 경우 : 결정 · 통지가 지연됨으로써 해당 기간에 부과되는 납부지연가산세 • 세법에 따른 제출 · 신고 · 가입 · 등록 · 개설의 기한이 지난 후 1월 이내에 제출 등의 의무를 이행하는 경우 : 제출 등의 의무위반에 대하여 세법에 따라 부과되는 가산세 • 세법에 따른 예정신고기한 및 중간신고기한까지 예정신고 및 중간신고를 하였으나 과소신고하거나 초과환급신고한 경우로서 확정신고기한까지 과세표준을 수정하여 신고한 경우 : 과소신고 · 초과환급신고가산세 • 세법에 따른 예정신고기한 및 중간신고기한까지 예정신고 및 중간신고를 하지 아니하였으나 확정신고기한까지 과세표준신고를 한 경우 : 무신고가산세
가산세 한도	의무위반의 종류별로 각각 1억원(중소기업은 5천만원)의 가산세 한도를 적용

* 수정신고한 경우의 가산세 감면과 기한 후 신고를 한 경우의 가산세 감면은 5-1-2와 5-1-4 참조

5-3 환급

5-3-1 국세환급금

납세의무자가 국세 및 강제징수비로 납부한 금액 중 국가가 되돌려주어야 할 금액을 말하는 것으로, 발생 원인에 따라 과오납금과 환급세액으로 구분할 수 있다.

구 분	내 용
과오납금	부적법한 납부에 의한 과오납금은 세법에 따라 납부하여야 할 세액을 초과하여 납부한 경우(초과납부 · 이중납부) 또는 세금의 납부시에는 확정된 조세채무가 존재하였으나 그 후 감액경정결정이나 부과의 취소 등으로 조세채무가 소멸 · 감소함에 따라 발생하는 것
환급세액	세법에 따른 적법한 절차에 의하였으나 돌려받는 것[이전에 이미 납부한 세액(기납부세액)이 해당 과세기간의 세액보다 많아 차액을 환급받거나 적법한 세액의 납부 후에 세법의 개정으로 세액이 감소 또는 납부의무가 소멸되는 경우]

5-3-2 국세환급금 처리절차와 소멸시효

구 분		내 용
결 정		세무서장은 과오납금 또는 환급세액을 국세환급금으로 결정[이 경우 과오납부(착오납부·이중납부)로 인한 환급청구는 국세환급신청서에 따름]
충당*1	직권충당	세무서장은 국세환급금으로 결정한 금액을 다음의 국세 및 강제징수비에 대해서는 충당하여야 함 • 체납된 국세와 강제징수비(다른 세무서에 체납된 국세와 강제징수비를 포함) • 납부고지에 의하여 납부하는 국세(납부기한 전 징수사유에 해당하는 경우만 해당)
	동의충당*2	세무서장이 국세환급금으로 결정한 금액을 다음의 국세에 충당하고자 하는 경우에는 납세자가 그 충당에 동의하는 경우에 한하여 충당 가능 • 납부고지에 의하여 납부하는 국세 • 세법에 따라 자진납부하는 국세
지 급		국세환급금 중 충당한 후 남은 금액은 국세환급금의 결정을 한 날부터 30일 내에 납세자에게 지급하여야 함
소 멸 시 효		• 납세자의 국세환급금과 국세환급가산금에 관한 권리는 행사할 수 있는 때부터 5년간 행사하지 아니하면 소멸시효가 완성 • 소멸시효는 세무서장이 납세자의 환급청구를 독촉하기 위하여 납세자에게 환급청구의 안내·통지 등으로 인하여 중단되지 아니함
명의대여자 대신 실질귀속자가 납부한 금액에 대한 환급		명의대여자와 실질귀속자가 따로 있어 명의대여자에 대한 과세를 취소하고 실질귀속자를 납세의무자로 하여 과세하는 경우 명의대여자 대신 실질귀속자가 납부한 것으로 확인한 금액은 실질귀속자의 기납부세액으로 먼저 공제하고 남은 금액이 있는 경우에는 실질귀속자에게 환급

*1 충당 : 국가의 환급금채무와 납세자의 조세채무를 상계하는 것
*2 납세자가 세법에 따라 환급받을 세액이 있는 경우에는 그 환급세액을 국세에 충당할 것을 청구할 수 있음(충당된 세액의 충당청구를 한 날에 해당 국세를 납부한 것으로 봄)

☞ 물납재산의 환급과 국세환급금에 대한 권리 양도

① 물납재산의 환급 : 납세자가 물납한 세금은 해당 물납재산으로 환급해야 함(이미 물납재산이 매각되었거나 다른 용도로 사용되고 있는 등의 경우에는 예외적으로 현금으로 환급) → 물납재산으로 환급하는 경우에는 국세환급가산금은 지급하지 아니함
② 국세환급금에 대한 권리 양도 : 납세자는 국세환급금에 관한 권리를 타인에게 양도 가능(세무서장이 국세환급금통지서를 발급하기 전에 국세환급금양도요구서로 관할 세무서장에게 양도를 요구해야 함)

5-3-3 국세환급가산금

세무서장은 국세환급금을 충당하거나 지급할 때에는 국세환급가산금을 국세환급금에 가산하여야 한다.

국세환급가산금 = 국세환급금 × 이자율[*1] × 이자계산기간[*2]

*1 이자율 : 시중은행의 1년 만기 정기예금 평균 수신금리를 고려하여 기획재정부령에서 정하는 이자율
*2 이자계산기간 : 다음에 해당하는 날부터 충당하는 날 또는 지급결정을 하는 날까지의 기간

구 분	국세환급가산금 기산일
① 착오납부·이중납부 또는 납부 후 그 납부의 기초가 된 신고 또는 부과를 경정하거나 취소함에 따라 발생한 국세환급금	그 국세 납부일의 다음 날
② 적법하게 납부된 국세의 감면으로 발생한 국세환급금	감면 결정일의 다음 날
③ 적법하게 납부된 후 법률이 개정되어 발생한 국세환급금	그 개정된 법률 시행일의 다음 날
④ 소득세법·법인세법·부가가치세법·개별소비세법·주세법 또는 교통·에너지·환경세법에 따른 환급세액을 신고, 환급신청, 경정 또는 결정으로 인하여 환급하는 경우	신고를 한 날(신고한 날이 법정기일 전인 경우에는 해당 법정신고기일) 또는 신청을 한 날부터 30일이 지난 날의 다음 날(환급세액을 법정신고기한까지 신고하지 아니함에 따른 결정으로 인하여 발생한 환급세액을 환급할 때에는 해당 결정일부터 30일이 지난 날의 다음 날)

01. 다음은 국세기본법상 과세 관할에 관한 설명이다. 옳지 않은 것은?

① 처분 당시의 해당 국세의 납세지를 관할하는 세무서장 이외의 세무서장이 행한 결정 또는 경정결정 처분은 그 효력이 없다. 다만, 세법 또는 다른 법령 등에 의하여 권한 있는 세무서장이 결정 또는 경정결정하는 경우에는 그러하지 아니하다.

② 전자신고를 하는 경우에는 납세지 관할 세무서장이 아닌 지방국세청장이나 국세청장에게 과세표준신고서를 제출할 수 있다.

③ 과세표준신고서가 납세지 관할세무서장 외의 세무서장에게 제출된 경우에는 그 신고의 효력이 없다.

④ 국세의 과세표준과 세액의 결정 또는 경정결정은 그 처분 당시 그 국세의 납세지를 관할하는 세무서장이 한다.

02. 다음 중 국세기본법상 수정신고에 관한 설명으로 옳은 것은?

① 당초 신고한 세액을 감액하는 경우에도 수정신고에 의한다.

② 원천징수의무자가 정산 과정에서 근로소득자의 소득을 누락신고한 경우 수정신고서를 제출할 수 있다.

③ 법정신고기한으로부터 1년이 경과한 이후에는 수정신고를 할 수 없다.

④ 법정신고기한 내 신고하지 않은 자는 수정신고를 할 수 없다.

03. 다음 중 국세기본법상 수정신고의 사유에 해당하는 것은?

① 과세표준신고서 또는 기한후과세표준신고서에 기재된 과세표준 및 세액이 세법에 따라 신고하여야 할 과세표준 및 세액에 미치지 못할 때

② 과세표준신고서 또는 기한후과세표준신고서에 기재된 과세표준 및 세액이 세법에 따라 신고하여야 할 과세표준 및 세액을 초과할 때

③ 과세표준신고서 또는 기한후과세표준신고서에 기재된 결손금액 또는 환급세액이 세법에 따라 신고하여야 할 결손금액 또는 환급세액에 미치지 못할 때

④ 법정신고기한까지 과세표준신고서를 제출하지 아니한 때

04. 다음 중 국세기본법상 수정신고 사유에 해당하는 것은?

① 과세표준신고서에 기재된 환급세액이 세법에 따라 신고하여야 할 환급세액을 초과할 때
② 법정신고기한까지 과세표준신고서를 제출하지 아니한 때
③ 과세표준신고서에 기재된 결손금액이 세법에 따라 신고하여야 할 결손금액에 미치지 못한 때
④ 과세표준신고서에 기재된 세액이 세법에 따라 신고하여야 할 세액을 초과할 때

05. 다음 중 국세기본법상 수정신고를 할 수 있는 때가 아닌 것은?

① 과세표준신고서에 기재된 과세표준이 세법에 따라 신고해야 할 과세표준에 미치지 못할 때
② 과세표준신고서에 기재된 결손금액이 세법에 따라 신고해야 할 결손금을 초과할 때
③ 세무조정 과정에서 국고보조금과 공사부담금을 익금과 손금에 동시에 산입하지 아니한 경우
④ 과세표준신고서에 기재된 세액이 세법에 따라 신고해야 할 세액을 초과할 때

06. 국세기본법상 다음 (㉠)과 (㉡)에 알맞은 숫자는?

법정신고기한이 지난 후 2년 이내에 수정신고한 경우(과소신고 · 초과환급신고가산세만 해당하며, 과세표준과 세액을 경정할 것을 미리 알고 과세표준수정신고서를 제출한 경우는 제외한다)에는 다음과 같이 감면함
① 법정신고기한이 지난 후 1개월 이내에 수정신고한 경우 : 해당 가산세액의 90% 감면
② 법정신고기한이 지난 후 1개월 초과 3개월 이내에 수정신고한 경우 : 해당 가산세액의 (㉠)% 김면
③ 법정신고기한이 지난 후 3개월 초과 6개월 이내에 수정신고한 경우 : 해당 가산세액의 50% 감면
④ 법정신고기한이 지난 후 6개월 초과 1년 이내에 수정신고한 경우 : 해당 가산세액의 (㉡)% 감면
⑤ 법정신고기한이 지난 후 1년 초과 1년 6개월 이내에 수정신고한 경우 : 해당 가산세액의 20% 감면
⑥ 법정신고기한이 지난 후 1년 6개월 초과 2년 이내에 수정신고한 경우 : 해당 가산세액의 10% 감면

07. 국세기본법상 법정신고기한이 지난 후 3개월 초과 6개월 이내에 수정 신고한 경우 해당 가산세액의 100분의 (가)에 상당하는 금액을 감면한다. (가)에 알맞은 숫자는?

08. 다음 중 국세기본법상 일반적 사유에 의한 경정 등의 청구에 대한 설명으로 가장 옳지 않은 것은?

① 법정신고기한까지 과세표준신고서를 제출하지 아니한 자도 경정 등의 청구를 할 수 있다.

② 법정신고기한이 지난 후 5년 이내에 관할 세무서장에게 청구할 수 있다.

③ 과세표준신고서에 기재된 과세표준 및 세액이 세법에 따라 신고하여야 할 과세표준 및 세액을 초과할 때 경정 등의 청구를 할 수 있다.

④ 과세표준신고서에 기재된 결손금액 또는 환급세액이 세법에 따라 신고하여야 할 결손금액, 세액공제액 또는 환급세액을 초과할 때 경정 등의 청구를 할 수 있다.

09. 다음 중 국세기본법상 경정청구에 대한 설명으로 틀린 것은?

① 법정신고기한이 지난 후 5년 이내에 관할 세무서장에게 청구할 수 있다.

② 후발적 사유가 발생한 경우 그 사유가 발생한 것을 안 날부터 6개월 이내에 결정 또는 경정을 청구할 수 있다.

③ 경정청구에 의하여 세액감액 효력이 발생하는 것은 아니다.

④ 경정청구를 받은 세무서장은 그 청구를 받은 날부터 2개월 이내에 청구한 자에게 결정 또는 경정 여부를 통지하여야 한다.

10. 다음은 국세기본법상 경정청구에 대한 내용이다. 빈칸에 들어갈 숫자는?

> 과세표준신고서를 법정신고기한까지 제출한 자 및 기한후과세표준신고서를 제출한 자는 최초신고 및 수정신고한 국세의 과세표준 및 세액의 결정 또는 경정을 법정신고기한이 지난 후 (㉠)년 이내에 관할 세무서장에게 청구할 수 있다. 다만, 결정 또는 경정으로 인하여 증가된 과세표준 및 세액에 대하여는 해당 처분이 있음을 안 날(처분의 통지를 받은 때에는 그 받은 날)부터 3개월 이내(법정신고기한이 지난 후 5년 이내로 한정한다)에 경정을 청구할 수 있다.

11. 다음 중 국세기본법상 경정청구 기간이 다른 것은?

① 조세조약에 따른 상호합의가 최초의 신고, 결정 또는 경정의 내용과 다르게 이루어졌을 때

② 소득이나 그 밖의 과세물건의 귀속을 제3자에게로 변경시키는 결정 또는 경정이 있을 때

③ 과세표준신고서에 기재된 과세표준 및 세액이 세법에 따라 신고하여야 할 과세표준 및 세액을 초과한 것을 안 때

④ 최초의 신고, 결정 또는 경정에서 과세표준 및 세액의 계산 근거가 된 거래 또는 행위 등이 그에 관한 소송에 대한 판결에 의하여 다른 것으로 확정되었을 때

12. 다음 중 국세기본법상 수정신고와 경정청구에 대한 설명으로 옳지 않은 것은?

① 당초 과세표준과 세액의 과소신고의 경우에는 수정신고한다.

② 결정 또는 경정의 청구를 받은 세무서장은 그 청구를 받은 날부터 3월 이내에 결과를 청구한 자에게 통지하여야 한다.

③ 경정청구는 법정신고기한 경과 후 5년 이내에만 청구할 수 있다. 다만, 후발적 사유가 있는 경우 달리할 수 있다.

④ 소득세를 수정신고하는 경우에는 세액을 확정하는 효력이 있으나, 경정청구하는 경우에는 세액을 확정하는 효력이 없다.

13. 다음 중 국세기본법상 수정신고와 경정 등의 청구에 대한 설명으로 옳지 않은 것은?

① 과세표준신고서에 기재된 과세표준 및 세액이 세법에 따라 신고하여야 할 과세표준 및 세액에 미치지 못할 때 수정신고를 할 수 있다.

② 기한후과세표준신고서에 기재된 과세표준 및 세액이 세법에 따라 신고하여야 할 과세표준 및 세액에 미치지 못할 때 수정신고를 할 수 있다.

③ 과세표준신고서를 법정신고기한까지 제출한 자는 최초 신고한 국세의 과세표준 및 세액의 결정 또는 경정을 법정신고기한이 지난 후 10년 이내에 관할 세무서장에게 청구할 수 있다.

④ 경정청구에 의하여 세액감액 효력이 발생하는 것은 아니다.

14. 사업소득이 있는 거주자 김경인씨는 20x2년 5월 31일인 종합소득세신고기한을 놓치고 말았다. 이때 김경인씨가 소득세법상 납세의무를 이행하기 위해 선택할 수 있는 행동으로 옳은 것은?

① 기한후신고　　　　　　　　　　② 수정신고
③ 경정청구　　　　　　　　　　　④ 조세불복

15. 다음 중 국세기본법상 기한 후 신고에 대한 설명으로 옳지 않은 것은?

① 법정신고기한까지 과세표준신고서를 제출하지 아니한 자는 관할 세무서장이 해당 국세의 과세표준과 세액을 결정하여 통지하기 전까지 기한후과세표준신고서를 제출할 수 있다.
② 기한후과세표준신고서를 제출한 자로서 세법에 따라 납부하여야 할 세액이 있는 자는 그 세액을 납부하여야 한다.
③ 기한후과세표준신고서를 제출한 경우 관할 세무서장은 신고일부터 1개월 이내에 해당 국세의 과세표준과 세액을 결정하여야 한다.
④ 기한후과세표준신고서 접수 후 그 과세표준과 세액을 조사할 때 조사 등에 장기간이 걸리는 등 부득이한 사유로 법정기한 내에 결정할 수 없는 경우에는 그 사유를 신고인에게 통지하여야 한다.

16. 다음 중 국세기본법상 기한 후 신고에 대한 설명으로 옳은 것은?

① 법정신고기한 경과 후 1개월 이내에 기한 후 신고시 무신고 가산세 50% 감면이 있다.
② 기한후신고는 신고납세제도 세목의 경우 과세표준과 세액을 확정하는 효력이 있다.
③ 기한후과세표준신고서를 제출한 자로서 세법에 따라 납부하여야 할 세액이 있는 자는 기한후과세표준신고서 제출 이후에는 납부불성실 가산세가 면제된다.
④ 기한후과세표준신고서를 제출한 경우 관할 세무서장은 세법에 따라 신고일부터 1개월 이내에 해당 국세의 과세표준과 세액을 결정하여 신고인에게 통지하여야 한다.

17. 국세기본법상 법정신고기한까지 신고하지 아니하고 기한 후 신고한 경우에는 무신고 가산세가 적용된다. 무신고 가산세의 감면에 대한 감면율로 올바르게 짝지어지지 않은 것은?

① 법정신고기한이 지난 후 1개월 이내 기한후 신고를 한 경우 무신고 가산세의 50% 감면

② 법정신고기한이 지난 후 1개월 초과 3개월 이내 기한후 신고를 한 경우 무신고 가산세의 30% 감면

③ 법정신고기한이 지난 후 3개월 초과 6개월 이내 기한후 신고를 한 경우 무신고 가산세의 20% 감면

④ 법정신고기한이 지난 후 6개월 초과 1년 이내 기한후 신고를 한 경우 무신고 가산세의 10% 감면

18. 다음은 국세기본법상 가산세 감면에 관한 설명으로 아래의 (   ) 안에 들어갈 알맞은 숫자는?

> 과세표준신고서를 법정신고기한까지 제출하지 아니한 자가 법정신고기한이 지난 후 제45조의3에 따라 기한 후 신고를 한 경우(과세표준과 세액을 경정할 것을 미리 알고 기한후과세표준신고서를 제출한 경우는 제외한다)에는 다음 구분에 따른 금액을 감면한다.
> • 법정신고기한이 지난 후 1개월 이내에 기한 후 신고를 한 경우 : 해당 가산세액의 100분의 (   )에 상당하는 금액

19. 국세기본법상 기한후신고와 수정신고 등에 관한 설명으로 틀린 것은?

① 수정신고는 법정신고기한까지 과세표준 신고서를 제출한 자와 기한 후 과세표준신고서를 제출한 자에 대해서 적용하나 기한 후 신고는 법정신고기한까지 과세표준 신고서를 제출하지 않은 자에 대해서만 적용한다.

② 기한후과세표준신고서를 제출한 자로서 세법에 따라 납부하여야 할 세액이 있는 자는 기한후과세표준신고서의 제출하고 해당 세액을 납부하여야 한다.

③ 기한후신고는 납세의무를 확정하는 효력이 있다.

④ 과세표준신고서를 법정신고기한까지 제출하였으나 신고액에 상당하는 세액의 전부 또는 일부를 납부하지 않은 자는 해당 세액과 가산세를 세무서장이 고지하기 전에 납부할 수 있다.

20. 다음 중 국세기본법상 기한 후 신고와 수정신고 등에 관한 설명으로 가장 옳지 않은 것은?

① 기한후신고에는 납세의무를 확정하는 효력이 없다.

② 법정신고기한이 지난 후 6개월 이내에 기한후신고를 하더라도 무신고가산세는 감면받을 수 없다.

③ 기한후 과세표준신고서를 제출한 자로서 세법에 따라 납부하여야 할 세액이 있는 자는 그 세액을 납부하여야 한다.

④ 수정신고는 법정신고기한까지 과세표준신고서를 제출한 자 또는 기한후 과세표준신고서를 제출한 자에 대해서 적용하나 기한후신고는 법정신고기한까지 과세표준신고서를 제출하지 않은 자에 대해서 적용한다.

21. 국세기본법상 수정신고 · 경정청구 · 기한 후 신고에 대한 내용이다. 알맞은 것은?

구분	납세자	과세관청
과소신고한 경우	㉠	증액결정
과대신고한 경우	㉡	감액결정
무신고한 경우	㉢	결 정

	㉠	㉡	㉢
①	경정청구	수정신고	기한 후 신고
②	수정신고	경정청구	기한 후 신고
③	수정신고	기한 후 신고	경정청구
④	기한 후 신고	수정신고	경정청구

22. 다음 국세기본법상 설명으로 (㉠)안에 알맞은 말은?

국세기본법상 (㉠)란 세법에서 규정하는 의무의 성실한 이행을 확보하기 위하여 세법에 따라 산출한 세액에 가산하여 징수하는 금액을 말한다.

23. 다음 중 국세기본법상 가산세의 부과에 대한 설명으로 옳지 않은 것은?

① 정부는 세법에서 규정한 의무를 위반한 자에게 국세기본법 또는 세법에서 정하는 바에 따라 가산세를 부과할 수 있다.
② 가산세는 해당 의무가 규정된 세법의 해당 국세의 세목으로 한다.
③ 해당 국세를 감면하는 경우에 가산세는 그 감면대상에 포함된다.
④ 가산세는 납부할 세액에 가산하거나 환급받을 세액에서 공제한다.

24. 다음 중 국세기본법상 가산세에 대한 설명으로 잘못된 것은?

① 가산세는 세법에서 규정한 의무를 위반한 자에게 부과하는 것으로 국세기본법에서만 규정하고 있다.
② 가산세는 해당 의무가 규정된 세법의 해당 국세의 세목으로 한다.
③ 가산세는 납부할 세액에 가산하거나 환급받을 세액에서 공제한다.
④ 가산세는 징수절차상의 편의를 위해 세법에 의하여 산출한 본세의 세액에 가산하여 함께 징수하는 행정상 제재의 일종이다.

25. 다음 중 국세기본법상 가산세에 관한 설명으로 틀린 것은?

① 가산세는 해당 의무가 규정된 세법의 해당 국세의 세목으로 하고, 해당 국세를 감면하는 경우에는 가산세도 감면대상에 포함한다.
② 가산세는 납부할 세액에 가산하거나 환급받을 세액에서 공제한다.
③ 신고 관련 가산세에는 무신고가산세와 과소신고ㆍ초과환급신고가산세가 있다.
④ 정부는 세법에서 규정한 의무를 위반한 자에게 이 법 또는 세법에서 정하는 바에 따라 가산세를 부과할 수 있다.

26. 다음 중 기한 후 신고를 한 경우 국세기본법상 가산세의 감면율로 연결이 옳지 않은 것은?

① 법정신고기한이 지난 후 1개월 이내 : 50%
② 법정신고기한이 지난 후 1개월 초과 3개월 이내 : 30%
③ 법정신고기한이 지난 후 3개월 초과 6개월 이내 : 20%
④ 법정신고기한이 지난 후 6개월 초과 12개월 이내 : 10%

27. 다음 중 국세기본법상 가산세의 감면사유 또는 부과하지 않는 경우에 해당하지 않는 것은?

① 납세의무자가 세법을 숙지하지 못하여 세법에 위반된 신고를 하고 과세관청도 이를 인정하여 시정지시 등을 하지 않은 경우

② 과세전적부심사 결정·통지기간 이내에 그 결과를 통지하지 아니한 경우

③ 세법에 따른 제출, 신고, 가입, 등록, 개설의 기한이 지난 후 1개월 이내에 해당 세법에 따른 제출 등의 의무를 이행하는 경우(제출 등의 의무위반에 대하여 세법에 따라 부과되는 가산세만 해당한다)

④ 과세표준신고서를 법정신고기한까지 제출한 자가 법정신고기한이 지난 후 2년 이내에 수정신고를 한 경우

28. 다음은 납부지연가산세에 관한 설명이다. 국세기본법상 아래의 빈칸에 들어갈 숫자는 무엇인가?

> 납세의무자가 국세기본법 및 세법에 따른 납부기한까지 국세의 납부를 하지 아니하거나 납부하여야 할 세액보다 적게 납부한 경우에는 다음의 금액을 '납부지연가산세'로 납부하여야 한다.
> • 미납세액(또는 과소납부분 세액) × 미납일수 × (   )/100,000

29. 다음 중 국세기본법상 일정기간 내 수정신고 또는 기한 후 신고를 해도 감면이 되지 않는 가산세는?

① 납부지연가산세   ② 초과환급신고가산세
③ 과소신고가산세   ④ 무신고가산세

30. 다음 중 국세기본법상 국세환급금에 대한 설명으로 옳지 않은 것은?

① 납세자의 국세환급금과 국세환급가산금에 관한 권리는 행사할 수 있는 때부터 5년간 행사하지 아니하면 소멸시효가 완성된다

② 국세환급금으로 세법에 따라 자진납부하는 국세에 충당하는 경우에는 그 납세자에게 충당의 동의를 구하지 않아도 된다.

③ 납세자의 충당청구에 의해 국세환급금으로 충당된 세액은 충당청구를 한 날에 국세를 납부한 것으로 본다.

④ 납세자는 국세환급금에 관한 권리를 법령이 정하는 바에 따라 타인에게 양도할 수 있다.

31. 다음 중 국세기본법상 국세환급금에 관한 설명으로 가장 옳지 않은 것은?

① 세무서장은 국세환급금으로 결정한 금액을 납세고지에 의하여 납부하는 국세 및 세법에 의하여 자진납부하는 국세에 충당하고자 하는 경우 납세자의 동의를 얻어야 한다.

② 국세 및 강제징수비로서 납부한 금액 중 과오납부한 금액이 있는 납세의무자는 환급을 청구할 수 있다.

③ 납세자는 국세환급금에 관한 권리를 법령이 정하는 바에 의하여 이를 타인에게 양도할 수 있다.

④ 납세자의 국세환급금과 국세환급가산금에 관한 권리는 이를 행사할 수 있는 때로부터 3년 간 행사하지 아니하면 소멸시효가 완성된다.

32. 다음 국세기본법상 설명으로 (㉠)안에 들어갈 숫자는 무엇인가?

> 납세자의 국세환급금과 국세환급가산금에 관한 권리는 '행사할 수 있는 때'부터 (㉠)년간 행사하지 않으면 소멸시효가 완성된다.

33. 다음 중 국세기본법상 국세환급가산금을 계산할 때 적용하는 기산일의 적용시점으로 옳지 않은 것은?

① 착오납부·이중납부를 경정함에 따라 발생한 국세환급가산금 : 그 국세 납부일의 다음날

② 적법하게 납부된 국세의 감면으로 발생한 국세환급가산금 : 그 감면 결정일의 다음 날

③ 적법하게 납부된 후 법률이 개정되어 발생한 국세환급가산금 : 그 개정된 법률 시행일의 다음 날

④ 경정 등의 청구에 따라 납부한 세액을 환급하는 경우의 국세환급가산금 : 법정신고기한의 다음 날

34. 국세기본법상 납세의무자가 국세 및 강제징수비로서 과오납금이 있거나 환급세액이 있을 때에 납세자에게 국세환급금으로 돌려주는 제도가 있다. 다음 중 국세환급금의 처리절차를 바르게 나열한 것은?

① 결정 → 충당 → 지급

② 충당 → 지급 → 결정

③ 지급 → 결정 → 충당

④ 결정 → 지급 → 충당

35. 다음 중 국세기본법상 과세와 환급에 관한 설명으로 가장 옳지 않은 것은?

① 납세자가 상속세를 물납한 후 해당 물납재산으로 환급받는 경우에는 국세환급가산금 규정이 적용되지 않는다.

② 납세자의 국세환급금과 국세환급가산금에 관한 권리는 행사할 수 있는 때부터 5년간 행사하지 않으면 소멸시효가 완성된다.

③ 기한후과세표준신고서를 언제 제출하는 지에 상관없이 제출만 하면 무신고가산세 감면을 적용받을 수 있다.

④ 수정신고는 결정 또는 경정을 통지하기 전으로서 국세부과의 제척기간이 끝나기 전까지 할 수 있다.

06 국세불복제도

- 세법에 따른 처분으로 인하여 권리나 이익을 침해당한 자는 그 처분의 취소 또는 변경을 청구하거나 필요한 처분을 청구할 수 있도록 한 제도
- 사후구제제도 : 해당 처분이 있음을 안 날(처분의 통지를 받은 때에는 그 받은 날)부터 불복절차 개시 가능

6-1 국세불복절차

구 분	내 용
심사 · 심판청구 (국세기본법)	• 국세기본법 또는 세법에 따른 처분으로서 위법 또는 부당한 처분을 받거나 필요한 처분을 받지 못함으로 인하여 권리나 이익을 침해당한 자는 심사청구(국세청장)를 하거나 심판청구(조세심판원장)를 하여 구제 가능 　– 해당 처분이 있음을 안 날(처분의 통지를 받은 때에는 그 받은 날)부터 90일 이내에 제기해야 함 • 다만, 납세자는 심사 · 심판청구를 하기에 앞서 이의신청(세무서장 · 지방국세청장)을 할 수 있으며, 이러한 이의신청절차는 임의적인 절차임(이의신청이 배제되는 처분 : ① 국세청의 감사결과로서의 시정지시에 따른 처분 ② 세법에 따라 국세청장이 하여야 할 처분) 　– 이의신청을 거친 후의 심사청구 또는 심판청구를 하고자 할 때에는 이의신청에 대한 결정의 통지를 받은 날부터 90일 이내에 제기하여야 함(다만, 결정기간에 결정의 통지를 받지 못한 경우에는 결정의 통지를 받기 전이라도 그 결정기간이 지난 날부터 심사청구 또는 심판청구 가능)
감사원 심사청구	• 감사원법에 따른 심사청구(감사원장) 가능 • 감사원법에 따라 심사청구를 한 처분이나 그 심사청구에 대한 처분에 대하여는 국세기본법에 따른 심사 · 심판청구 불가능
행정소송	• 행정심판전치주의 : 국세처분에 대한 행정소송은 국세기본법에 따른 심사청구나 심판청구(감사원법에 따른 심사청구 포함)와 그에 대한 결정을 거치지 아니하면 제기할 수 없음 • 심사청구 또는 심판청구에 대한 결정의 통지를 받은 날부터 90일 이내에 제기하여야 함(다만, 결정기간에 결정의 통지를 받지 못한 경우에는 결정의 통지를 받기 전이라도 그 결정기간이 지난 날부터 행정소송제기 가능)
불복절차의 유형	• 이의신청(세무서장 · 지방국세청장, 임의절차) → 심사청구(국세청장) → 행정소송(법원) • 이의신청(세무서장 · 지방국세청장, 임의절차) → 심판청구(조세심판원장) → 행정소송(법원) • 심사청구(국세청장) → 행정소송(법원) • 심판청구(조세심판원장) → 행정소송(법원) • 감사원 심사청구(감사원장) → 행정소송(법원)

◀◁ 이의신청, 심사청구, 심판청구 절차

1. 이의신청 : 해당 처분을 하였거나 하였어야 할 세무서장에게 하거나 세무서장을 거쳐 관할 지방국세청장에게 하여야 함
   ① 세무서장은 이의신청이 대상이 된 처분이 지방국세청장이 조사·결정 또는 처리하였거나 하였어야 할 것인 경우에는 7일 이내에 해당 신청서에 의견서를 첨부하여 지방국세청장에게 전송하여야 함
   ② 지방국세청장에게 하는 이의신청을 받은 세무서장은 이의신청을 받은 날부터 7일 이내에 해당 신청서에 의견서를 첨부하여 지방국세청장에게 송부하여야 함.
2. 심사청구 : 해당 처분을 하였거나 하였어야 할 세무서장을 거쳐 국세청장에게 하여야 한다. 세무서장은 받은 날부터 7일 이내에 그 청구서에 처분의 근거·이유, 처분의 이유가 된 사실 등이 구체적으로 기재된 의견서를 첨부하여 국세청장에게 송부하여야 함
3. 심판청구 : 불복의 사유 등이 기재된 심판청구서를 그 처분을 하였거나 하였어야 할 세무서장이나 조세심판원장에게 제출하여야 함. 심판청구서를 받거나 심판청구서의 부본을 받은 세무서장은 이를 받은 날부터 10일 이내에 심판청구서에 대한 답변을 조세심판원장에게 제출하여야 함

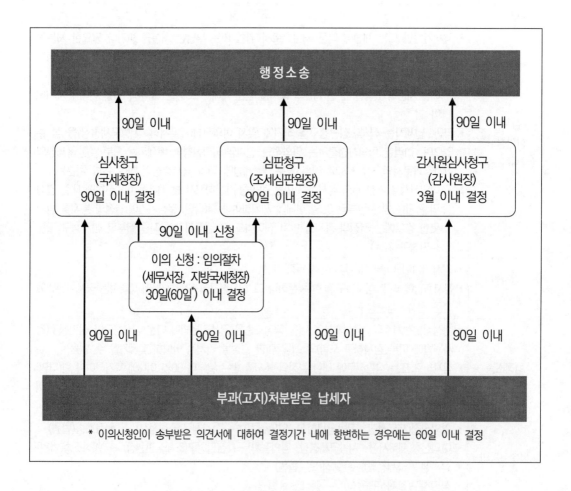

6-2 불복대상

구 분	내 용
불복대상	국세기본법 또는 세법에 따른 처분으로서 위법 또는 부당한 처분을 받거나 필요한 처분을 받지 못함으로 인하여 권리나 이익을 침해당한 자는 그 처분의 취소 또는 변경을 청구하거나 필요한 처분을 청구 가능(동일한 처분에 대해서는 심사청구와 심판청구를 중복하여 제기할 수 없음)
불복대상제외	• 조세범 처벌절차법에 따른 통고처분 • 감사원법에 따라 심사청구를 한 처분이나 그 심사청구에 대한 처분 • 국세기본법 및 세법에 따른 과태료 부과처분 • 심사청구 또는 심판청구에 대한 처분에 대해서는 이의신청, 심사청구 또는 심판청구를 제기할 수 없음(다만, 재조사 결정에 따른 처분청의 처분에 대해서는 해당 재조사 결정을 한 재결청에 대하여 심사청구 또는 심판청구를 제기할 수 있음) • 이의신청에 대한 처분과 재조사결정에 따른 처분청의 처분에 대해서는 이의신청을 할 수 없음

6-3 불복청구인과 대리인

구 분	내 용
불복청구인	• 위법 또는 부당한 처분을 받거나 또는 필요한 처분을 받지 못함으로 인하여 권리나 이익을 침해당한 자 • 침해당한 자의 이해관계인(제2차 납세의무자 · 양도담보권자의 물적납세의무규정에 따라 물적납세의무를 지는 자 · 부가가치세법 또는 종합부동산세법에 따라 물적납세의무를 지는 자 · 부가가치세법 또는 종합부동산세법에 따라 물적납세의무를 지는 자로서 납부고지서를 받은 자, 보증인 등)
대리인	• 이의신청인, 심사청구인 또는 심판청구인과 처분청은 변호사, 세무사 또는 공인회계사를 대리인으로 선임할 수 있으며, 불복청구인은 신청 또는 청구의 대상이 5천만원(지방세의 경우 2천만원) 미만인 소액인 경우에는 그 배우자, 4촌 이내의 혈족 또는 그 배우자의 4촌 이내의 혈족을 대리인으로 선임할 수 있음 • 대리인은 본인을 위하여 그 신청 또는 청구에 관한 모든 행위를 할 수 있으나, 그 신청 또는 청구의 취하는 특별한 위임을 받은 경우에만 할 수 있음 • 대리인의 권한은 서면으로 증명하여야 하며, 대리인을 해임하였을 때에는 그 사실을 서면으로 해당 재결청에 신고하여야 함

6-4 불복청구의 효력과 보정기간

구 분	내 용
불복청구효력	• 원칙 : 이의신청, 심사청구 또는 심판청구는 세법에 특별한 규정이 있는 것을 제외하고는 해당 처분의 집행에 효력을 미치지 않음(집행부정지원칙). – 신청 또는 청구에 대한 결정이나 행정소송에 대한 판결이 확정되기 전에는 공매는 불가능 • 예외 : 해당 재결청이 처분의 집행 또는 절차의 속행 때문에 이의신청인, 심사청구인, 심판청구인에게 중대한 손해가 생기는 것을 예방할 필요성이 긴급하다고 인정될 때에는 처분의 집행 또는 절차의 속행의 전부 또는 일부의 정지 결정 가능(집행정지)
불복청구 보정기간	불복청구의 내용이나 절차가 국세기본법 또는 세법에 적합하지 아니하나 보정할 수 있다고 인정되면 20일 이내의 기간(심판청구는 상당한 기간)을 정하여 보정할 것을 요구 가능(다만, 보정할 사항이 경미한 경우에는 직권 보정 가능)

6-5 불복청구에 대한 결정

구 분	내 용
결정 기간	• 이의신청 : 신청을 받은 날부터 30일 이내에 결정(이의신청인이 결정기간 내에 항변하는 경우는 신청을 받은 날부터 60일 이내) → 세무서장 또는 지방국세청장이 결정 • 심사청구 : 청구를 받은 날부터 90일 이내에 결정 → 국세청장이 결정 • 심판청구 : 청구를 받은 날부터 90일 이내에 결정 → 조세심판관회의에서 결정
결정 종류	• 각하 : 청구의 요건을 심리한 결과 신청요건이 미비하여 내용을 심리하지 않고, 신청자체를 받아들이지 아니한다는 결정 • 기각 : 청구의 내용을 심리한 결과 불복청구가 이유 없다고 인정되어 당초 처분을 유지하는 결정 • 인용 : 청구의 내용을 심리한 결과 불복청구가 이유 있다고 인정하는 결정(취소·경정 결정, 필요한 처분의 결정, 재조사결정)
결정 효력	• 불가쟁력 : 결정에 대해서 다음 심급에의 불복청구를 청구기간 내에 하지 않거나 또는 소송을 제소기간 내에 제기하지 않으면 결정은 형식적으로 확정되어, 그 효력을 다툴 수 없게 됨 • 불가변력 : 결정은 쟁송절차에 따라 내려진 판단이므로 재결청 자신이 이를 취소하거나 변경할 수 없음 • 기속력 : 결정은 관계 행정청을 기속함(해당 행정청은 결정의 취지에 따라 즉시 필요한 처분을 하여야 함)

조세심판관회의

1. 심판청구에 대한 결정에 공정성과 객관성 등을 확보하기 위해 조세심판원장이 지정하는 조세심판관으로 구성된 의결기관
2. 심리원칙
   ① 불이익금지의 원칙 : 심판청구를 한 처분보다 청구인에게 불리한 결정을 하지 못함
   ② 불고불리의 원칙 : 심판청구를 한 처분 외의 처분에 대해서는 그 처분의 전부 또는 일부를 취소 또는 변경하거나 새로운 처분의 결정을 하지 못함(심판의 범위를 규정)
   ③ 자유심증주의 : 심판청구에 관한 조사 및 심리의 결과와 과세의 형평을 참작하여 자유심증으로 사실을 판단함(조세심판관의 독립성 보장)

6-6 국세불복제도 요약

구분	이의신청	심사청구	심판청구
청구기간	90일 이내	90일 이내	90일 이내
보정기간	20일 이내	20일 이내	상당한 기간
결정기간	30일(60일) 이내	90일 이내	90일 이내
결정권자	세무서장 또는 지방국세청장	국세청장	조세심판관회의

정 리 문 제

01. 다음 중 국세기본법상 조세불복제도에 대한 설명으로 가장 옳지 않은 것은?

① 이의신청은 임의적 절차이므로 이의신청을 제기하지 않고 심사청구를 제기할 수 있다.

② 동일한 처분에 대하여 심사청구를 한 후 인용되지 않을 경우 심판청구를 제기할 수 있다.

③ 위법한 과세처분에 대한 행정소송은 국세기본법에 따른 심사청구 또는 심판청구,
「감사원법」에 따른 심사청구와 그에 따른 결정을 거치지 아니하면 제기할 수 없다.

④ 이의신청을 거친 후 심판청구를 하려면 이의신청 결정통지를 받은 날로부터 90일 이내에
제기하여야 한다.

02. 다음 중 국세기본법상 조세불복제도에 대한 설명으로 가장 옳지 않은 것은?

① 이의신청은 세무서장 · 지방국세청장에게 할 수 있다.

② 동일한 처분에 대하여 심사청구를 한 후 인용되지 않을 경우 행정소송을 할 수 있다.

③ 행정소송은 심사청구 · 심판청구를 거치지 않고 제기할 수 있다.

④ 이의신청을 거친 후 심판청구를 하려면 이의신청 결정통지를 받은 날로부터 90일 이내에
제기하여야 한다.

03. 다음 중 국세기본법상 국세불복절차의 순서로 맞는 것은?

① 이의신청 → 행정소송 → 감사원심사청구

② 이의신청 → 심판청구 → 행정소송

③ 심사청구 → 심판청구 → 행정소송

④ 감사원심사청구 → 심판청구 → 행정소송

04. 다음은 국세기본법상 납세자의 권리구제 절차를 나타낸 것이다. 임의적 절차를 포함하며, 심판청구를
선택심급으로 할 때 괄호 안에 들어갈 알맞은 것은 무엇인가?

> 과세전적부심사청구 → (   ) → 심판청구 → 행정소송

05. 다음 중 국세기본법상 이의신청에 대한 설명으로 가장 옳은 것은?

① 이의신청은 처분이 있음을 안 날 또는 처분의 통지를 받은 날부터 60일 이내에 해당 처분을 하였거나 하였어야 할 세무서장에게 하거나 또는 세무서장을 거쳐 관할 지방국세청장에게 하여야 한다.

② 지방국세청장에게 하는 이의신청을 받은 세무서장은 이를 받은 날부터 14일 이내에 해당 신청서에 의견서를 첨부하여 지방국세청장에게 송부하여야 한다.

③ 이의신청은 이의신청을 받은 날부터 30일 이내에 결정하여야 한다. 다만, 납세자가 결정기간(30일) 내에 항변하는 경우에는 60일 이내에 결정하여야 한다.

④ 세무서장은 이의신청의 대상이 된 처분이 지방국세청장이 조사·결정 또는 처리하였거나 하였어야 할 것인 경우에는 10일 이내에 해당 신청서에 의견서를 첨부하여 지방국세청장에게 전송하여야 한다.

06. 국세기본법 또는 세법에 따른 처분으로 위법 부당한 처분을 받거나 필요한 처분을 받지 못함으로 인하여 권리나 이익을 침해당한 자는 국세기본법에 따라 행정청에 그 처분의 취소 또는 변경을 청구하거나 필요한 처분을 청구할 수 있다. 조세불복의 하나인 이의신청은 해당 처분이 있음을 안 날로부터 (   )일 이내에 제기하여야 하는가?

07. 국세기본법상 국세불복은 이의신청과 심사청구 및 심판청구로 나누어진다. 다음 중 이의신청이 배제되는 처분이 아닌 것은 어느 것인가?

① 국세청장의 과세표준 조사·결정에 의한 처분

② 국세청의 감사결과에 따른 시정지시에 의한 처분

③ 국세청의 세무조사 결과에 따른 처분

④ 관할세무서장의 전산분석결과에 따른 결정처분

08. 국세기본법상 다음 설명에 해당하는 조세불복절차는 무엇인가?

・불복의 사유를 갖추어 해당 처분을 하였거나 하였어야 할 세무서장에게 하거나 세무서장을 거쳐 관할 지방국세청장에게 하여야 한다.
・불복청구의 종류로서 임의적 절차에 해당한다.

09. 다음은 국세기본법상 납세자의 심사청구에 관한 내용이다. 빈칸에 들어갈 숫자로 옳은 것은?

> 납세자는 이의신청을 거친 후 심사청구를 하려면 이의신청에 관한 결정의 통지를 받은 날부터 (   )일 이내에 제기하여야 한다.

① 30   ② 45

③ 60   ④ 90

10. 다음 중 국세기본법상 심사청구에 관한 설명으로 옳지 않은 것은?

① 심사청구가 이유 없다고 인정될 때에는 그 청구를 기각하는 결정을 한다.

② 심사청구가 적법하지 아니한 경우에는 그 청구를 각하하는 결정을 한다.

③ 심사청구에 대한 결정을 하였을 때에는 그 이유를 기재한 결정서로 심사청구인에게 통지하여야 한다.

④ 심사청구에 대한 결정은 심사청구를 받은 날부터 30일 이내에 하여야 한다.

11. 다음 중 국세기본법상 심판청구는 해당 처분이 있음을 안 날(통지를 받은 때에는 그 받을 날)부터 (   )일 이내에 제기하여야 한다. 괄호 안에 들어갈 숫자로 옳은 것은?

① 7   ② 14

③ 30   ④ 90

12. 다음 자료에서 국세기본법상 빈칸에 들어갈 숫자는 무엇인가?

> 이의신청을 받은 세무서장과 지방국세청장은 그 신청을 받은 날부터 30일 이내에 각각 국세심사위원회의 심의를 거쳐 결정하여야 하며, 심사청구를 받은 국세청장은 그 청구를 받은 날부터 90일 이내에 국세심사위원회의 심의를 거쳐 결정하여야 한다. 조세심판원장이 심판청구를 받으면 그 청구를 받은 날부터 (   )일 이내에 조세심판관회의가 심리를 거쳐 결정한다.

13. 다음 중 국세기본법에 의한 조세불복의 대상이 되는 처분은?

① 세무서의 자료처리 결과에 따른 고지처분

② 감사원법에 의한 감사원 심사청구에 의한 처분

③ 조세범 처벌절차법에 따른 통고처분

④ 국세기본법 및 세법에 따른 과태료 부과처분

14. 다음 중 국세기본법상 불복의 대상에서 제외되는 처분에 관한 설명으로 가장 옳지 않은 것은?

① 조세범 처벌절차법에 따른 통고처분은 불복할 수 없다.

② 재조사 결정에 따른 처분청의 처분에 대해서는 해당 재조사 결정을 한 재결청에 대하여 심사청구 또는 심판청구를 제기할 수 없다.

③ 심사청구 또는 심판청구에 대한 처분에 대해서는 이의신청, 심사청구 또는 심판청구를 제기할 수 없다.

④ 이의신청에 대한 처분에 대해서는 이의신청을 할 수 없다.

15. 국세기본법상 이의신청, 심사청구 및 심판청구에 대한 설명으로 가장 틀린 것은?

① 국세기본법 또는 세법에 따른 동일한 처분에 대해서는 심사청구와 심판청구를 중복하여 제기할 수 없다.

② 이의신청, 심사청구 및 심판청구는 세법에 특별한 규정이 있는 것을 제외하고는 해당 처분의 집행에 효력을 미치지 아니한다.

③ 심사청구 또는 심판청구에 대한 처분에 대해서는 이의신청, 심사청구 또는 심판청구를 제기할 수 없다. 다만, 재조사 결정에 따른 처분청의 처분에 대해서는 해당 재조사 결정을 한 재결청에 대하여 심사청구 또는 심판청구를 제기할 수 있다.

④ 이의신청에 대한 처분과 재조사 결정에 따른 처분청의 처분에 대해서는 이의신청을 할 수 있다.

16. 다음은 국세기본법상 조세구제제도인 이의신청, 심사청구, 심판청구에 대한 설명이다. 다음 중 틀린 설명은?

① 이의신청은 그 처분이 있은 것을 안 날(처분통지를 받은 때에는 그 받은 날)부터 90일 이내 제기하여야한다.

② 이의신청을 거친 후에야 심사청구와 심판청구를 할 수 있다.

③ 심판청구를 하려는 자는 심판청구서를 그 처분을 하였거나 하였어야 할 세무서장이나 조세심판원장에게 제출하여야 한다.

④ 심판청구에 대한 결정을 할 때 심판청구를 한 처분보다 청구인에 불리한 결정을 하지 못한다.

17. 다음 중 국세기본법상 불복청구에 대한 결정으로 옳지 않은 것은?

① 심사청구가 이유 있다고 인정되는 때 : 취소, 경정 또는 필요한 처분의 결정

② 불복청구의 대상이 된 처분이 존재하지 않을 때 : 기각

③ 보정기한 경과 후 심사청구에 대한 보정을 한 경우 : 각하

④ 심사청구가 이유 없다고 인정하는 때 : 기각

18. 다음은 국세기본법상 불복청구에 대한 결정 중 하나에 대한 설명이다. 이를 의미하는 국세기본법상 용어를 적으시오.

> 요건 심리의 결과 청구요건을 갖추지 못한 경우에 내용 심리를 하지 아니하고 신청 자체를 배척하는 결정이다.

19. 다음은 국세기본법상 무엇에 대한 설명인가?

> 조세심판관 회의는 심판청구에 대한 결정을 할 때 심판청구를 한 처분 외의 처분에 대해서는 그 처분의 전부 또는 일부를 취소 또는 변경하거나 새로운 처분의 결정을 하지 못한다.

① 불이익변경의 원칙　　　　② 사건의 병합

③ 자유심증주의　　　　　　④ 불고불리의 원칙

납세자의 권리와 과세전적부심사

7-1 납세자의 권리

7-1-1 납세자권리헌장의 제정, 교부 및 내용

구 분	내 용
제 정	국세청장은 납세자의 권리에 관한 사항과 그 밖에 납세자의 권리보호에 관한 사항을 포함하는 납세자권리헌장을 제정·고시해야 함
교 부	세무공무원은 다음의 어느 하나에 해당하는 경우에는 납세자권리헌장의 내용이 수록된 문서를 납세자에게 교부 • 세무조사(조세범 처벌절차법에 따른 조세범칙조사 포함)를 하는 경우 : 직접 낭독, 설명하여야 함 • 사업자등록증을 발급하는 경우
항 목	• 납세자의 성실성 추정 • 세무조사권 남용금지 • 세무조사시 조력을 받을 권리 • 세무조사 관할 및 대상자 선정 • 세무조사의 사전통지와 연기신청 • 세무조사 기간 • 세무조사 범위확대의 제한 • 장부 서류 보관 금지 • 통합조사의 원칙 • 세무조사의 결과통지 • 비밀유지 • 납세자권리행사에 필요한 정보의 제공 등

> 용어 설명 : 조세범칙조사
>
> 세금추징이라는 행정적 목적의 일반세무조사와는 달리, 이중장부, 서류의 위조·변조, 허위계약 등 그 밖의 부정한 방법에 의하여 조세를 포탈한 자에게 조사결과에 따라 벌과금의 통고처분이나 검찰고발을 할 목적으로 실시하는 사법적 성격의 조사

7-1-2 세무조사권 남용금지

구 분	내 용
조사권 남용금지	세무공무원은 적정하고 공평한 과세를 실현하기 위하여 필요한 최소한의 범위에서 세무조사(조세범 처벌절차법에 따른 조세범칙조사 포함)를 하여야 하며, 다른 목적 등을 위하여 조사권을 남용해서는 안됨
세무조사를 다시 할 수 있는 경우	세무공무원은 다음의 어느 하나에 해당하는 경우가 아니면 같은 세목 및 같은 과세기간에 대하여 재조사를 할 수 없음 • 조세탈루의 혐의를 인정할 만한 명백한 자료가 있는 경우 • 거래상대방에 대한 조사가 필요한 경우 • 2개 이상의 과세기간과 관련하여 잘못이 있는 경우 • 불복청구 또는 과세전적부심사청구 재조사 결정에 따라 조사를 하는 경우 • 납세자가 세무공무원에게 직무와 관련하여 금품을 제공하거나 금품제공을 알선한 경우 • 부분조사를 실시한 후 해당 조사에 포함되지 아니한 부분에 대하여 조사하는 경우 • 부동산투기 · 매점매석 · 무자료거래 등 경제질서교란 등을 통한 세금탈루 혐의가 있는 자에 대하여 일제조사를 하는 경우 • 과세관청 외의 기관이 직무상 목적을 위해 작성하거나 취득해 과세관청에게 제공한 자료의 처리를 위해 조사하는 경우 • 국세환급금의 결정을 위한 확인조사를 하는 경우 • 조세범처벌절차법에 따른 조세범칙행위의 혐의를 인정할 만한 명백한 자료가 있는 경우

7-1-3 세무조사의 사전통지와 연기신청

구 분	내 용
사전통지	세무공무원은 세무조사(조세범 처벌절차법에 따른 조세범칙조사 제외)를 하는 경우에는 조사를 받을 납세자(납세관리인을 정하여 관할세무서장에게 신고한 경우에는 납세관리인)에게 조사를 시작하기 20일 전(불복청구 등의 재조사결정에 따른 재조사의 경우에는 7일 전)에 조사대상 세목, 조사기간 및 조사 사유, 부분조사를 실시하는 경우 부분조사의 범위, 그 밖의 사항을 통지해야 함(다만, 사전에 통지하면 증거인멸 등으로 조사 목적을 달성할 수 없다고 인정되는 경우에는 그러하지 않음)
연기신청	세무조사 사전통지를 받은 납세자가 다음에 해당하는 경우에는 관할 세무관서의 장에게 조사를 연기해 줄 것을 신청할 수 있고, 이 경우 연기신청을 받은 관할 세무관서의 장은 연기신청 승인 여부를 결정하고 그 결과(연기 결정시 연기한 기간을 포함함)를 조사개시 전까지 통지해야 함 • 천재지변, 화재, 그 밖의 재해로 사업상 심각한 어려움이 있을 때 • 납세자 또는 납세관리인의 질병 · 장기출장 등으로 세무조사가 곤란하다고 판단될 때 • 권한 있는 기관에 장부, 증거서류가 압수되거나 영치되었을 때 • 위의 사항에 준하는 사유가 있을 때

구 분	내 용
	관할 세무관서의 장은 다음의 어느 하나에 해당하는 사유가 있는 경우에는 연기한 기간이 만료되기 전에 조사 개시할 수 있음 • 연기사유가 소멸한 경우* • 조세채권을 확보하기 위하여 조사를 긴급히 개시할 필요가 있다고 인정되는 경우 * 연기사유가 소멸한 경우에 해당되어 조사를 개시하려는 경우에는 조사를 개시하기 5일 전까지 조사를 받을 납세자에게 연기사유가 소멸한 사실과 조사기간을 통지해야 함

7-1-4 세무조사기간

구 분	내 용
세무조사기간	세무공무원은 조사대상 세목·업종·규모, 조사 난이도 등을 고려하여 세무조사 기간이 최소한이 되도록 하여야 함
세무조사기간 제한	세무공무원은 세무조사 기간을 정할 경우 조사대상 과세기간 중 연간 수입금액 또는 양도가액이 가장 큰 과세기간의 연간 수입금액 또는 양도가액이 100억원 미만인 납세자에 대한 세무조사 기간은 20일 이내로 함
세무조사기간 연장	세무조사 기간 제한규정에 따라 기간을 정한 세무조사를 연장하는 경우로서 최초로 연장하는 경우에는 관할 세무관서의 장의 승인을 받아야 하고, 2회 이후 연장의 경우에는 관할 상급 세무관서의 장의 승인을 받아 각각 20일 이내에서 할 수 있음(특정 사유에 해당될 때에는 세무조사 기간의 제한 및 세무조사 기간 연장의 제한을 받지 않음)
세무조사 중지	세무공무원은 특정 사유로 세무조사를 진행하기 어려운 경우에는 세무조사를 중지할 수 있음(그 중지기간은 세무조사 기간 및 세무조사 연장기간에 산입하지 아니함)
통지의무	세무공무원은 세무조사 기간을 연장하는 경우에는 그 사유와 기간을 납세자에게 문서로 통지하여야 하고, 세무조사를 중지 또는 재개하는 경우에는 그 사유를 문서로 통지하여야 함

7-1-5 세무조사의 결과통지

　세무공무원은 세무조사를 마쳤을 때에는 그 조사를 마친 날로부터 20일(공시송달 사유에 해당하는 경우에는 40일) 이내에 조사내용, 결정 및 경정할 과세표준·세액 및 산출근거 등이 포함된 조사결과를 납세자에게 설명하고, 이를 서면으로 통지하여야 한다. 다만, ① 납세관리인을 정하지 아니하고 국내에 주소 또는 거소를 두지 아니한 경우 ② 불복청구 및 과세전적부심사청구에 따른 재조사결정에 의한 조사를 마친 경우 ③ 세무조사결정통지서 수령을 거부하거나 회피하는 경우에는 그러하지 아니하다.

법률의 규정에 의하여 발송하는 서류가 송달을 받아야 할 자의 주소나 거소 등이 불분명한 경우 등으로 정상적인 서류의 송달이 불가능할 때에 일정한 요건과 형식을 갖추어 국세정보통신망, 세무서의 게시판이나 그 밖의 적절한 장소, 해당 서류의 송달장소를 관할하는 시 · 군 · 구의 홈페이지, 게시판이나 그 밖의 적절한 장소에 게시하거나, 관보 또는 일간신문 등에 게재함으로써 해당 서류가 송달된 것과 같은 효력을 발생시키는 송달제도

7-2 과세전적부심사

구 분	내 용
의 의	정식 국세처분을 받기 전에 납세자의 청구에 의해 해당 국세처분의 타당성을 미리 심사하는 제도 (세무조사에 대한 결과통지나 과세예고통지를 받은 자가 할 수 있는 사전구제제도)
과세예고 통지	세무서장 또는 지방국세청장은 다음의 어느 하나에 해당하는 경우에는 과세예고통지를 하여야 함 • 세무서 또는 지방국세청에 대한 지방국세청장 또는 국세청장의 업무감사결과에 따라 세무서장 또는 지방국세청장이 과세하는 경우 • 세무조사에서 확인된 것으로 조사대상자 외의 자에 대한 과세자료 및 현지 확인조사에 따라 세무서장 또는 지방국세청장이 과세하는 경우 • 납부고지하려는 세액이 100만원 이상인 경우
청구대상	세무조사 결과에 대한 서면통지 또는 과세예고통지를 받은 자는 통지를 받은 날부터 30일 이내에 통지를 한 세무서장이나 지방국세청장에게 통지 내용의 적법성에 관한 심사를 청구할 수 있음(예외 적으로 특정 사유에 해당될 경우에는 국세청장에게 청구할 수 있음)
청구대상 제외	다음의 어느 하나에 해당하는 경우에는 청구대상에서 제외 • 국세징수법에 규정된 납부기한 전 징수의 사유가 있거나 세법에서 규정하는 수시부과의 사유가 있는 경우(납부기한까지 기다리게 될 경우 조세포탈 등의 우려가 있기 때문에 조세채권을 조기 실현하기 위해 납부기한 전 징수나 수시부과를 하는데, 과세전적부심사 청구를 허용한다면 제도 의 실효성에 문제가 되기 때문에 청구대상에서 제외) • 조세범 처벌법 위반으로 고발 또는 통고처분하는 경우. 다만, 고발 또는 통고처분과 관련없는 세목 또는 세액은 제외(과세전적부심사의 대상이 아니라 사법심의 대상이기 때문에 청구대상에 서 제외) • 세무조사 결과 통지 및 과세예고 통지를 하는 날부터 국세부과 제척기간의 만료일까지의 기간이 3개월 이하인 경우(국세부과제척기간 만료를 위해 과세전적부심사제도를 악용할 가능성이 있기 때문에 청구대상에서 제외) • 국제조세조정에 관한 법률에 따라 조세조약을 체결한 상대국이 상호합의 절차의 개시를 요청한 경우 • 불복청구 및 과세전적부심사 청구에 따른 재조사 결정에 의한 조사를 하는 경우(신속한 권리 구제를 위해 재조사결정에 의한 처분청의 재조사인 경우 과세전적부심사 대상에서 제외)

구 분	내 용
결정	과세전적부심사청구를 받은 세무서장·지방국세청장 또는 국세청장은 각각 국세심사위원회의 심사를 거쳐 결정을 하고 그 결과를 청구를 받은 날부터 30일 이내에 청구인에게 통지하여야 함 • 청구기간이 지났거나 보정기간 내에 보정을 하지 않은 경우, 청구가 부적법한 경우 : 심사하지 아니한다는 결정(심사 거부) • 청구의 이유가 없다고 인정되는 경우 : 채택하지 아니한다는 결정(불채택) • 청구의 이유가 있다고 인정되는 경우 : 채택하거나 일부 채택하는 결정(채택, 재조사 결정)
가산세 감면	과세전적부심사 결정·통지기간 내에 그 결과를 통지하지 아니한 경우에는 결정·통지가 지연됨으로써 해당 기간에 부과되는 납부지연가산세의 50%를 감면

> ◁ 용어 설명 : 납부기한 전 징수, 수시부과, 통고처분
> ① 납부기한 전 징수 : 납세자에게 특별한 사유가 있어서 납부기한까지 기다려서는 국세징수가 곤란하다고 인정되는 경우에 납부기한 전에 조세를 징수하는 제도
> ② 수시부과 : 조세포탈의 우려가 있다고 인정되는 등 특정 사유에 해당되는 경우 과세기간 종료 전 또는 신고기한이 도래하기 전이라도 정부가 과세표준과 세액을 결정할 수 있게 한 제도
> ③ 통고처분 : 범칙사건의 조사를 완료하여 범칙의 심증을 얻었을 경우 세무서 등이 범칙자에게 벌금 등을 납부할것을 통지하는 행위(정해진 기간내에 통고내용을 이행하지 않으면 통고처분을 한 처분청은 지체없이 고발)

↙ 7-3 보칙

구 분	내 용
납세관리인	• 납세자가 국내에 주소 또는 거소를 두지 아니하거나 국외로 주소 또는 거소를 이전할 때에는 국세에 관한 사항을 처리하기 위하여 납세관리인을 정하여야 함 • 납세자는 국세에 관한 사항을 처리하게 하기 위하여 변호사, 세무사 또는 세무사법에 따라 등록한 공인회계사를 납세관리인으로 둘 수 있으며, 납세관리인을 정한 납세자는 관할 세무서장에게 신고하여야 함(납세관리인을 변경하거나 해임할 때에도 관할 세무서장에게 신고)
고지금액의 최저한도	고지할 국세(인지세는 제외) 및 강제징수비를 합친 금액이 10,000원 미만일 때에는 그 금액은 없는 것으로 봄
포상금 지급	국세청장은 세금 탈루 등 법에서 특정한 내용에 대해서 신고한 자에게 20억원(조세를 탈루한 자에 대한 탈루세액 또는 부당하게 환급·공제받은 세액을 산정하는 데 중요한 자료를 제공한 자의 경우는 40억원, 체납자의 은닉재산을 신고한 자의 경우는 30억원)의 범위에서 포상금을 지급할 수 있음(다만, ① 탈루세액, 부당하게 환급·공제받은 세액, 은닉재산의 신고를 통하여 징수된 금액이 5천만원 미만인 경우 ② 해외금융계좌 신고의무불이행에 따른 과태료금액이 2천만원 미만인 경우 또는 ③ 공무원이 그 직무와 관련하여 자료를 제공하거나 은닉재산을 신고한 경우에는 포상금

구 분	내 용
	을 지급하지 않음)
장부 등의 비치 · 보존	• 납세자는 각 세법에서 규정하는 바에 따라 모든 거래에 관한 장부 및 증거서류를 성실하게 작성하여 갖춰 두어야 하며, 장부 및 증거서류는 그 거래사실이 속하는 과세기간에 대한 해당 국세의 법정신고기한이 지난 날부터 5년간(역외거래의 경우는 7년간) 보존하여야 함 • 납세자는 장부와 증거서류의 전부 또는 일부를 전산조직을 이용하여 작성할 수 있고 이 경우 그 처리과정 등을 자기테이프, 디스켓 또는 그 밖의 정보보존 장치에 보존하여야 함

01. 다음 중 국세기본법상 납세자의 권리헌장에 포함하여야 할 내용 중 옳지 않은 것은?

① 납세자의 성실성 추정   ② 장부 등의 세무관서에 보관의무

③ 세무조사 기간   ④ 장부·서류 보관 금지

02. 다음 중 국세기본법상 납세자권리헌장에 포함되어야 할 내용이 아닌 것은?

① 납세자의 성실성 추정   ② 세무조사시 조력받을 권리

③ 세무조사 기간   ④ 부분조사의 원칙

03. 다음 중 국세기본법상 납세자권리헌장에 포함하여야 할 내용으로 옳지 않은 것은?

① 납세자의 성실성 추정

② 세무조사권 남용의 금지

③ 세무조사의 사전통지와 연기신청

④ 통합조사금지의 원칙

04. 다음 중 국세기본법상 납세자의 권리에 대한 설명 중 가장 옳지 않은 것은?

① 세무조사를 하는 경우 납세자권리헌장의 내용이 수록된 문서를 납세자에게 제시하여야 한다.

② 세무공무원은 특별한 경우를 제외하고는 납세자가 성실하며 납세자가 제출한 신고서 등이 진실한 것으로 추정하여야 한다.

③ 조세탈루 등의 혐의가 없는 경우 같은 세목 및 같은 과세기간에 재조사를 금지한다.

④ 세무공무원은 납세자의 재산권보호를 위하여 세무조사의 기간을 연장할 수 없다.

05. 다음 중 국세기본법상 「납세자의 권리」에 대한 설명으로 가장 옳지 않은 것은?

① 세무공무원은 적정하고 공평한 과세를 실현하기 위하여 필요한 최소한의 범위에서 세무조사를 하여야 하며, 다른 목적 등을 위하여 조사권을 남용해서는 안된다.

② 납세자의 권익이 부당하게 침해되는 것을 방지하기 위한 조치로 납세자는 세무조사를 받는 경우에 세무사 등으로 하여금 조사에 참여하여 진술하게 할 수 있다.

③ 납세자의 권익을 보호하기 위하여 세무공무원은 모든 세무조사를 시작하기 10일 전에 세무조사 사전통지서를 문서로 하여야 한다.

④ 세무공무원은 사업자등록증을 발급하는 경우 납세자권리헌장의 내용이 수록된 문서를 납세자에게 주어야 한다.

06. 다음 중 국세기본법상 세무조사에 관한 내용으로 옳지 않은 것은?

① 세무공무원은 적정하고 공평한 과세실현을 위해 필요한 최소한의 범위에서 세무조사를 하여야 한다.

② 납세자는 세무조사를 받는 경우에 세무사 등으로 하여금 조사에 참여하게 하거나 의견을 진술하게 할 수 있다.

③ 납세자의 장기출장으로 세무조사가 곤란한 경우는 세무대리인을 통한 세무조사가 가능하기 때문에 세무조사의 연기신청 사유에 해당되지 않는다.

④ 조세범처벌절차법에 따라 조세범칙행위의 혐의를 인정할 만한 명백한 자료가 있는 경우 세무조사를 다시 할 수 있다.

07. 다음은 국세기본법상 납세자의 권리에 대한 설명 중 가장 틀린 것은?

① 세무공무원은 사업자등록증을 발급한 경우에 납세자 권리현장의 내용이 수록된 문서를 내주어야 한다.

② 세무공무원은 2개 이상의 과세기간과 관련하여 잘못이 있는 경우는 같은 세목 및 같은 과세기간을 재조사 할 수 있다.

③ 세무공무원은 세무조사를 하는 경우에는 조사를 받을 납세자에게 조사를 시작하기 30일 전에 조사대상 세목, 조사기간 및 조사사유, 그밖에 대통령으로 정하는 사항을 통지하여야한다.

④ 납세자에 대한 구체적인 탈세제보가 있는 경우에는 정기선정 외에 수시선정으로 세무조사를 할 수 있다.

08. 다음 중 국세기본법상 세무조사의 사전통지와 연기신청에 대한 설명으로 옳지 않은 것은?

① 세무조사의 사전통지는 납세자에게 조사개시 10일 전에 이루어져야 한다.

② 세무조사의 사전통지는 납세자가 납세관리인을 정하여 관할 세무서장에게 신고한 경우에는 납세관리인에게도 할 수 있다.

③ 납세자가 화재, 그 밖의 재해로 사업상 심한 어려움이 있을 때 세무조사 연기신청을 할 수 있다.

④ 권한 있는 기관에 장부, 증빙서류가 압수되거나 영치되었을 때 세무조사 연기신청을 할 수 있다.

09. 다음 중 국세기본법상 세무조사에 관한 설명으로 옳지 않은 것은?

① 세무공무원은 거래상대방에 대한 조사가 필요한 경우에는 같은 세목 및 같은 과세기간에 대한 재조사를 할 수 있다.

② 세무공무원은 납세자가 장부 등의 제출거부 등 조사를 기피하는 행위가 명백한 경우 세무조사기간을 연장할 수 있다.

③ 납세자가 세법이 정하는 신고 등의 납세협력의무를 이행하지 아니한 경우 정기선정에 의한 조사 외에 세무조사를 실시할 수 있다.

④ 성실신고확인서를 제출하면 세무조사를 면제해 준다.

10. 국세기본법상 세무공무원의 세무조사 기간에 대한 설명으로 가장 옳지 않은 것은?

① 세무조사 기간을 연장하는 경우에는 그 사유와 기간을 납세자에게 문서로 통지하여야 한다.

② 납세자가 장부·서류 등의 제출을 지연하는 등으로 인하여 세무조사를 정상적으로 진행하기 어려운 경우에는 세무조사를 중지할 수 있다. 이 경우 그 중지기간은 세무조사 기간에 산입한다.

③ 세무조사 기간을 정할 경우 조사대상 과세기간 중 연간 수입금액이 가장 큰 과세기간의 연간 수입금액이 100억원 미만인 납세자에 대한 세무조사 기간은 20일 이내로 한다.

④ 세무조사 기간은 최소한이 되도록 하여야 하나 거래처 조사, 금융거래 현지확인 등이 필요한 경우에는 세무조사 기간을 연장할 수 있다.

11. 국세기본법상 세무조사에 관한 설명으로 옳지 않은 것은?

① 세무공무원은 납세자가 장부·서류 등의 제출거부 등 조사를 기피하는 행위가 명백한 경우 세무조사기간을 연장할 수 있다.

② 세무공무원은 거래상대방에 대한 조사가 필요한 경우에도 같은 세목 및 같은 과세기간에 대한 재조사를 할 수 없다.

③ 정기선정방식에 의한 세무조사를 실시함에 있어서 세무공무원은 객관적 기준에 따라 공정하게 그 대상을 선정하여야 한다.

④ 세무공무원은 무작위추출방식에 의하여 표본조사를 하려는 경우 정기적으로 신고의 적정성을 검증하기 위하여 대상을 선정하여 세무조사를 할 수 있다.

12. 국세기본법상 다음 (㉠)에 알맞은 숫자는?

> 세무공무원은 세무조사를 마쳤을 때에는 그 조사를 마친 날부터 (㉠)일(일정한 경우 40일) 이내에 조사결과를 납세자에게 설명하고 이를 서면으로 통지하여야 한다.

13. 다음 중 국세기본법상 과세전적부심사에 대한 설명으로 가장 틀린 것은?

① 납세고지 하려는 세액이 100만원 이상인 경우 납세자에게 그 내용을 서면으로 통지(과세예고통지)하여야 한다. 다만 감사원의 지적사항에 대한 소명 안내를 받은 경우는 제외한다.

② 과세예고통지를 받은 자는 통지를 받은 날부터 30일 이내에 통지를 한 세무서장이나 지방국세청장에게 과세전적부심사를 청구할 수 있다.

③ 청구 기간이 지났거나 보정 기간에 보정하지 아니한 경우 채택하지 아니한다는 결정을 한다.

④ 세무조사 결과 통지를 하는 날부터 국세부과 제척기간의 만료일까지의 기간이 3개월 이하인 경우 과세전적부심사를 청구할 수 없다.

14. 다음 중 국세기본법상 과세전적부심사의 청구에 관한 설명으로 가장 옳지 않은 것은?

① 세무조사 결과에 대한 서면통지나 그 밖에 과세예고통지를 받은 자는 통지를 받은 날부터 30일 이내에 통지를 한 세무서장이나 지방국세청장에게 과세전적부심사청구를 할 수 있다.

② 과세전적부심사에 대한 결정을 하고 그 결과를 청구를 받은 날부터 30일 이내에 청구인에게 통지하여야 한다.

③ 과세전적부심사에 대한 결정은 심사거부, 불채택, 채택 등이 있다.

④ 세무조사 결과통지 및 과세예고통지를 하는 날부터 국세부과 제척기간의 만료일까지의 기간이 2개월 이하인 경우에 과세전적부심사를 청구할 수 없다.

15. 다음 중 국세기본법상 과세전적부심사에 대한 설명으로 옳지 않은 것은?

① 청구기간이 지났거나 보정기간에 보정하지 않은 경우에 심사하지 아니한다는 결정을 한다.

② 세무조사 과세예고통지를 한 날부터 국세부과제척기간의 만료일까지의 기간이 3개월 이하인 경우에 과세전적부심사를 청구할 수 없다.

③ 세법에 규정하는 수시부과사유가 있는 경우에는 국세청장에게 청구할 수 있다.

④ 과세전적부심사에 대한 결정은 불채택, 채택, 심사거부가 있다.

16. 다음 중 국세기본법상 국세청장에게 과세전적부심사를 청구할 수 없는 경우는?

① 법령과 관련하여 국세청장의 유권해석을 변경해야 하거나 새로운 해석이 필요한 것

② 국세청장의 예규 등과 관련하여 새로운 해석이 필요한 것

③ 세무서에 대한 국세청장의 업무감사 결과에 따라 세무서장이 하는 과세예고 통지에 관한 것

④ 과세전적부심사 청구금액이 10억원 미만인 것

17. 다음 중 국세기본법상 과세전적부심사의 청구에 관한 설명으로 옳지 않은 것은?

① 세무조사 결과통지 및 과세예고통지를 하는 날부터 국세부과 제척기간의 만료일까지의 기간이 3개월 이하인 경우에는 과세전적부심사를 청구할 수 없다.

② 세무조사 결과에 대한 서면통지나 그 밖에 과세예고통지를 받은 자는 통지를 받은 날부터 30일 이내에 과세전적부심사를 청구할 수 있다.

③ 과세전적부심사의 결정은 심사거부, 불채택, 채택 등이 있다.

④ 과세전적부심사의 결정 후 그 결과를 청구를 받은 날부터 60일 이내에 청구인에게 통지해야 한다.

18. 다음은 국세기본법상 과세전적부심사에 대한 결정에 관한 내용이다. 빈칸에 들어갈 숫자로 옳은 것은?

> 과세전적부심사청구를 받은 세무서장, 지방국세청장 또는 국세청장은 각각 국세심사위원회의 심사
> 를 거쳐 채택, 불채택 등의 결정을 하고 그 결과를 청구를 받은 날부터 (   )일 이내에 청구인에게
> 통지해야 한다.

① 30   ② 45

③ 60   ④ 90

19. 국세기본법상 세무조사 결과에 대한 서면통지를 받은 자는 그 통지를 받은 날부터 30일 이내에 통지를
한 세무서장이나 지방국세청장에게 통지 내용의 적법성에 관한 심사를 청구할 수 있는바, 이 사전적
권리구제제도를 무엇이라 하는지 쓰시오.

20. 다음 중 국세기본법상 포상금의 지급대상에 관한 설명으로 옳지 않은 것은?

① 조세를 탈루한 자에 대한 탈루세액 또는 부당하게 환급·공제받은 세액을 산정하는 데
중요한 자료를 제공한 경우
② 타인의 명의를 사용하여 사업을 경영하는 자를 신고한 경우
③ 해외금융계좌 신고의무 위반행위를 적발하는데 중요한 자료를 제공한 경우
④ 공무원이 그 직무와 관련하여 자료를 제공하거나 은닉재산을 신고한 경우

부가가치세법의 기초 내용

제3장

부가가치세법의 기초 내용

01 부가가치세의 개념, 계산방법 및 특징

1-1 부가가치세의 개념

부가가치세(Value Added Tax, VAT)는 재화(물건 등)나 용역(서비스 등)이 생산되거나 유통되는 과정에서 창출된 모든 부가가치에 과세하는 조세이며, 부가가치(Value Added)란 재화 또는 용역이 생산되거나 유통되는 과정에서 새로이 창출된 가치증가분을 말한다. 일반적으로 부가가치는 매출액에서 매입액을 공제하여 계산한다.

〈공통사례〉

1. 원재료생산업자는 원재료를 생산(매입액은 0원으로 간주)하여 제조업자에게 2,000원에 판매
   : 원재료생산업자의 부가가치 (2,000원 − 0원 = 2,000원)
2. 제조업자는 도매업자에게 3,200원에 판매
   : 제조업자의 부가가치 (3,200원 − 2,000원 = 1,200원)
3. 도매업자는 소매업자에게 4,500원에 판매
   : 도매업자의 부가가치 (4,500원 − 3,200원 = 1,300원)
4. 소매업자는 최종소비자에게 6,000원에 판매
   : 소매업자의 부가가치 (6,000원 − 4,500원 = 1,500원)

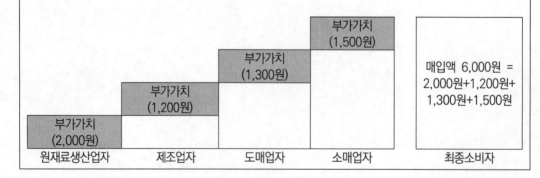

사업자의 경우 소득에 대해 개인이면 소득세를, 법인이면 법인세를 납부하여야 하며 개인 · 법인 유무에 관계없이 자기가
공급한 재화 또는 용역에 대하여 부가가치세도 납부하여야 한다. 왜냐하면 소득세와 법인세는 개인 또는 법인의 '소득'에
대한 세금이고, 부가가치세는 사업자가 창출한 '부가가치'에 대한 세금이기 때문이다.

1-2 부가가치세의 계산방법

부가가치세의 계산방법은 전단계거래액공제법과 전단계세액공제법으로 구분할 수 있다.

1-2-1 전단계거래액공제법

전단계거래액공제법은 일정기간(과세기간) 동안의 매출액(공급가액)에서 매입액을 공제한 금액
에 세율을 곱하여 부가가치세를 계산하는 방법이다.

$$부가가치세 \ = \ (매출액 \ - \ 매입액) \ \times \ 세율$$

앞의 '1-1 공통사례'를 통해 전단계거래액공제법으로 거래단계별 부가가치세를 계산(세율은
10% 가정)하면 다음과 같다.

1. 원재료생산업자의 부가가치세 [(2,000원 - 0원) × 10% = 200원] 납부
2. 제조업자의 부가가치세 [(3,200원 - 2,000원) ×10% = 120원] 납부
3. 도매업자의 부가가치세 [(4,500원 - 3,200원) × 10% = 130원] 납부
4. 소매업자의 부가가치세 [(6,000원 - 4,500원) × 10% = 150원] 납부
5. 국가의 부가가치세 수입 (200원 + 120원 + 130원 + 150원 = 600원)

전단계거래액공제법은 일정기간 동안의 전체 부가가치에 세율을 곱하여 부가가치세를 계산한다
는 점에서 이론상 타당한 방법처럼 인식될 수도 있지만, 개별적인 재화나 용역의 공급에 대해서
각각의 부가가치와 부가가치세액을 계산하는 것이 아니라 일정기간(과세기간) 전체 부가가치로
계산하기 때문에 특정 재화나 용역별로 부가가치세율을 차등하거나 면세를 적용하기는 어려움이
있다.

1-2-2 전단계세액공제법

전단계세액공제법은 일정기간(과세기간) 동안의 매출액(공급가액)에 세율을 곱한 매출세액에서 매입액에 세율을 곱한 매입세액을 공제하여 부가가치세를 계산하는 방법으로 우리나라를 비롯한 대부분의 부가가치세 제도를 시행하고 있는 국가에서 채택하고 있는 방법이다.

> 부가가치세 = (매출액 × 세율) − (매입액 × 세율)

전단계세액공제법에서는 재화나 용역의 공급자는 매출액에 세율을 곱한 매출세액을 공급받는 자로부터 징수(=거래징수)하고, 세금계산서를 발급한다. 공급받는 자는 공급받을 때 징수당한 세액(세금계산서상의 세액)이 매입세액이 된다. 공급자와 공급받는 자는 세금계산서에 의해 확인되는 매입세액을 매출세액에서 공제하여 부가가치세를 계산하고 국가에 납부한다(매출세액에서 매입세액을 공제한 금액이 '−'이면 환급받음).

앞의 '1-1 공통사례'를 통해 전단계세액공제법으로 거래단계별 부가가치세를 계산(세율은 10% 가정)하면 다음과 같다.

---

1. 원재료생산업자의 부가가치세 (2,000원 × 10%) − (0원 × 10%) = 200원 납부
   - 원재료 생산업자의 매출액(공급가액)은 2,000원, 실제 받은 금액(공급대가)는 2,000원 + 200원 = 2,200원
2. 제조업자의 부가가치세 (3,200원 × 10%) − (2,000원 × 10%) = 120원 납부
   - 제조업자의 매출액(공급가액)은 3,200원, 실제 받은 금액(공급대가)는 3,200원 + 320원 = 3,520원
3. 도매업자의 부가가치세 (4,500원 × 10%) − (3,200원 × 10%) = 130원 납부
   - 도매업자의 매출액(공급가액)은 4,500원, 실제 받은 금액(공급대가)는 4,500원+450원 = 4,950원
4. 소매업자의 부가가치세 (6,000원 × 10%) − (4,500원 × 10%) = 150원 납부
   - 소매업자의 매출액(공급가액)은 6,000원, 실제 받은 금액(공급대가)는 6,000원+600원 = 6,600원
5. 최종소비자의 실제 부담금액 6,000원 + 600원(거래징수당한 금액)
6. 국가의 부가가치세 수입 (200원 + 120원 + 130원 + 150원 = 600원)
   - 최종소비자가 소매업자에게 거래징수당한 세액인 600원과 동일(납세의무자 ≠ 담세자 : 간접세)

---

1. 거래징수 : 사업자가 재화 또는 용역을 공급하는 경우에 그 공급을 받는 자로부터 세금을 징수하는 것. 부가가치세는 거래징수의 방법으로 징수되는 대표적인 조세이다. 그러나 영세율에 해당하거나 면세에 해당하는 재화 또는 용역을 공급할 때에는 부가가치세를 거래징수할 수 없음
2. 공급가액과 공급대가 : 공급가액은 순수한 재화 또는 용역의 매출액, 공급대가는 공급가액에 거래징수한 세액을 합친 금액(공급가액+세액)을 의미

매입시	(차) 매 입 부가가치세대급금 (부가가치세매입세액)	3,200 320	(대) 현 금		3,520
매출시	(차) 현 금	4,950	(대) 매 출 부가가치세예수금 (부가가치세매출세액)		4,500 450
부가가치세 납부시	(차) 부가가치세예수금 (부가가치세매출세액)	450	(대) 부가가치세대급금 (부가가치세매입세액) 현 금		320 130

전단계세액공제법은 전단계거래액공제법의 어려움을 해소할 수 있고, 공급받는 자가 세금계산서를 받지 않으면 매입세액 공제를 받을 수 없기 때문에 세금계산서 발급과 수취가 유도되어 거래자료가 양성화된다.

1-3 부가가치세의 특징

1-3-1 일반소비세

부가가치세는 재화·용역의 소비[매출액 − 매입액(중간재매입액·자본재매입액)]에 대해서 과세하는 소비세이며, 면세대상이 아닌 모든 재화·용역의 소비에 대해서 과세하는 일반소비세(열거된 특정 재화·용역의 소비에 대해서만 과세하는 개별소비세, 주세와 차별)

1-3-2 다단계거래세

부가가치세는 재화·용역이 최종소비자에게의 도달될 때까지의 모든 거래단계마다 과세되는 다단계거래세(최종소비자에게 도달되는 전체 거래단계에서 단 1회만 과세되는 단단계거래세와 차별)

1-3-3 국세

부가가치세는 과세주체가 국가인 세금(과세주체가 지방자치단체인 지방세와 차별)

1-3-4 간접세

부가가치세는 법률상 납세의무자(사업자)에게 부과된 조세부담이 담세자(최종소비자)에게 전가되는 세금[납세의무자≠담세자 : 간접세](납세의무자=담세자 : 직접세(소득세, 법인세 등)와 차별)

1-3-5 역진성을 가진 세금

- 조세의 역진성 : 우리나라 부가가치세율은 원칙적으로 10% 비례세율이기 때문에 고소득자와 저소득자의 소득 대비 세금부담율을 비교하면 저소득자의 세금부담율이 더 높음
- 부가가치세의 역진성 문제를 해소하기 위하여 기초생활필수품, 국민후생 등과 관련이 있는 재화·용역에 대해서는 부가가치세 면세를 적용하고 있으며, 사치·고가품에 대해서는 부가가치세 뿐만 아니라 별도로 개별소비세를 과세

1-3-6 소비지국 과세원칙

- 수출·수입하는 상품에 대한 소비세를 과세하는 방법은 생산지국(수출국) 과세원칙과 소비지국(수입국) 과세원칙으로 구분
- 생산지국 과세원칙 : 생산지국(수출국)에서 과세하고, 소비지국(수입국)에서는 과세하지 않는 방법
  → 생산지국과 소비지국의 세율이 상이한 경우 국제거래(가격) 왜곡 초래
- 소비지국 과세원칙 : 생산지국(수출국)에서 과세하지 않고 소비지국(수입국)에서 과세하는 방법
  → 생산지국과 소비지국의 세율이 상이하더라도 국제거래(가격) 왜곡이 초래되지 않음
- 우리나라는 소비지국 과세원칙 채택 : 수출하는 재화에 대해서는 영세율을 적용하여 부가가치세 부담을 없게 하고, 수입하는 재화에 대해서는 내국물품과 동일하게 부가가치세 과세

생산지국 과세원칙과 소비지국 과세원칙

〈사례 : 대한민국에서 중국으로 드론 수출(대한민국의 부가가치세율 10%, 중국의 부가가치세율 17% 가정)〉

【생산지국 과세원칙】

수출한 드론		수입한 드론		중국의 드론	
매출가격	2,000	수입가격	2,200	매출가격	2,000
부가가치세(10%)	200	부가가치세	–	부가가치세(17%)	340
수출가격	2,200	소비자가격	2,200	소비자가격	2,340
				└─ 국제거래 왜곡 ○ ─┘	

【소비지국 과세원칙】

수출한 드론		수입한 드론		중국의 드론	
매출가격	2,000	수입가격	2,000	매출가격	2,000
부가가치세(0%)	0	부가가치세(17%)	340	부가가치세(17%)	340
수출가격	2,000	소비자가격	2,340	소비자가격	2,340
				└─ 국제거래 왜곡 × ─┘	

정 리 문 제

01. 다음 중 부가가치세의 기본개념에 대한 설명으로 옳지 않은 것은?

① 부가가치세는 재화나 용역이 생산되거나 유통되는 과정에서 창출된 모든 부가가치에 과세하는 조세이다.

② 부가가치세는 세금을 납부할 의무가 있는 납세의무자와 세금을 최종적으로 부담하게 되는 담세자가 일치하지 않는 간접세이다.

③ 일반적으로 부가가치는 재화 또는 용역의 매출액에서 매입액을 공제하여 계산한다.

④ 매출액에 세율을 적용하여 계산한 매출세액에서 매입시 거래징수당한 매입세액을 공제하여 부가가치세를 계산하는 방법을 전단계거래액공제법이라고 하고, 우리나라 부가가치세법은 이 방법을 채택하고 있다.

02. 다음 거래를 통해 각각의 거래단계에서 전단계세액공제법에 따라 부과되는 부가가치세 금액이 올바른 것은(아래에 제시된 금액은 공급가액)?

> (1) 원재료생산업자는 대가없이 취득한 자원으로 원재료를 생산하여 제조업자에게 200,000원에 판매하였다.
> (2) 제조업자는 구입한 원재료로 제품을 생산하여 판매업자에게 400,000원에 판매하였다.
> (3) 판매업자는 구입한 제품을 최종소비자에게 1,000,000원에 판매하였다.

① 원재료생산업자 : 0원　　　　　② 제조업자 : 40,000원

③ 판매업자 : 60,000원　　　　　④ 최종소비자 : 30,000원

03. 다음 중 부가가치세의 특징에 해당하지 않는 것은?

① 소비형 부가가치세　　　　　② 전단계세액공제법

③ 다단계거래세　　　　　　　④ 직접세

04. 다음 중 부가가치세의 특징에 대한 설명으로 옳지 않은 것은?

① 일반소비세로서 간접세에 해당　　② 생산지국 과세원칙

③ 전단계세액공제법　　　　　　　④ 영세율과 면세제도

05. 다음 중 현행 부가가치세법의 특징에 대한 설명으로 옳은 것은?

① 전단계거래액공제법이다.　　　② 비례세율로 역진성이 발생한다.

③ 개별소비세이다.　　　　　　　④ 지방세이다.

06. 다음 중 부가가치세의 특징에 해당하지 않는 것은?

① 부가가치세의 담세자는 최종소비자이며, 납세의무자는 부가가치세가 과세되는 재화 또는 용역을 공급하는 사업자이다.

② 각 납세자의 담세력을 고려하지 않는 물세이다.

③ 우리나라의 부가가치세법은 전단계거래액공제법을 채택하고 있다.

④ 우리나라의 부가가치세법은 소비지국 과세원칙을 채택하고 있다.

07. 다음 중 부가가치세법에 대한 설명으로 옳지 않은 것은?

① 부가가치세는 일반소비세이며 간접세에 해당한다.

② 현행 부가가치세는 전단계거래액공제법을 채택하고 있다.

③ 부가가치세의 역진성을 완화하기 위하여 면세제도를 두고 있다.

④ 소비지국과세원칙을 채택하여 수출재화 등에 영세율이 적용된다.

08. 다음 중 현행 부가가치세법의 특징에 대한 설명으로 가장 잘못된 것은?

① 일반 소비세이다.

② 국세에 해당된다.

③ 10%와 0%의 세율을 적용하고 있다.

④ 역진성의 문제를 해결하기 위하여 영세율제도를 도입하고 있다.

09. 우리나라 부가가치세의 성격으로 가장 틀린 것은?

① 다단계 과세방식을 취하고 있다.

② 세부담을 다음 거래단계로 전가하는 간접세이다.

③ 납세의무자는 재화와 용역을 소비하는 모든 주체이다.

④ 국경세 조정을 위해서 소비지국 과세원칙을 취하고 있다.

10. 다음 중 부가가치세법상 설명으로 가장 옳지 않은 것은?

① 부가가치세는 각 거래단계마다 창출한 부가가치에 과세하는 다단계거래세이다.

② 부가가치세는 국세이며 납세의무자와 담세자가 다른 간접세이다.

③ 우리나라 부가가치세법에서는 생산지국 과세원칙을 채택하고 있다.

④ 부가가치세는 과세대상 재화나 용역의 공급을 대상으로 하는 일반소비세이다.

11. 다음 중 부가가치세법상 설명으로 잘못된 것은?

① 국세이며 소비형 부가가치세이다

② 매출부가가치세액에서 매입부가가치세액을 공제하는 전단계세액공제법을 채택하고 있다.

③ 소비지국 과세원칙을 채택하고 있다.

④ 과세대상은 재화와 용역의 공급과 재화와 용역의 수입이다.

12. 현행 부가가치세법에 대한 설명으로 가장 거리가 먼 것은?

① 부가가치세 부담은 전적으로 최종소비자가 하는 것이 원칙이다.

② 영리목적의 유무에 불구하고 사업상 독립적으로 재화를 공급하는 자는 납세의무가 있다.

③ 해당 과세기간 중 이익이 발생하지 않았을 경우에는 납부하지 않아도 된다.

④ 일반과세자의 내수용 과세거래에 대해서는 원칙적으로 10%의 단일세율을 적용한다.

13. 다음 중 우리나라 부가가치세에 대한 설명으로 틀린 것은?

① 국세이며, 소비형 부가가치세이다.

② 국경세 조정제도로 원산지국 과세원칙을 채택하고 있다.

③ 전단계세액공제법을 채택하고 있다.

④ 다단계거래세의 특징이 있다.

02 우리나라 부가가치세 계산흐름의 이해

2-1 부가가치세 계산방법과 과세기간

우리나라는 부가가치세의 계산방법으로 전단계세액공제법을 채택하고 있는데, 여기서는 간단한 거래사례를 통해 전단계세액공제법에 따른 납부세액의 계산과정에 대해 설명하고자 한다.

2-1-1 거래의 예

제조업을 영위하는 과세사업자인 A법인은 역시 과세사업자인 B법인으로 부터 20×1년 6월 25일에 원재료 1,000,000원을 구입[구입시에 A법인은 B법인으로부터 세금계산서를 발급받았으며, 세금계산서상의 매입세액은 100,000원(매입가액 1,000,000원 × 세율 10%)]한 후 이를 제조·가공하여 완제품을 20×1년 11월 29일에 1,500,000원에 최종소비자에게 공급하였다.

2-1-2 부가가치세 계산방법(납부세액 계산구조)

	매출세액 →	과세기간 동안의 총공급가액 × 부가가치세율(10%)
(−)	매입세액 →	과세기간 동안 발급받은 세금계산서상의 매입세액
	납부세액	

* 부가가치세의 납부세액은 과세기간 단위로 계산된 매출세액에서 세금계산서에 의해 확인되는 매입세액을 공제하여 계산한다(유의 : 과세대상 건별로 납부세액을 계산하는 것이 아님).

2-1-3 과세기간

구 분	제1기 과세기간		제2기 과세기간	
	예정신고기간	확정신고기간	예정신고기간	확정신고기간
과세기간	1. 1. ~ 3. 31.	4. 1. ~ 6. 30.	7. 1. ~ 9. 30.	10. 1. ~ 12. 31.
신고·납부기한	4. 25.	7. 25.	10. 25.	다음 연도 1. 25.

* 부가가치세 과세기간(일반과세자의 과세기간)은 1년을 2개의 과세기간으로 구분하여 1월 1일부터 6월 30일까지를 제1과세기간, 7월 1일부터 12월 31일까지를 제2과세기간이라 한다. 그리고 각 과세기간을 3개월 단위로 예정신고 기간과 확정신고기간(과세기간 최종 3월)으로 구분한다(간이과세자의 과세기간은 1. 1. ~ 12. 31.까지로 함).

2-2-1 거래흐름도

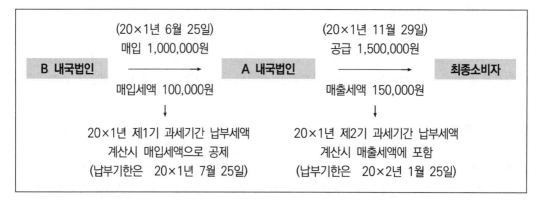

2-2-2 A법인의 매출세액과 매입세액

구 분	매출세액 관련	매입세액 관련
내 용	• 최종소비자에게 공급할 때 공급가액 1,500,000원에 대한 매출세액 150,000원을 포함한 1,650,000원을 최종소비자로부터 수취[1,500,000원은 자기수입으로 처리, 150,000원은 20×2년 1월 25일까지 신고·납부할 20×1년 제2기 과세기간의 납부세액 계산시 매출세액에 포함하여 신고·납부(납세의무자는 A법인이지만 담세자는 최종소비자 → 간접세)]	• B법인에게 매입할 때 매입가액 1,000,000원에 대한 매입세액 100,000원을 포함한 1,100,000원을 지급(1,000,000원은 취득원가로 처리, 100,000원은 20×1년 7월 25일까지 신고·납부할 20×1년 제1기 과세기간의 납부세액 계산시 매입세액으로 공제하여 신고·납부)

회 계 처 리	(차) 현 금 1,650,000
	(대) 매 출 1,500,000
	      부가가치세예수금 150,000
		(차) 매 입 1,000,000
		      부가가치세대급금 100,000
		(대) 현 금 1,100,000

원재료 생산업자(과세사업자)인 A는 20×2년 제1기 과세기간 중 중간재 구입없이 원재료를 제조업자(과세사업자)인 B에게 공급가액 10,000,000원에 공급하였다(구입시에 B는 A로부터 세금계산서를 발급받았으며, 세금계산서상의 매입세액은 1,000,000원). 한편, 제조업자인 B는 20×2년 제1기 과세기간 중 구입한 원재료를 사용하여 동일한 과세기간에 최종소비자인 C에게 공급가액 15,000,000원으로 공급하였다(세율은 10%로 가정).

> 물음 1. 우리나라 부가가치세법에서 채택하고 있는 전단계세액공제법에 의하여 원재료 생산업자인 A와 제조업자인 B의 20×2년 제1기 과세기간에 대한 납부세액을 계산하시오.
> 물음 2. 원재료 생산업자 A의 원재료 공급, 부가가치세 신고·납부할 때의 회계처리를 하시오.
> 물음 3. 제조업자인 B의 원재료 매입, 제품 공급, 부가가치세 신고·납부할 때의 회계처리를 하시오.
> 물음 4. 최종소비자인 C의 제품 구입관련 부담액은 얼마인지 계산하시오.

03 부가가치세의 영세율제도와 면세제도

3-1 영세율제도

3-1-1 의의

영세율제도란 특정 재화·용역의 공급에 대하여 '0'의 세율(영세율)을 적용하고, 그 전단계에서 부담한 부가가치세(매입세액)을 공제·환급받게 함으로써 부가가치세 부담을 전혀 없게 한 제도(완전면세제도)를 말하는 것으로, 소비지국 과세원칙을 실현하기 위하여 수출하는 재화 등에 주로 적용하고 있다.

앞의 '1-1 공통사례'를 통해 영세율제도의 의미를 살펴보면 다음과 같다(소매업자가 제품을 수출하여 영세율을 적용받는 경우 가정).

> 1. 원재료생산업자의 부가가치세 (2,000원 × 10%) - (0원 × 10%) = 200원 납부
>   • 원재료 생산업자의 매출액(공급가액)은 2,000원, 실제 받은 금액(공급대가)는 2,000원 + 200원 = 2,200원
> 2. 제조업자의 부가가치세 (3,200원 × 10%) - (2,000원 × 10%) = 120원 납부
>   • 제조업자의 매출액(공급가액)은 3,200원, 실제 받은 금액(공급대가)는 3,200원 + 320원 = 3,520원

3. 도매업자의 부가가치세 (4,500원 × 10%) - (3,200원 × 10%) = 130원 납부
   - 도매업자의 매출액(공급가액)은 4,500원, 실제 받은 금액(공급대가)는 4,500원 + 450원 = 4,950원
4. <u>소매업자의 부가가치세</u> (6,000원 × 0%) - (4,500원 × 10%) = △450원 환급(국가로부터 돌려받음)
   - 소매업자의 매출액(공급가액)은 6,000원, 실제 받은 금액(공급대가)도 6,000원 + 0원 = 6,000원
5. 최종소비자의 실제 부담금액 6,000원 + 0원(거래징수당한 금액)
6. 국가의 부가가치세 수입 (200원 + 120원 + 130원 - 450원 = 0원)

거래의 최종 공급단계인 소매업자가 영세율을 적용받게 되면, 매출세액은 0원(6,000원×0%)이 되고, 거래징수당한 매입세액은 450원(4,500원×10%)가 되어 국가로부터 돌려받게 되는 세액(환급세액)이 450원 나타난다. 즉, 소매업자는 도매업자로부터 매입할 때 거래징수당한 450원(소매업자입장에서는 매입세액)까지도 돌려받아 부가가치세의 부담이 완전히 사라진다(완전면세제도). 모든 거래단계를 다 거친 후 국가의 부가가치세 수입은 0원(200원+120원+130원-450원)되어 부가가치세의 부담이 완전히 제거된다(소비지국 과세원칙을 실현하기 위해 수출국에서는 과세하지 않는 결과).

3-1-2 영세율적용 대상

소비지국 과세원칙을 실현하고 국가정책적으로 외화를 획득하기 위한 영세율적용 대상거래는 ① 재화의 수출 ② 용역의 국외공급 ③ 외국항행용역의 공급 ④ 그 밖의 외화획득 재화 또는 용역의 공급 등으로 구분된다.

3-1-3 영세율적용 사업자의 의무

영세율적용 사업자는 일반적인 부가가치세율인 10%가 아닌 부가가치세율만 0%를 적용받는 사업자이기 때문에 부가가치세법에서 규정하고 있는 모든 의무를 이행해야 한다.

3-2-1 의의

면세제도란 특정 재화·용역의 공급에 대하여 부가가치세 납세의무가 면제되지만, 그 전단계에서 부담한 부가가치세(매입세액)는 공제·환급되지 않는 제도(부분면세제도)를 말하는 것으로, 그 전단계에서 부담한 부가가치세(공제받지 못한 매입세액)는 매입원가 등에 가산하여 최종소비자에게 전가된다.

면세제도는 부가가치세의 역진성을 완화하기 위한 제도로서 기초생활필수재화·용역, 국민후생 재화·용역 등에 주로 적용하고 있다.

앞의 '1-1 공통사례'를 통해 면세제도의 의미를 살펴보면 다음과 같다(소매업자가 최종소비자에게 공급하는 재화가 면세대상이라고 가정).

---

1. 원재료생산업자의 부가가치세 (2,000원 × 10%) - (0원 × 10%) = 200원 납부
   - 원재료 생산업자의 매출액(공급가액)은 2,000원, 실제 받은 금액(공급대가)는 2,000원 + 200원 = 2,200원
2. 제조업자의 부가가치세 (3,200원 × 10%) - (2,000원 × 10%) = 120원 납부
   - 제조업자의 매출액(공급가액)은 3,200원, 실제 받은 금액(공급대가)는 3,200원 + 320원 =3,520원
3. 도매업자의 부가가치세 (4,500원 × 10%) - (3,200원 × 10%) = 130원 납부
   - 도매업자의 매출액(공급가액)은 4,500원, 실제 받은 금액(공급대가)는 4,500원 + 450원 = 4,950원
4. 소매업자의 부가가치세 : '-'
   - 소매업자의 매출액은 6,450원(6,000원 + 450원)
     : 거래징수당한 매입세액을 공제받지 못하기 때문에 매입원가 4,950원(4,500원 + 450원), 공통사례와 동일하게 소매업자가 부가가치 1,500원을 창출하면 매출액은 6,450원(4,950원 + 1,500원)
5. 최종소비자의 실제 부담금액 6,450원 + '-' = 6,450원
6. 국가의 부가가치세 수입 (200원 + 120원 + 130원 + 0원 = 450원)

거래의 최종 공급단계인 소매업자가 면세를 적용받게 되면, 매출세액은 나타나지 않고(면세이기 때문에 0원이 아님), 거래징수당한 매입세액 450원(4,500원×10%)은 공제받지 못하기 때문에(부분면세제도) 국가에 납부할 또는 돌려받을 부가가치세는 없다. 따라서 소매업자가 10%세율이 적용되는 과세사업자인 경우에 비하여 최종소비자의 부담액은 150원(6,600원-6,450원) 감소된다.

3-2-2 면세 대상

조세의 역진성을 완화하기 위한 면세제도가 적용되는 면세 대상은 ① 기초생활필수 재화·용역 ② 국민후생 재화·용역 ③ 문화관련 재화·용역 ④ 부가가치 구성요소 ⑤ 그 밖의 면세대상 재화·용역으로 구분된다.

구 분	내 용

기초생활필수
재화·용역
	① 미가공 식용 농·축·수·임산물과 소금 : 국내산·외국산 모두 면세
	  ● 미가공의 범위
	
	    • 가공되지 아니하거나
	    • 원생산물의 성질이 변하지 아니하는 정도의 1차 가공을 거쳐 식용으로 제공하는 것(탈곡·정미·정맥·제분·정육·건조·냉동·염장·포장 등)
	    • 단순가공식료품(김치·단무지·장아찌·젓갈류·게장·두부·메주·간장·된장·고추장·데친 채소류 등)
	      : 다만, 제조시설을 갖추고 판매목적으로 독립된 거래단위로 관입, 병입 그 밖의 이와 유사한 형태로 포장하여 공급시는 과세(2025.12.31.까지는 포장여부와 상관없이 일시적으로 면세)
	    • 원생산물 본래의 성질이 변하지 아니하는 정도의 1차 가공 과정에서 발생하는 필수부산물
	    • 미가공식료품을 단순히 혼합한 것
	    • 쌀에 식품첨가물 등을 첨가 또는 코팅하거나 버섯균 등을 배양한 것(기능성 쌀)
	
	② 국내 생산 미가공 비식용 농·축·수·임산물 : 외국산은 과세
	③ 수돗물 : 판매되는 생수 과세, 전기 과세
	④ 연탄과 무연탄 : 유연탄·갈탄·착화탄 과세
	⑤ 여객운송용역(지하철, 시내버스, 시외일반고속버스) : 항공기, 시외우등고속버스, 전세버스, 택시, 특수자동차, 특종선박, 고속철도(KTX, SRT), 삭도(케이블카), 관광유람선·관광순환버스·관광궤도, 관광사업을 목적으로 운영하는 일반철도에 의한 여객운송용역은 과세
	⑥ 여성용 생리처리 위생용품
	⑦ 주택과 그 부수토지 임대용역 : 사업용 건물과 그 부수토지 임대용역은 과세
	⑧ 공동주택 어린이집의 임대용역

국민후생 재화·용역	① 의료보건용역과 혈액(치료·예방·진단 목적으로 조제한 동물의 혈액 포함) : 의약품의 단순판매는 과세, 의약품의 조제용역은 면세, 일부 미용목적 성형수술·피부시술 등의 진료용역과 수의사가 제공하는 애완동물 진료용역은 열거된 것을 제외하고는 과세 ② 주무관청의 허가 또는 인가를 받거나 주무관청에 등록·신고된 교육용역 : 무도학원, 자동차운전학원의 교육용역은 과세
문화관련 재화·용역	① 도서(전자출판물, 실내 도서 열람 및 도서 대여 용역 포함)·신문·인터넷신문·잡지·관보·뉴스통신·방송 : 광고는 과세 ② 예술창작품 : 골동품·모방제작한 미술품 과세 ③ 예술행사·문화행사·아마추어운동경기 ④ 도서관·과학관·박물관·미술관·동물원·식물원·민속문화자원을 소개하는 장소·전쟁기념관에의 입장 : 오락·유흥시설과 함께 있는 동·식물원 및 해양수족관 입장, 영화관 입장은 과세

구 분	내 용
부가가치 구성요소	① 금융·보험 용역 ② 토지의 공급 : 건물의 공급은 과세 ③ 특정 인적용역(저술가·작곡가 등이 직업상 제공하는 인적용역 등) : 전문자격사(공인회계사·세무사·변호사 등)가 제공하는 인적용역은 과세
그 밖의 면세대상 재화·용역	① 우표(수집용 우표 제외)·인지·증지·복권·공중전화 ② 판매가격 200원 이하인 제조담배 및 특수제조용담배 ③ 국가·지방자치단체·지방자치단체조합·일정한 공익단체에 무상으로 공급하는 재화·용역 : 유상공급은 과세 ④ 국가·지방자치단체·지방자치단체조합이 공급하는 재화·용역 : 우정사업조직의 우체국 택배용역·우편주문판매를 대행하는 용역, 고속철도에 의한 여객운송용역, 부동산임대업, 의료보건용역 중 과세대상인 것은 부가가치세 과세 ⑤ 공익단체가 공급하는 재화·용역 ⑥ 국민주택의 공급·국민주택의 건설용역·국민주택의 리모델링용역 : 국민주택 규모를 초과하는 주택의 공급은 과세

3-2-3 면세사업자의 의무

면세사업자는 부가가치세법상의 납세의무자가 아니기 때문에 부가가치세의 납세의무는 없다. 또한 부가가치세법상의 사업자등록·거래징수·신고 및 납부 등의 의무는 없지만(면세사업자가 과세사업자로부터 재화·용역을 공급받을 때 세금계산서를 발급받은 부분에 대해서는 부가가치세법상 협력의무는 가짐), 과세사업자로부터 매입시 거래징수당한 매입세액은 부담해야 한다. 그리고 면세사업자가 개인사업자인지 법인사업자인지에 따라서 소득세법 또는 법인세법에서 규정하고 있는 각종 의무는 지게 된다.

일반과세(10%)사업자		영세율(0%)사업자		면세사업자	
〈납부세액계산〉		〈납부세액계산〉		〈납부세액계산〉	
매입액	200,000	매입액	200,000	매입액	200,000
매입세액	20,000	매입세액	20,000	거래징수세액	20,000
매출액	250,000	매출액	250,000	매출액	270,000
매출세액	25,000	매출세액	0	매출세액	–
매출세액	25,000	매출세액	0	매출세액	–
– 매입세액	20,000	– 매입세액	20,000	– 매입세액	–
납부세액	5,000	환급세액○	△20,000	환급세액×	–

〈회계처리〉

일반과세(10%)사업자

- 매입시
  (차) 매 입 200,000
  (차) 부가가치세대급금 20,000
  (대) 현 금 220,000
- 매출시
  (차) 현 금 275,000
  (대) 매 출 250,000
  (대) 부가가치세예수금 25,000
- 부가가치세 납부시
  (차) 부가가치세예수금 25,000
  (대) 부가가치세대급금 20,000
  (대) 현 금 5,000

영세율(0%)사업자

- 매입시
  (차) 매 입 200,000
  (차) 부가가치세대급금 20,000
  (대) 현 금 220,000
- 매출시
  (차) 현 금 250,000
  (대) 매 출 250,000
- 부가가치세 환급시
  (차) 현 금 20,000
  (대) 부가가치세대급금 20,000

면세사업자

- 매입시
  (차) 매 입 220,000
  (대) 현 금 220,000
- 매출시
  (차) 현 금 270,000
  (대) 매 출 270,000
- 부가가치세 납부시
  – 회계처리 없음 –

01. 다음 중 부가가치세법상 영세율의 특징이 아닌 것은?

① 수출업자의 자금부담을 줄여서 수출을 촉진한다.

② 사업자의 부가가치세 부담을 완전히 면제해 준다.

③ 국가간 이중과세를 방지한다.

④ 저소득층의 세부담 역진성을 완화한다.

02. 다음 중 부가가치세 영세율과 관련된 설명 중 틀린 것은?

① 영세율은 수출하는 재화에 적용된다.

② 영세율은 완전면세에 해당한다.

③ 직수출하는 재화의 경우에도 세금계산서를 발급하여야 한다.

④ 영세율은 소비지국 과세원칙을 구현하기 위한 제도이다.

03. 다음 중 부가가치세법상 영세율 적용대상이 되는 거래가 아닌 것은?

① 재화의 수출

② 국외에서 공급하는 용역

③ 외국항행용역의 공급

④ 위탁판매형식으로 국내의 본점에서 국내의 다른 지점으로 인도한 재화

04. 다음 중 부가가치세법상 영세율 적용대상이 아닌 것은?

① 국외에서 제공하는 용역

② 외화획득재화 또는 용역의 공급

③ 외국항행용역의 공급

④ 위탁판매형식으로 국내의 본점에서 국내의 다른 지점으로 인도한 재화

05. 다음 중 부가가치세법상 영세율 적용 대상 거래는 무엇인가?

① 간이과세자가 수출하는 재화
② 사업자가 국내에서 국내사업장이 있는 외국법인에게 부동산임대용역을 제공하는 경우
③ 수출업자가 국내에서 수출품생산업자와 계약에 따라 수출대행하고 수출대행수수료를 받는 경우
④ 내국신용장이 법에 정하는 기한 내에 발급되지 아니한 재화의 공급

06. 다음 중 부가가치세법상 영세율에 대한 설명으로 가장 틀린 것은?

① 면세사업자는 면세를 포기하지 않는 한 영세율을 적용받을 수 없다.
② 외국항행용역은 영세율 적용 대상 거래이다.
③ 사업자는 예정 또는 확정신고시 영세율첨부서류를 제출하여야 한다.
④ 국내거래에 대해서는 영세율이 무조건 적용될 수 없다.

07. 다음 중 부가가치세법상 영세율에 대한 설명으로 잘못된 것은?

① 영세율사업자는 부가가치세 신고 의무가 있다.
② 영세율사업자는 사업자등록 의무가 있다.
③ 영세율이 적용되는 국내 거래는 없다.
④ 영세율사업자는 부가가치세 과세사업자이다.

08. 다음 중 부가가치세법상 영세율이 적용되는 것으로 옳은 것은?

① 해외로 수출업을 운영하는 개인사업자
② 가공되지 않은 육류 도매업을 운영하는 면세 개인사업자
③ 국내 제조업을 영위하는 법인사업자
④ 커피숍을 운영하는 간이사업자

09. 다음 중 부가가치세법상 영세율을 적용받는 거래는?

① 내국물품을 외국으로 반출하는 것
② 주택임대용역을 공급하는 것
③ 미가공식료품을 공급하는 것
④ 외국법인이 국내에서 재화를 공급하는 것

10. 다음 중 부가가치세법상 영세율이 적용되는 거래가 아닌 것은?

① 선박 또는 항공기의 외국항행용역
② 금융, 보험용역
③ 수출하는 재화
④ 국외에서 제공하는 용역

11. 다음 중 부가가치세법상 면세대상 거래에 해당되지 않는 것은?

① 보험상품 판매
② 마을버스 운행
③ 일반의약품 판매
④ 인터넷신문 발행

12. 다음 중 부가가치세의 면세대상이 아닌 것은?

① 수돗물
② 신문
③ 밀가루
④ 초코우유

13. 다음 중 부가가치세법상 면세대상에 해당하지 않는 것은?

① 시내버스의 여객운송용역
② 대통령령으로 정하고 있는 교육용역
③ 수집용 우표
④ 미가공 식료품

14. 다음 중 부가가치세 면세대상이 아닌 것은?

① 항공법에 따른 항공기에 의한 여객운송 용역의 공급
② 수돗물의 공급
③ 토지의 공급
④ 연탄의 공급

15. 다음 중 부가가치세법상 면세되는 재화 또는 용역의 공급에 해당하는 것은?

① 생수
② 전세버스운송용역
③ 광고
④ 토지의 공급

16. 다음 중 부가가치세법상 면세되는 재화 또는 용역의 공급에 해당하는 것은?

① 우등고속버스 운송용역
② 택시 운송용역
③ 수돗물
④ 신문 광고

17. 다음의 재화 또는 용역을 공급할 때 부가가치세가 과세되는 경우는?

① 수돗물
② 연탄
③ 맛김
④ 무연탄

18. 다음 중 부가가치세법상 면세대상에 해당하지 않은 것은?

① 미가공식료품
② 주무관청에 인허가를 받은 교육용역
③ 토지의 공급
④ 항공법에 따른 항공기에 의한 여객운송용역

19. 다음 중 부가가치세법상 면세대상 거래에 해당하는 것은?

① 운전면허학원의 시내연수
② 프리미엄고속버스 운행
③ 일반의약품에 해당하는 종합비타민 판매
④ 예술 및 문화행사

20. 부가가치세법상 사업자가 행하는 다음의 거래 중 부가가치세가 과세되는 것은?

① 상가에 부수되는 토지의 임대
② 주택의 임대
③ 국민주택 규모 이하의 주택의 공급
④ 토지의 공급

21. 다음 중 부가가치세 면세대상이 아닌 것은?

① 약사법에 따른 약사가 제공하는 의약품의 조제용역

② 수돗물

③ 연탄과 무연탄

④ 항공법에 따른 항공기에 의한 여객운송 용역

22. 다음 중 부가가치세법상 면세에 해당하지 않는 것은?

① 택시에 의한 여객운송용역

② 도서대여 용역

③ 미술관에의 입장

④ 식용으로 제공되는 임산물

23. 부가가치세법상 사업자가 행하는 다음의 거래 중 부가가치세가 과세되는 것은?

① 상가에 부수되는 토지의 임대

② 주택의 임대

③ 국민주택 규모 이하의 주택의 공급

④ 토지의 공급

24. 다음 중 면세대상에 해당하는 것으로만 짝지어진 것은?

㉠ 수돗물	㉡ 도서, 신문	㉢ 가공식료품
㉣ 전세버스운송용역	㉤ 토지의 공급	㉥ 연탄 및 무연탄

① ㉠, ㉡, ㉣, ㉤   ② ㉠, ㉡, ㉢, ㉥

③ ㉠, ㉡, ㉤, ㉥   ④ ㉡, ㉣, ㉤, ㉥

25. 다음 중 부가가치세법상 면세 의료용역의 범위에 해당하는 것은?

① 성형외과에서 시행하는 쌍꺼풀수술   ② 장의업자가 제공하는 장의용역

③ 치과에서 시행하는 치아미백   ④ 피부과에서 진행하는 여드름치료술

26. 다음 중 부가가치세법상 면세 항목을 모두 고른 것은?

A. 수돗물
B. 상가 및 부수토지 임대 용역
C. 동물원 입장료
D. 미가공 식료품
E. 가공된 맥반석 오징어

① A, B, C
② A, C, D
③ B, C, D
④ A, C, E

27. 다음 중 부가가치세법상 면세되는 재화 또는 용역의 공급만으로 묶인 것은?

| 가. 의료보건용역과 혈액 | 나. 수집용 우표 |
| 다. 토지의 공급 | 라. 신문사 광고 |

① 가, 나
② 나, 다
③ 가, 라
④ 가, 다

28. 부가가치세법상 치과 사업자의 진료용역 중 부가가치세 과세 대상 용역은 어느 것인가?

㉠ 충치 진료
㉡ 치아미백
㉢ 선천성 기형 치아의 재건수술
㉣ 잇몸성형술

① ㉠, ㉡
② ㉡, ㉣
③ ㉠, ㉢
④ ㉢, ㉣

29. 다음 중 부가가치세법상 면세 대상이 아닌 것은?

① 바나나우유
② 의료보건용역
③ 토지의 공급
④ 수돗물

30. 다음 중 면세항목이 아닌 것은?

① 국내생산 비식용 미가공 농·축·수·임산물
② 식용으로 이용하는 미가공 농·축·수·임산물과 소금
③ 토지의 공급과 건물의 공급
④ 국가·지방자치단체·지방자치단체조합이 공급하는 재화·용역

31. 다음 중 부가가치세법상 면세의 설명으로 가장 옳지 않은 것은?

① 식료품은 무조건 면세이다.
② 부가가치세의 거래징수의무를 지지 아니한다.
③ 재화의 수입에 대해서도 면세가 적용될 수 있다.
④ 면세사업자가 부담한 매입세액은 환급되지 않는다.

32. 다음 중 부가가치세법상 면세에 관한 설명으로 틀린 것은?

① 수의사의 모든 용역은 면세 용역에 포함된다.
② 영세율이 적용되는 재화·용역은 면세포기신고를 할 수 있다.
③ 교육용역일지라도 정부의 인·허가를 받지 않은 경우에는 부가가치세가 과세된다.
④ 간이과세자도 면세사업을 영위할 수 있다.

33. 다음 중 영세율제도와 면세제도에 대한 설명으로 옳지 않은 것은?

① 영세율제도는 특정한 재화 또는 용역의 공급한 대하여 영의 세율을 적용하고 그 전단계에서 부담한(거래징수 당한) 부가가치세(매입세액)을 공제·환급함으로써 부가가치세 부담을 완전히 면제하는 완전면세제도이다.
② 면세제도는 특정한 재화 또는 용역의 공급에 대하여 납세의무가 면제되지만 그 전단계에서 부담한(거래징수 당한) 부가가치세(매입세액)는 공제·환급되지 않는 부분면세제도이다.
③ 면세가 적용되는 경우 공제받지 못한 매입세액에 해당하는 금액은 매입원가 등에 가산하여 최종소비자에게 전가된다.
④ 영세율적용 사업자는 10%의 세율 대신 0%의 세율이 적용되기 때문에 부가가치세법상 납세의무가 없다.

04 부가가치세법 기초

4-1 용어 정리

구 분	내 용
재화	재산 가치가 있는 물건 및 권리 • 물건 : 상품, 제품, 원료, 기계, 건물 등 모든 유체물 및 전기, 가스, 열 등 관리할 수 있는 자연력 • 권리 : 광업권, 특허권, 저작권 등 물건 외에 재산적 가치가 있는 모든 것
용역	재화 외에 재산가치가 있는 모든 역무와 그 밖의 행위
사업자	사업목적이 영리이든 비영리이든 관계없이 사업상 독립적으로 재화·용역을 공급하는 자
간이과세자	직전 연도의 재화·용역에 대한 공급대가의 합계액이 1억 400만원에 미달하는 사업자로서, 간편한 절차로 부가가치세를 신고·납부하는 개인사업자
일반과세자	간이과세자가 아닌 사업자
과세사업	부가가치세가 과세되는 재화·용역을 공급하는 사업
면세사업	부가가치세가 면제되는 재화·용역을 공급하는 사업
비거주자	거주자가 아닌 개인 ↔ 거주자 : 국내에 주소를 두거나 183일 이상 거소를 둔 개인
외국법인	외국에 본점 또는 주사무소를 둔 단체(국내에 사업의 실질적 관리장소가 소재하지 아니하는 경우만 해당) ↔ 내국법인

부가가치세법에 따라 부가가치세를 납부할 의무가 있는 자는 ① 사업자 ② 재화를 수입하는 자 중 어느 하나에 해당하는 개인, 법인(국가 · 지방자치단체 · 지방자치단체조합 포함), 법인격이 없는 사단 · 재단 또는 그 밖의 단체이다(실질과세원칙 적용).

4-2-1 사업자

부가가치세법상 사업자란, 사업목적이 영리이든 비영리이든 관계없이 사업상 독립적으로 부가가치세 과세대상이 되는 재화 또는 용역을 공급하는 자를 말한다.

사업자는 부가가치세 과세대상인 재화 또는 용역을 공급하는 사업을 하는 자인지 여부에 따라서 과세사업자와 면세사업자로 구분하고, 면세사업자는 부가가치세 납세의무가 면제되는 사업자이기 때문에 부가가치세법상의 납세의무자는 과세사업자만을 의미한다. 과세사업자는 다시 일반과세자와 간이과세자로 구분되는데, 간이과세자는 직전 연도의 공급대가의 합계액이 1억 400만원(간이과세기준금액)에 미달하는 개인사업자를 말하며 간이과세자가 아닌 과세사업자를 일반과세자라고 한다.

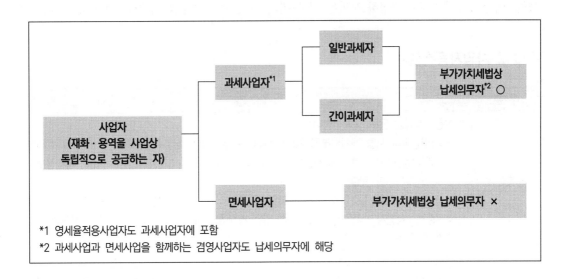

*1 영세율적용사업자도 과세사업자에 포함
*2 과세사업과 면세사업을 함께하는 겸영사업자도 납세의무자에 해당

4-2-2 재화를 수입하는 자

과세대상이 되는 재화를 수입하는 자는 사업자인지의 여부와 수입재화의 용도 및 목적에 관계없이 부가가치세 납세의무가 있다[사업자가 아닌 자(비사업자)가 부가가치세가 과세되는 재화를 개인적으로 사용하기 위하여 수입하는 경우에도 부가가치세 납세의무가 있음].

4-3 사업자등록의무

4-3-1 사업자등록

사업자등록이란, 부가가치세 업무의 효율적 운영을 위해 납세의무자의 사업에 관련된 일련의 사항을 세무관서의 공부에 등재하는 것을 말하는 것으로, 사업자등록 의무위반에 대해서는 가산세를 부과하고 있다. 그러나 세무관서가 발급한 사업자등록증이 사업자에게 사업을 허용하거나 사업경영을 할 권리를 인정하는 것은 아니다.

부가가치세 납세의무자인 과세사업자는 부가가치세법에서 규정하는 바에 따라 사업자등록의무를 이행하여야 하고, 부가가치세 납세의무자가 아닌 면세사업자는 개인사업자이면 소득세법, 법인사업자이면 법인세법에서 규정하고 있는 바에 따라 사업자등록의무를 이행하여야 한다.

4-3-2 사업자등록절차

구 분	내 용
등록신청	• 신청 : 사업장 단위 등록신청이 원칙 - 사업장마다 사업 개시일부터 20일 이내에 세무서장(사업장 관할세무서장 또는 그 밖의 세무서장 중 어느 한 세무서장)에게 사업자등록을 신청(사업자등록신청서 제출, 국세정보통신망에 의한 제출도 가능) - 신규로 사업을 시작하려는 자는 사업 개시일 이전이라도 사업자등록을 신청 가능 • 직권등록 : 사업자가 사업자등록을 하지 않는 경우에는 사업장 관할 세무서장이 조사하여 등록할 수 있음
등 록	• 등록증 발급 - 신청일부터 2일 이내(토·공휴일·근로자의 날은 산정에서 제외)에 사업자등록번호가 부여된 사업자등록증 발급 - 사업장시설이나 사업현황을 확인하기 위하여 국세청장이 필요하다고 인정하는 경우 5일 이내(토·일·근로자의 날 제외)에서 연장하고 조사한 사실에 따라 발급할 수 있음(연장시 7일 이내)

구 분	내 용
	– 신청내용을 보정할 필요가 있다고 인정되는 때에는 10일 이내 기간을 정해 보정요구할 수 있음(이 경우 해당 보정기간은 위 '2일' 및 '5일'의 기간에 산입하지 않음) • 등록번호 부여 : 사업자등록에 따른 등록번호는 사업장마다 관할 세무서장이 부여 다만, 사업자 단위로 등록신청을 한 경우에는 사업자 단위 과세 적용 사업장에 한 개의 등록번호 부여 • 등록거부 : 신규로 사업을 시작하려는 자로부터 사업 개시일 이전에 사업자등록의 신청을 받은 사업장 관할 세무서장은 신청자가 사업을 사실상 시작하지 아니할 것이라고 인정될 때에는 등록을 거부할 수 있음(이미 사업을 개시한 경우에는 등록을 거부하지 못함)
등록정정 신고	• 등록정정사유 해당시 지체없이 세무서장(사업장 관할세무서장 또는 그 밖의 세무서장 중 어느 한 세무서장)에게 정정신고(사업자등록 정정신고서제출, 국세정보통신망에 의한 제출 포함) • 등록정정사유와 등록증 재발급기한
등록사후 관리	• 휴 · 폐업의 신고, 등록말소, 갱신발급

정정사유	재발급기한
상호를 변경하는 경우	신청일 당일 재발급
통신판매업자가 사이버몰 명칭 · 인터넷 도메인이름을 변경하는 경우	
법인 · 법인으로 보는 단체 외의 단체의 대표자를 변경하는 경우	신청일부터 2일 이내 재발급 (주요 정정 항목)
사업종류에 변동이 있는 경우	
사업장을 이전하는 경우	
상속으로 인한 사업자의 명의가 변경되는 경우	
공동사업자의 구성원 또는 출자지분의 변경이 있는 경우	
임대인, 임대차 목적물 · 면적, 보증금, 차임 또는 임대차기간의 변경이 있거나 새로이 상가건물을 임차하는 경우	
그 밖의 사유	

🔖 **사업자등록의무 위반에 대한 제재**

1. 매입세액불공제 : 사업자등록을 신청하기 전의 매입세액은 매출세액에서 공제 안됨[다만, 공급시기가 속하는 과세기간이 끝난 후 20일 이내에 등록을 신청한 경우 등록신청일부터 공급시기가 속하는 과세기간의 기산일(1.1. 또는 7.1.)까지 역산한 기간 내의 매입세액은 공제가능]
2. 가산세 : 미등록가산세, 타인명의등록가산세 부과

사업자등록증

(　　　　　　　　　　)

등록번호 :

① 법인명(단체명) :

② 대표자 :

③ 개업 연월일 :　　　년　　　월　　　일　　　④ 법인등록번호 :

⑤ 사업장 소재지 :

⑥ 본점 소재지 :

⑦ 사업의 종류 :

업태	종목	생산 요소

⑧ 발급 사유 :

⑨ 주류판매신고번호 :

⑩ 사업자 단위 과세 적용사업자 여부 : 여(　) 부(　)

⑪ 전자세금계산서 전용 전자우편주소 :

년　　　월　　　일

○○세무서장　　| 직인 |

4-4-1 과세대상 거래와 과세방법

부가가치세법상 과세대상 거래는 ① 사업자가 행하는 재화 또는 용역의 공급 ② 재화의 수입(재화의 수입자가 사업자인지 여부 불문)이다. 용역의 수입은 통관절차를 거치지 않아 실체 확인의 어려움으로 인하여 과세대상 거래로 규정하고 있지 않다.

사업자가 행하는 재화 또는 용역의 공급에 대한 과세방법은 공급자(사업자)가 공급받는 자(사업자 여부 불문)로부터 부가가치세를 거래징수하여 납부하고, 재화를 수입하는 경우에 대한 과세방법은 세관장이 수입자(사업자 여부 불문)로부터 부가가치세를 징수하여 납부한다.

과세대상 거래와 과세방법을 정리하면 다음과 같다.

과세대상 거래	과세방법
사업자가 행하는 재화 또는 용역의 공급	공급자(사업자)가 공급받는 자(사업자 여부 불문)로부터 부가가치세를 거래징수하여 세무서에 납부
재화의 수입	세관장이 수입자(사업자 여부 불문)로부터 부가가치세를 징수하여 세무서에 납부

> **과세대상 거래 여부 사례**
> 1. 파아노판매 사업자(과세사업자)가 사업에 사용하던 비품을 ① 다른 과세사업자에게 판매한 경우 ② 면세사업자에게 판매한 경우 ③ 사업자가 아닌 개인에게 판매한 경우 : 과세사업자(공급자)가 행한 재화의 공급이기 때문에 공급받는 자가 과세사업자인지, 면세사업자인지, 사업자가 아닌 개인인지 여부를 불문하고 과세대상 거래에 해당
> 2. 사업자가 아닌 개인이 사용하던 중고자동차를 중고자동차매매사업자에게 판매한 경우 : 사업자가 행한 재화의 공급이 아니기 때문에 과세대상 거래에 해당되지 않음
> 3. 사업자가 아닌 개인이 과세대상인 커피캡슐을 수입한 경우 : 재화의 수입의 경우에는 수입자가 사업자인지 여부를 불문하고 과세대상 거래에 해당

한편, 부가가치세 과세대상 거래일지라도 부가가치세가 과세되는지 여부는 원칙적으로 거래당사자간의 대가(금전 등)관계(주고 받는 관계)가 있는 경우에는 부가가치세가 과세되고, 대가관계가 없으면 부가가치세가 과세되지 않는다(현행 부가가치세법에는 대가관계가 없더라도 부가가치세 과세대상 거래로 보아 과세하는 간주공급 규정이 있음).

4-4-2 재화의 공급

재화란, 재산가치(경제적 교환가치가 있는 것)가 있는 모든 물건(상품, 제품, 원료, 기계, 건물 등 모든 유체물 및 전기, 가스, 열 등 관리할 수 있는 자연력) 및 권리(광업권, 특허권, 저작권 등 물건 외에 재산적 가치가 있는 모든 것)을 말한다(그러나 수표·어음이나 상품권 등의 화폐대용증권은 재화로 보지 않음).

재화의 공급이란, 계약상 또는 법률상의 모든 원인에 따라 재화를 인도(동산에 대한 소유권 이전) 또는 양도(부동산에 대한 소유권 이전)하는 것을 말한다.

구 분	내 용
계약상 원인에 의한 재화의 공급	• 매매계약에 의한 재화의 공급 • 가공계약에 의한 재화의 공급 • 교환계약에 의한 재화의 공급 • 현물출자 등에 의한 재화의 공급
법률상 원인에 의한 재화의 공급	• 경매, 수용 등에 의한 재화의 공급(다만, 법률에 따른 경매 및 수용절차에 따라 재화를 인도하거나 양도하는 것과 법률에 따른 사업시행자의 매도청구에 따라 재화를 인도·양도하는 것은 재화의 공급으로 보지 않음)

> **용어 설명 : 현물출자, 수용**
>
> 1. 현물출자 : 사업자가 법인의 설립 또는 개인공동사업을 위하여 자본금 또는 출자금을 금전 이외의 재산으로 출연하는 것
> 2. 수용 : 특정한 공익사업을 위하여 개인의 재산권을 법률에 의하여 강제적으로 취득하는 것

매매계약에 의한 재화의 공급이란 현금판매, 외상판매, 할부판매, 장기할부판매, 조건부 및 기한부판매, 위탁판매와 그 밖의 매매계약에 따라 재화를 인도·양도하는 것을 말하며, 가공계약에 의한 재화의 공급이란 자기가 주요자재의 전부 또는 일부를 부담하고 상대방으로부터 인도받은 재화를 가공하여 새로운 재화를 만드는 가공계약에 따라 재화를 인도하는 것을 말한다. 그리고 교환계약에 의한 재화의 공급이란 재화의 인도대가로서 다른 재화를 인도받거나 용역을 제공받는 교환계약에 따라 재화를 인도·양도하는 것을 말하며, 현물출자 등에 의한 재화의 공급이란 현물출자 등을 위해 재화를 인도하는 것과 출자지분의 현물반환을 말한다.

한편, 다음의 경우는 재화의 공급으로 보지 아니한다.

구 분	내 용
재화의 담보 제공	질권, 저당권, 양도담보의 목적으로 동산, 부동산 및 부동산상의 권리를 제공하는 것
사업(포괄)양도	사업장별로 사업에 관한 모든 권리·의무를 포괄승계시키는 것

구 분	내 용
조세의 물납	사업용 자산을 상속세 및 증여세법, 지방세법에 따라 국가 등에 물납하는 것

> **용어 설명 : 질권, 저당권, 양도담보**
>
> 1. 질권 : 질권자가 채권의 담보로 채무자 또는 제3자가 제공한 목적물을 점유하고 그 목적물에 대하여 다른 채권자보다 자기채권의 우선변제를 받을 수 있는 권리
> 2. 저당권 : 저당권자가 채무자 또는 제3자가 점유를 이전하지 아니하고 채무의 담보로 제공한 부동산상의 지상권·전세권 및 등기한 선박 등에 대하여 다른 채권자보다 자기채권의 우선변제를 받을 수 있는 권리
> 3. 양도담보 : 채권보전의 목적으로 물건의 소유권 또는 기타의 재산권을 채권자에게 이전하고 계약기간 내에 채무변제의무를 이행하지 아니한 때에는 채권자가 그 목적물로부터 우선변제를 받고, 채무변제를 이행한 때에는 그 소유자에게 반환하는 것

재화의 담보제공은 담보권자가 담보로 제공된 목적물(담보물)에 대한 우선변제권을 가질 뿐 그 자체를 사용·소비할 수 있는 것이 아니므로 재화의 공급으로 보지 않는다. 다만, 채무불이행으로 인하여 담보권이 실행되어 담보물이 담보권자 또는 제3자에게 인도·양도된 때에는 재화의 공급으로 과세된다. 사업(포괄)양도는 일반적으로 공급가액과 부가가치세액이 커기 때문에 사업양수자의 자금부담을 덜어주어 위한 목적에서 재화의 공급으로 보지 않고, 조세의 물납은 재화를 공급받는 자인 국가 등으로 부터의 거래징수가 불가능하기 때문에 조세행정상의 편의를 위해 재화의 공급으로 보지 아니한다.

4-4-3 용역의 공급

용역이란, 재화 외의 재산 가치가 있는 모든 역무(노동력 및 서비스)와 그 밖의 행위(시설물·권리 등 재화를 사용하게 하는 것)를 말하는 것으로 ① 건설업 ② 숙박 및 음식점업 ③ 부동산업(다만, 전·답·과수원·목장용지·임야·염전임대업 제외) ④ 그 밖에 열거된 사업에 해당하는 모든 역무와 그 밖의 행위로 한다.

용역의 공급이란, 계약상 또는 법률상의 모든 원인에 따라 역무를 제공하거나 시설물·권리 등 재화를 사용하게 하는 것을 말한다. 용역의 공급에 해당하는 대표적인 형태는 다음의 것들이 있다.

구 분	내 용
건설업	건설업자가 주요자재의 전부 또는 일부를 부담하는 것
단순가공용역	자기가 주요자재를 전혀 부담하지 아니하고 상대방으로부터 인도받은 재화를 단순히 가공만 해 주는 것
Know-how의 제공	산업상·상업상 또는 과학상의 지식·경험 또는 숙련에 관한 정보를 제공하는 것

한편, 다음의 경우는 용역의 공급으로 보지 아니한다.

구 분	내 용
용역의 무상공급	• 원칙 : 사업자가 대가를 받지 아니하고 타인에게 용역을 공급하는 것 • 예외 : 사업자가 특수관계인에게 사업용부동산의 임대용역을 무상으로 공급하는 것은 용역의 공급에 해당
근로의 제공	고용관계에 의한 근로의 제공

4-4-4 재화의 수입

재화의 수입이란, 다음 어느 하나에 해당하는 물품을 국내에 반입하는 것을 말한다.

• 외국으로부터 국내에 도착한 물품(외국선박에 의하여 공해에서 채집되거나 잡힌 수산물 포함)으로서 수입신고 가 수리되기 전의 것
• 수출신고가 수리된 물품(수출신고가 수리된 물품으로서 선적되지 아니한 물품을 보세구역에서 반입하는 경우 는 제외) : 수출신고가 수리된 물품으로서 선적된 물품을 의미

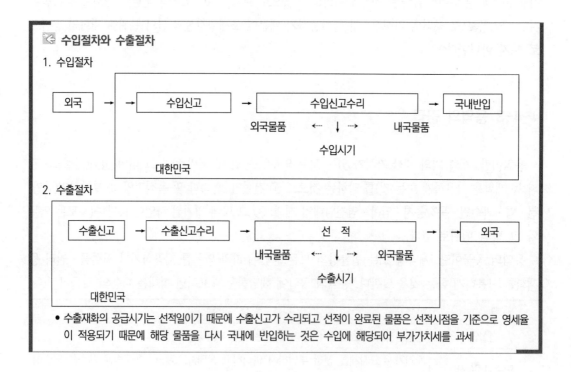

수입절차와 수출절차

1. 수입절차

외국 → → 수입신고 → 수입신고수리 → 국내반입

외국물품 ←-- ↓ --→ 내국물품

수입시기

대한민국

2. 수출절차

수출신고 → 수출신고수리 → 선 적 → → 외국

내국물품 ←-- ↓ --→ 외국물품

수출시기

대한민국

• 수출재화의 공급시기는 선적일이기 때문에 수출신고가 수리되고 선적이 완료된 물품은 선적시점을 기준으로 영세율 이 적용되기 때문에 해당 물품을 다시 국내에 반입하는 것은 수입에 해당되어 부가가치세를 과세

과세표준과 세율

4-5-1 과세표준

과세표준이란, 세액의 계산하기 위해 과세물건을 가액 또는 수량 등으로 수치화한 것으로 세액산출의 기준이 되는 것을 말한다.

부가가치세의 경우 일반과세자의 재화·용역의 공급에 대한 과세표준은 해당 과세기간에 공급한 재화·용역의 공급가액(부가가치세가 제외된 금액)을 합한 금액이고, 간이과세자의 재화·용역의 공급에 대한 과세표준은 해당 과세기간에 공급한 재화·용역의 공급대가(부가가치세가 포함된 금액)을 합한 금액이다. 한편, 부가가치세가 포함되었는지 여부가 불분명한 경우에는 영수할 금액의 110분의 100에 해당하는 금액이 공급가액이 된다.

4-5-2 세율

세율이란, 세액을 산출하기 위해 과세표준에 곱하는 비율을 말한다. 부가가치세의 경우 세율은 10%이고, ① 재화의 수출 ② 용역의 국외공급 ③ 외국항행용역의 공급 ④ 그 밖의 외화획득 재화 또는 용역 공급 등 영세율 적용대상에 대해서는 0%세율을 적용한다.

과세기간과 신고·납부

4-6-1 일반과세자의 과세기간과 신고·납부

과세기간이란, 세금의 과세표준을 계산하기 위한 시간적 단위를 말한다. 일반과세자의 과세기간과 신고·납부기한은 다음과 같다.

구 분	제1기 과세기간		제2기 과세기간	
	예정신고기간	확정신고기간	예정신고기간	확정신고기간
과세기간	1. 1. ~ 3. 31.	4. 1. ~ 6. 30.	7. 1. ~ 9. 30.	10. 1. ~ 12. 31.
신고·납부기한	4. 25.	7. 25.	10. 25.	다음 연도 1. 25.

일반과세자의 신고와 납부

구분		제1기 과세기간	제2기 과세기간
법인 사업자	예정신고와 납부	예정신고기간이 끝난 후 25일 이내 신고 · 납부(1월~3월분)	예정신고기간이 끝난 후 25일 이내 신고 · 납부(7월~9월분)
	확정신고와 납부	과세기간이 끝난 후 25일(폐업의 경우 폐업일이 속한 달의 다음 달 25일) 이내 신고 · 납부(4월~6월분)	과세기간이 끝난 후 25일(폐업의 경우 폐업일이 속한 달의 다음 달 25일) 이내 신고 · 납부(10월~12월분)
개 인 사업자와 영세법인 사업자*	예정고지와 납부	세무서장이 예정신고기간의 납부세액을 결정(직전 과세기간 납부세액의 50%)하여 고지 후 예정신고기한까지 징수(예정신고 · 납부 가능한 예외조항 존재)	세무서장이 예정신고기간의 납부세액을 결정(직전 과세기간 납부세액의 50%)하여 고지 후 예정신고기한까지 징수(예정신고 · 납부 가능한 예외조항 존재)
	확정신고와 납부	과세기간이 끝난 후 25일(폐업의 경우 폐업일이 속한 달의 다음 달 25일) 이내 신고 · 납부(1월~6월분)	과세기간이 끝난 후 25일(폐업의 경우 폐업일이 속한 달의 다음 달 25일) 이내 신고 · 납부(7월~12월분)

* 영세법인사업자란 직전 과세기간 공급가액의 합계액이 1억 5천만원 미만인 법인사업자

일반과세자의 과세기간은 1년을 2개의 과세기간으로 구분하여 1월 1일부터 6월 30일까지를 제1기 과세기간, 7월 1일부터 12월 31일까지를 제2기 과세기간이라 하고 각 과세기간은 3개월 단위로 예정신고기간과 확정신고기간(과세기간 최종3월)으로 구분한다.

일반과세자 부가가치세의 신고와 납부는 각 과세기간별로 하도록 하고 있지만, 국가의 재정수입 조기확보와 납세의무자의 일시 납부로 인한 세부담을 덜어주기 위해 각 과세기간의 예정신고기간에 대한 세금을 미리 신고 · 납부하도록 하고 있다. 그러나 일반과세자 중 개인사업자와 영세법인사업자는 1년에 4번 신고 · 납부해야 하는 것이 부담스러운 경우도 있기 때문에 예정신고기간에 대해서는 원칙적으로 신고 · 납부가 아닌 세무서장이 고지한 세액을 납부하도록 하고 있다.

4-6-2 간이과세자의 과세기간과 신고 · 납부

간이과세자의 과세기간은 1월 1일부터 12월 31일까지로 하여 1년을 1개의 과세기간으로 한다. 간이과세자의 과세기간과 신고 · 납부기한은 다음과 같다.

과세기간	1. 1. ~ 12. 31
신고 · 납부기한	다음 연도 1. 25.

간이과세자의 신고와 납부

구분	과세기간
예정부과와 납부	세무서장이 예정부과기간(1.1~6.30)의 납부세액을 결정(직전 과세기간 납부세액의 50%)하여 부과 후 예정부과기한(예정부과기간이 끝난 후 25일 이내)까지 징수(예정신고 · 납부 가능한 예외조항 존재)
확정신고와 납부	과세기간이 끝난 후 25일(폐업의 경우 폐업일이 속한 달의 다음 달 25일) 이내 신고 · 납부(1월~12월분)

간이과세자 부가가치세의 신고와 납부는 1월 1일부터 12월 31일까지의 과세기간에 대해 다음 연도 1월 25일까지 1년에 1회 신고 · 납부하도록 하고 있지만, 납세의무자의 일시 납부로 인한 세부담을 덜어주기 위해 1월 1일부터 6월 30일까지를 예정부과기간으로 하여 세무서장이 고지한 세액을 미리 납부(7월 25일까지)하도록 하고 있다.

4-6-3 신규사업개시자와 폐업자의 과세기간

신규사업개시자의 최초 과세기간과 폐업자의 최종 과세기간은 다음과 같다.

구 분	과세기간
신규사업개시자의 최초 과세기간	사업개시일 또는 사업자등록 신청일 중 빠른 날 ~ 과세기간 종료일
폐업자의 최종 과세기간	과세기간 개시일 ~ 폐업일

4-7-1 납세지

납세지란, 과세관청이 세금부과징수에 관한 권리행사와 납세의무자의 납세의무 및 협력의무 이행을 위한 장소를 말한다. 납세의무자별 납세지는 다음과 같다.

구 분		납세지
사업자	원 칙	각 사업장 소재지 : 사업장단위 신고·납부 • 2 이상의 사업장을 가진 사업자도 사업장 단위로 신고·납부
	특 례	• 주사업장 총괄납부제도 : 주사업장에서 납부(환급)만 총괄 • 사업자단위 과세제도 : 사업자의 본점 또는 주사업장에서 모든 의무 총괄
재화를 수입하는 자		관세법에 따라 수입을 신고하는 세관의 소재지

과세관할은 납세의무자가 사업자인 경우는 사업자의 납세지를 관할하는 세무서장 또는 지방국세청장이 되고, 재화를 수입하는 자의 경우는 재화를 수입하는 자의 납세지를 관할하는 세관장이 된다.

4-7-2 사업장

사업장이란, 사업자가 사업을 하기 위하여 거래의 전부 또는 일부를 하는 고정된 장소를 말하며, 사업장에 해당되는지 여부는 부가가치세법에서 규정하고 있는 제반의무를 이행해야 하는지를 결정하는데 있어서 중요하다. 주요 사업형태별 사업장은 다음과 같다.

사업 형태	사 업 장
광업	광업사무소의 소재지
제조업	최종제품을 완성하는 장소 • 따로 제품의 포장만 하거나 용기에 충전만 하는 장소는 제외
건설업·운수업·부동산매매업	• 법인사업자 : 법인의 등기부상 소재지(등기부상 지점소재지 포함) • 개인사업자 : 사업에 관한 업무총괄장소
부동산임대업	부동산의 등기부상 소재지

사 업 형 태	사 업 장
무인자동판매기를 통해 재화 · 용역을 공급하는 사업	사업에 관한 업무를 총괄하는 장소 • 무인자동판매기 설치장소가 아님
다단계판매원이 재화 · 용역을 공급하는 사업	해당 다단계판매원이 등록한 다단계판매업자의 주된 사업장의 소재지
비거주자 · 외국법인인 경우	비거주자 · 외국법인의 국내사업장
사업장을 설치하지 아니한 경우	사업자의 주소 또는 거소 • 사업장을 설치하지 아니하고 사업자등록도 하지 아니한 경우 : 과세표준 및 세액을 결정하거나 경정할 당시의 사업자의 주소 또는 거소

한편, 위의 사업형태별 사업장 외의 장소도 사업자의 신청에 따라 추가로 사업장으로 등록할 수 있다(다만, 무인자동판매기를 통하여 재화 · 용역을 공급하는 사업의 경우에는 신청에 의해 다른 장소를 사업장으로 등록할 수 없음).

사업자의 경우 직매장, 하치장 또는 임시사업장을 가지고 있을 수도 있는데, 이러한 장소가 사업 장에 해당되는지 여부는 다음과 같다.

구 분	개 념	사업장 여부	사업자 의무
직매장	자기의 사업과 관련하여 생산하 거나 취득한 재화를 직접 판매하 기 위하여 특별히 판매시설을 갖 춘 장소	사업장 ○	• 사업자등록을 포함한 제반의무
하치장	재화를 보관하고 관리할 수 있는 시설만 갖춘 장소(거래의 전부 또는 일부가 이루어지지 아니하 는 장소)	사업장 ×	• 하치장설치신고서를 하치장 관할 세무서장에게 제출(하치장 둔 날~10일 이내) • 하치장 관할 세무서장은 납세지 관할 세무서장에게 통보(하치장 설치신고를 받은 날~10일 이내)
임 시 사업장	각종 경기대회나 박람회 등 행사 가 개최되는 장소에 개설한 임시 사업장	별도사업장 × (기존사업장에 포함)	• 임시사업장 관할 세무서장에게 개설 · 폐쇄 신고 (임시사업장 사업개시일~10일 이내 개설신고, 폐쇄일~10일 이내 폐쇄신고) • 설치기간 10일 이내이면 개설신고 생략 가능

4-7-3 주사업장 총괄납부제도와 사업자단위 과세제도

주사업장 총괄납부제도란, 사업자에게 2개 이상의 사업장이 있는 경우 신청에 의하여 각 사업장의 납부세액 및 환급세액을 총괄하여 주사업장의 관할 세무서장에게 납부·환급할 수 있도록 한 제도를 말하며, 이 제도를 만든 취지는 사업자의 자금부담을 완화시켜주기 위함이다. 예를 들면, 2개의 사업장을 가진 사업자가 한 사업장에서는 납부세액이 있고, 다른 사업장은 환급세액이 있는 경우 부가가치세법상 납부를 먼저하고 환급은 나중에 받게 되어 있기 때문에 자금부담이 생길수 있는데 이러한 상황에서 주사업장 총괄납부제도를 이용하면 자금부담을 완화시킬 수 있다.

주사업장 총괄납부제도와 관련된 내용은 다음과 같다.

구 분	내 용
주사업장 범위	• 법인 : 본점(주사무소 포함) 또는 지점(분사무소 포함) 중 선택 가능 • 개인 : 주사무소(분사무소 선택 불가)
신청	• 계속사업자 : 총괄납부하고자 하는 과세기간 개시 20일 전(제1과세기간의 경우는 12월 11일까지, 제2과세기간의 경우는 6월 10일까지)에 주사업장 관할 세무서장에게 신청(신청일이 속하는 과세기간의 다음 과세기간부터 총괄하여 납부) • 신규사업자 : 주사업장의 사업자등록증을 받은 날부터 20일 이내에 주사업장 관할 세무서장에게 신청(신청일이 속하는 과세기간부터 총괄하여 납부)
효과	납부(환급)만 총괄 : 사업자등록·세금계산서수수·세액계산·신고·수정신고·경정청구등 나머지 의무는 사업장별로 이행, 결정·경정의 관할기관 판정기준도 각 사업장 기준으로 판정

사업자단위 과세제도란, 사업자에게 2개 이상의 사업장이 있는 경우 사업장이 아닌 사업자단위로 모든 납세의무를 이행할 수 있도록 한 제도를 말하며, 이 제도를 만든 취지는 납세의무자의 납세편의를 도모하기 위함이다. 사업자단위 과세제도와 관련된 내용은 다음과 같다.

구 분	내 용
주사업장 범위	• 법인 : 본점(주사무소 포함)[지점(분사무소) 선택 불가] • 개인 : 주사무소(분사무소 선택 불가)
신청	• 사업장단위로 등록한 사업자가 사업자 단위로 변경하려는 경우 : 사업자단위 과세사업자로 적용받으려는 과세기간 개시 20일 전까지 사업자의 본점 또는 주사무소 관할 세무서장에게 변경등록 신청(신청일이 속하는 과세기간의 다음 과세기간부터 사업자단위과세 적용) • 신규사업자 : 사업개시일로부터 20일 이내 사업자단위로 사업자의 본점 또는 주사무소 관할 세무서장에게 사업자등록 신청(신청일이 속하는 과세기간부터 사업자단위과세 적용)
효과	모든 의무 총괄 ➡ 사업자등록·세금계산서수수·세액계산·신고·수정신고·경정청구 등 모든 의무를 총괄, 결정·경정의 관할기관 판정기준도 본점·주사무소임

01. 다음 중 부가가치세법상 용어의 설명이 가장 틀린 것은?

① '일반과세자'란 사업자등록을 마친 사업자를 말한다.

② '용역'이란 재화 외에 재산 가치가 있는 모든 역무와 그 밖의 행위를 말한다.

③ '재화'란 재산 가치가 있는 물건 및 권리를 말한다.

④ '사업자'란 영리목적 유무에 관계없이 사업상 독립적으로 재화 또는 용역을 공급하는 자를 말한다.

02. 다음 중 부가가치세법에 대한 설명으로 잘못된 것은?

① 재화란 재산 가치가 있는 물건과 권리를 말하며, 역무는 포함되지 않는다.

② 사업자란 사업 목적이 영리이든 비영리이든 관계없이 사업상 독립적으로 재화 또는 용역을 공급하는 자를 말한다.

③ 재화 및 용역을 일시적 · 우발적으로 공급하는 자는 부가가치세법상 사업자에 해당하지 않는다.

④ 간이과세자란 직전 연도의 공급대가 합계액이 5,000만원에 미달하는 사업자를 말한다.

03. 다음 중 부가가치세법상 사업자로 분류되지 않는 것은?

① 면세사업자   ② 일반과세자(법인)

③ 일반과세자(개인)   ④ 간이과세자

04. 다음 중 부가가치세법상 납세의무자가 아닌 것은?

① 일반과세자   ② 간이과세자

③ 면세사업자   ④ 재화를 수입하는 자

05. 다음은 부가가치세법상 사업자와 관련된 내용이다. 틀린 것은?

① 개인사업자는 일반과세자 또는 간이과세자가 될 수 있다.

② 법인사업자는 간이과세자가 될 수 없다.

③ 면세사업자는 부가가치세법상 사업자가 아니다.

④ 간이과세자는 직전 연도의 공급가액의 합계액이 4,800만원 이하인 자를 말한다.

06. 다음 중 부가가치세법상 내용으로 옳지 않은 것은?

① 간이과세자는 개인만 가능하며, 법인은 절대로 불가능하다.

② 일반과세자란 간이과세자가 아닌 사업자를 말한다.

③ 재화를 수입하는 자는 부가가치세법상 납세의무자이다.

④ 사업목적이 비영리이며 사업상 독립적으로 재화나 용역을 공급하는 자는 사업자가 아니다.

07. 다음은 부가가치세법상 사업자에 대한 설명으로 가장 옳은 것은?

① 과세사업자라 하더라도 사업자등록은 선택적으로 할 수 있다.

② 사업자란 영리목적의 유무는 불문한다.

③ 재화를 수입하는 자도 사업자에 한하여 부가가치세 납세의무를 진다.

④ 과세사업과 면세사업을 겸영하는 자를 겸영사업자라 하며 겸영사업자는 부가가치세 납세의무가 없다.

08. 부가가치세법상 납세의무에 관한 설명으로 옳지 않은 것은?

① 영리목적의 유무에 불구하고 사업상 독립적으로 과세대상 재화를 공급하는 자는 납세의무가 있다.

② 과세의 대상이 되는 행위 또는 거래의 귀속이 명의일 뿐이고 사실상 귀속되는 자가 따로 있는 경우라 하더라도 명의자에 대하여 부가가치세법을 적용한다.

③ 영세율적용대상 거래만 있는 사업자도 부가가치세법상 신고의무가 있다.

④ 재화를 수입하는 자는 수입재화에 대한 부가가치세 납세의무가 있다.

09. 다음 중 부가가치세법에 대한 설명으로 옳지 않은 것은?

① 부가가치세법상 과세사업자는 일반과세자와 간이과세자로 구분할 수 있다.
② 국가 및 지방자치단체는 부가가치세를 납부할 의무가 없다.
③ 부가가치세는 원칙적으로 사업장별로 과세한다.
④ 부가가치세는 간접세이다.

10. 다음 중 부가가치세법상 납세의무자에 대한 설명으로 가장 잘못된 것은?

① 납세의무자는 개인과 법인을 불문한다.
② 재화를 수입하는 자는 그 재화의 수입에 대한 부가가치세 납세의무가 있다.
③ 비사업자가 일시적으로 재화를 공급해도 부가가치세 납세의무가 있다.
④ 과세사업자는 일반과세자와 간이과세자로 구분된다.

11. 다음 중 부가가치세법상 사업자에 대한 설명으로 옳지 않은 것은?

① 영리목적이 있어야만 사업자에 해당된다.
② 면세사업자는 부가가치세 납세의무가 없다.
③ 간이과세자는 부가가치세 납세의무가 있다.
④ 사업자는 사업상 독립적으로 재화 또는 용역을 공급하는 자를 말한다.

12. 다음 부가가치세법상 납세의무자에 대한 설명 중 잘못된 것은?

① 부가가치세법상 납세의무자는 사업자 또는 재화를 수입하는 자이다.
② 부가가치세법상 면세사업자는 납세의무자에 해당한다.
③ 부가가치세법상 간이과세자는 납세의무자에 해당한다.
④ 부가가치세법상 일반과세자는 납세의무자에 해당한다.

13. 다음은 부가가치세법상 사업자등록에 관한 내용이다. (   )에 알맞은 숫자는?

> 사업자등록은 사업장마다 사업개시일로부터 (   )일 이내에 사업장 관할 세무서장에게 신청하여야 한다.
> 단, 신규로 사업을 시작하려는 자는 사업개시일 전이라도 등록할 수 있다.

① 5   ② 10
③ 15   ④ 20

14. 김경인씨는 20×2년 2월 2일 신발도매업 사업을 신규로 개시하였다. 다음 중 부가가치세법상 김경인씨는 사업자등록을 언제까지 신청하여야 하는가?

    ① 2월 22일　　　　　　　　　② 2월 25일

    ③ 2월 28일　　　　　　　　　④ 3월 2일

15. 다음 중 부가가치세법상 폐업사유에 해당하는 것은?

    ① 회사 명칭을 변경하는 때　　　② 사업의 종류에 변동이 있는 때

    ③ 개인사업자가 사업을 증여하는 때　　　④ 상속으로 사업자의 명의가 변경되는 때

16. 다음 중 부가가치세법상 사업자등록 정정사유가 아닌 것은?

    ① 상호 변경　　　　　　　　　② 상속으로 인한 사업자 명의 변경

    ③ 증여로 인한 사업자 명의 변경　　　④ 사업장 주소 변경

17. 다음 중 부가가치세법상 사업자등록의 정정사유가 아닌 것은?

    ① 사업의 종류를 변경 또는 추가하는 때　② 사업장을 이전하는 때

    ③ 법인의 대표자를 변경하는 때　　　④ 개인이 대표자를 변경하는 때

18. 다음 중 사업자등록 정정사유가 아닌 것은?

    ① 통신판매업자가 사이버몰의 명칭 또는 인터넷 도메인 이름을 변경하는 때

    ② 공동사업자의 구성원 또는 출자지분의 변동이 있는 때

    ③ 증여로 인하여 사업자의 명의가 변경되는 때

    ④ 법인사업자의 대표자를 변경하는 때

19. 다음 중 부가가치세법상 사업자등록에 관한 내용으로 가장 옳지 않은 것은?

    ① 사업자는 원칙적으로 사업장마다 사업자등록을 신청해야 한다.

    ② 사업자등록신청은 사업개시일부터 20일 이내에 사업장 관할 세무서장에게 신청해야 한다.

    ③ 신규사업자의 경우 사업개시일 이전에는 사업자등록 신청이 불가능하다.

    ④ 사업자등록신청은 관할 세무서장이 아닌 다른 세무서장에게도 신청이 가능하다.

20. 다음 중 부가가치세법상 사업자등록과 관련된 설명으로 틀린 것은?

① 사업자는 원칙적으로 사업장마다 사업개시일부터 20일 이내에 사업자등록을 하여야 한다.

② 신규로 사업을 시작하려는 자는 사업개시일 전에 사업자등록을 할 수 없다.

③ 사업장이 둘 이상인 사업자는 사업자 단위로 해당 사업자의 본점 또는 주사무소 관할 세무서장에게 등록을 신청할 수 있다.

④ 사업자는 사업자등록의 신청을 사업장 관할 세무서장이 아닌 다른 세무서장에게도 할 수 있다.

21. 부가가치세법상 사업자등록에 대한 설명으로 틀린 것은?

① 사업자는 사업개시일부터 20일 이내에 사업장 관할 세무서장에게 사업자등록을 신청하여야 한다.

② 사업자등록의 신청은 사업장 관할 세무서장이 아닌 다른 관할 세무서장에게도 신청할 수 있다.

③ 신규로 사업을 시작하려는 자는 사업 개시일 이후에만 사업자등록을 신청해야 한다.

④ 사업자는 휴업 또는 폐업을 하거나 등록사항이 변경되면 지체없이 사업장 관할 세무서장에게 신고하여야 한다.

22. 다음 중 부가가치세법상 사업자등록에 대한 설명으로 옳지 않은 것은?

① 부가가치세법상 사업자등록은 원칙적으로 사업장별로 하여야 한다.

② 사업자등록증의 발급은 신청일로부터 2일 이내(현장확인이 필요하다고 국세청장이 인정하는 경우에는 5일 이내에 연장 가능)에 이루어져야 한다.

③ 사업자등록증의 효력은 접수일이 아니고 개업일부터 발생한다.

④ 신규사업개시자는 사업개시일 이전에 사업자등록이 가능하다.

23. 다음 중 부가가치세법상 사업자등록 정정사유가 아닌 것은?

① 상호를 변경하는 경우

② 사업의 종류에 변동이 있는 경우

③ 별도의 사업장이 있는 사업자의 주소지가 변경된 경우

④ 상속으로 사업자의 명의가 변경되는 경우

24. 다음 중 부가가치세법상 사업자등록에 대한 설명으로 가장 옳지 않은 것은?

① 사업자등록 신청시 사업장을 임차한 경우 임대차계약서 사본을 제출해야 한다.

② 사업자단위과세사업자라도 사업장마다 사업자등록을 신청해야 한다.

③ 사업자등록을 신청하지 않은 경우 미등록가산세가 부과될 수 있다.

④ 사업자등록을 신청하지 않은 경우 관할 세무서장이 직권으로 등록할 수 있다.

25. 다음 중 부가가치세법상 사업자등록에 관한 내용으로 틀린 것은?

① 신규사업자의 경우 사업개시일 전이라도 사업자등록을 신청할 수 있다.

② 원칙적으로 사업장마다 사업자등록을 하여야 한다.

③ 사업개시일로부터 20일 이내에 신청하여야 한다.

④ 사업자등록을 한 후에는 등록사항을 정정할 수 없다.

26. 다음 중 부가가치세법상 사업자등록에 관한 내용으로 옳지 않은 것은?

① 사업자등록 신청을 받은 관할 세무서장은 등록을 거부할 수 없다.

② 사업자가 사업자등록을 하지 아니하는 경우에는 관할 세무서장이 직권으로 등록할 수 있다.

③ 사업자등록의 정정사유가 발생한 경우 지체없이 사업자등록 정정신고를 해야 한다.

④ 면세사업과 과세사업을 겸영하는 사업자도 사업자등록을 하여야 한다.

27. 다음 중 부가가치세 과세대상 거래에 해당하지 않는 것은?

① 사업자가 행하는 재화의 공급   ② 사업자가 행하는 용역의 공급

③ 재화의 수입   ④ 용역의 수입

28. 부가가치세법상 재화를 공급하는 사업에 해당하는 것은?

① 도·소매업   ② 숙박 및 음식점업

③ 교육서비스업   ④ 운수업

29. 다음 중 부가가치세 과세대상 거래에 해당되는 것을 모두 고르면?

가. 재화의 수입	나. 재산적 가치가 있는 권리의 양도
다. (특수관계 없는 자에게)부동산임대용역의 무상공급	라. 국가 등에 무상으로 공급하는 재화

① 가

② 가, 나

③ 가, 나, 라

④ 가, 나, 다, 라

30. 다음 중 부가가치세법상 재화의 공급으로 보지 않는 거래는?

① 사업용 자산으로 국세를 물납하는 것

② 현물출자를 위해 재화를 인도하는 것

③ 장기할부판매로 재화를 공급하는 것

④ 매매계약에 따라 재화를 공급하는 것

31. 다음 중 부가가치세법상 과세대상 거래가 아닌 것은?

① 재화의 공급

② 용역의 공급

③ 재화의 수입

④ 조세의 물납

32. 다음 중 부가가치세법상 재화가 아닌 용역에 해당하는 사업은 모두 몇 개인가?

·운수업	·음식점업
·방송통신업	·금융업
·제조업	·도소매업

① 2개

② 3개

③ 4개

④ 5개

33. 부가가치세법상 재화가 아닌 것은?

① 상품　　　② 운수　　　③ 전기　　　④ 특허권

34. 다음 중 부가가치세법상 과세 대상 재화 또는 용역의 공급에 해당하는 것은?

① 물납

② 담보제공

③ 고용관계에 따른 근로 제공

④ 폐업시 잔존재화

35. 다음 중 부가가치세법상 과세되는 용역의 공급에 대한 설명으로 잘못된 것은?

① 주요 자재의 부담 없이 상대방으로부터 인도받은 재화를 가공만 하는 것은 용역의 공급이다.
② 건설업의 경우 건설자재의 일부를 부담하는 경우에도 용역의 공급으로 본다.
③ 용역의 무상공급은 원칙적으로 과세 대상이다.
④ 특허권을 대여하는 것은 용역의 공급으로 본다.

36. 다음 중 부가가치세법상 과세거래에 해당하는 것은?

① 사업자가 조세에 대하여 물납을 한 경우
② 사업자가 과세재화를 운반하여 주고 대가를 받는 경우
③ 종업원이 고용관계에 의하여 사업자에게 근로를 제공하는 경우
④ 음식점업자가 대가를 받지 아니하고 타인에게 음식을 제공하는 경우

37. 다음 중 부가가치세법상 용역의 공급으로 과세하지 아니하는 것은?

① 고용관계에 의하여 근로를 제공하는 경우
② 건설업자가 건설자재의 전부 또는 일부를 부담하고 공급하는 용역의 경우
③ 상대방으로부터 인도받은 재화에 주요자재를 전혀 부담하지 아니하고 단순히 가공만 하는 경우
④ 사업자가 특수관계 있는 자에게 사업용 부동산의 임대용역을 무상공급하는 경우

38. 다음 중 부가가치세법상 부가가치세가 과세되는 용역의 공급으로 볼 수 없는 것은?

① 부동산임대업자가 특수관계인에게 부동산을 무상으로 임대하는 것
② 고용관계에 따라 근로를 제공하는 것
③ 건설업자가 주요자재의 전부 또는 일부를 제공하는 것
④ 산업상 또는 과학상의 지식 등에 관한 정보를 제공하는 것

39. 다음 중 부가가치세법상 아래의 괄호에 알맞은 것은?

> 사업자가 재화 또는 용역을 공급하고 그 대가로 받은 금액에 부가가치세가 포함되어 있는지가 분명하지 아니한 경우에는 그 대가로 받은 금액에 (   )을 곱한 금액을 공급가액으로 한다.

① 110분의 100　　　　　　　　② 100분의 110

③ 100분의 90　　　　　　　　④ 90분의 100

40. 다음 중 부가가치세법상 법인사업자의 부가가치세 예정신고기간으로 알맞게 묶인 것은?

> ㄱ. 1기 예정신고기간 : 1월 1일~3월 31일　　ㄴ. 1기 예정신고기간 : 1월 1일~ 6월 30일
> ㄷ. 2기 예정신고기간 : 7월 1일~9월 30일　　ㄹ. 2기 예정신고기간 : 7월 1일~12월 31일

① ㄱ, ㄷ　　　　　　　　② ㄴ, ㄹ

③ ㄱ, ㄴ　　　　　　　　④ ㄷ, ㄹ

41. 다음 중 부가가치세법상 계속사업자인 일반과세자의 제1기 과세기간에 해당하는 것은?

① 1월 1일 ~　6월 30일

② 7월 1일 ~ 12월 31일

③ 4월 1일 ~　6월 30일

④ 7월 1일 ~　9월 30일

42. 다음 중 부가가치세법상 내국법인 사업자의 부가가치세 제1기분 예정신고 · 납부 기한으로 옳은 것은?

① 1월 25일　　　　　　　　② 3월 31일

③ 4월 25일　　　　　　　　④ 6월 30일

43. 부가가치세법상 신규법인사업자로 20×2년 8월 10일 사업을 개시한 경우 부가가치세 예정신고 납부기한으로 옳은 것은?

① 20×2년 9월 25일　　　　　　② 20×2년 10월 25일

③ 20×2년 12월 25일　　　　　　④ 20×3년 1월 25일

44. 판매업을 영위하는 김경인씨는 20×2년 4월 1일에 일반과세자로 사업자등록을 하고 사업을 시작하였다. 김경인씨가 최초로 신고·납부하여야 하는 부가가치세 과세기간은?

① 20×2년 1월 1일 ~ 20×2년 6월 30일
② 20×2년 1월 1일 ~ 20×2년 12월 31일
③ 20×2년 4월 1일 ~ 20×2년 6월 30일
④ 20×2년 4월 1일 ~ 20×2년 12월 31일

45. 다음 자료를 보고 20×2년 제2기 부가가치세 확정신고기한으로 옳은 것은?

> · 20×2년 4월 25일 1기 부가가치세 예정신고 및 납부함.
> · 20×2년 7월 25일 1기 부가가치세 확정신고 및 납부함.
> · 20×2년 8월 20일 자금상황의 악화로 폐업함.

① 20×2년 7월 25일   ② 20×2년 8월 31일
③ 20×2년 9월 25일   ④ 20×3년 1월 25일

46. 다음 중 부가가치세법상 과세기간에 대한 설명 중 틀린 것은?

① 계속사업자인 간이과세자 : 1월 1일부터 12월 31일까지
② 계속사업자인 일반과세자 : 1월 1일부터 6월 30일까지, 7월 1일부터 12월 31일까지
③ 신규사업자 : 사업개시일 또는 사업자등록신청일 중 빠른 날부터 그 날이 속하는 과세기간의 종료일
④ 폐업자 : 과세기간의 개시일부터 폐업일이 속하는 과세기간 종료일까지

47. 부가가치세법상 과세기간에 대한 설명으로 옳지 않은 것은?

① 일반과세자의 과세기간은 제1기와 제2기로 구분한다.
② 일반과세자가 4월 25일에 사업자등록을 신청하고 실제 사업개시일은 5월 1일인 경우 5월 1일부터 6월 30일까지가 최초 과세기간이 된다.
③ 간이과세자의 과세기간은 원칙적으로 1월 1일부터 12월 31일까지이다.
④ 간이과세자가 폐업하는 경우의 과세기간은 폐업일이 속하는 과세기간의 개시일부터 폐업일까지로 한다.

48. 다음 중 부가가치세법상 과세기간에 대한 설명으로 틀린 것은?

① 신규사업자 : 사업개시일이 속하는 달의 1일부터 그 날이 속하는 과세기간의 종료일까지

② 폐업자 : 폐업일이 속하는 과세기간 개시일부터 폐업일까지

③ 계속사업자인 간이과세자 : 1월 1일부터 12월 31일까지

④ 계속사업자인 일반과세자 : 1월 1일부터 6월 30일까지, 7월 1일부터 12월 31일까지

49. 다음 중 부가가치세법상 사업장의 범위가 잘못된 것은?

① 광업 : 광업사무소의 소재지

② 제조업 : 최종제품을 완성하는 장소

③ 건설업, 운수업과 부동산매매업 : 법인의 경우 법인등기부상 소재지, 개인의 경우 사업에 관한 업무 총괄장소

④ 비거주자 또는 외국법인 : 사업업무 총괄장소

50. 다음 중 부가가치세법상 사업장으로 옳지 않은 것은?

① 광업 : 광업사무소의 소재지

② 제조업 : 최종제품을 완성하는 장소

③ 부동산임대업 : 사업에 관한 업무를 총괄하는 장소

④ 무인자동판매기업 : 사업에 관한 업무를 총괄하는 장소

51. 다음 중 사업장의 범위에 대한 설명으로 옳지 않은 것은?

① 제조업 : 최종제품을 완성하는 장소

② 건설업 : 법인인 경우 법인의 등기부상 소재지

③ 부동산매매업 : 개인인 경우 사업에 관한 업무를 총괄하는 장소

④ 부동산임대업 : 사업에 관한 업무를 총괄하는 장소

52. 다음 중 부가가치세법상 사업장에 해당하지 않는 것은?

① 판매시설을 갖춘 직매장

② 재화를 보관하는 하치장으로 신고된 장소

③ 제조업의 최종제품을 완성하는 장소

④ 외국법인의 국내사업장

53. 다음 중 부가가치세법상 납세지에 대한 설명으로 틀린 것은?

① 사업자의 부가가치세 납세지는 각 사업장의 소재지로 한다.

② 사업장은 사업자가 사업을 하기 위하여 거래의 전부 또는 일부를 하는 고정된 장소를 말한다.

③ 사업자가 별도로 사업장을 두지 아니하면 사업자등록을 할 수 없다.

④ 재화를 수입하는 자의 부가가치세 납세지는 관세법에 따라 수입을 신고하는 세관의 소재지로 한다.

54. 다음 중 부가가치세법상 사업장에 대한 설명으로 옳지 않은 것은?(세무3, 93-16)

① 직매장은 사업장에 해당한다.

② 건설업 법인의 경우 업무를 총괄하는 장소를 사업장으로 한다.

③ 하치장은 사업장에 해당하지 않는다.

④ 임시사업장의 설치기간이 10일 이내인 경우 개설신고를 하지 않아도 무방하다.

55. 다음 중 부가가치세법상 사업장에 대한 설명으로 틀린 것은?

① 직매장은 사업장으로 보기 때문에 사업자등록을 하여야 하고, 하치장은 사업장으로 보지 않기 때문에 사업자등록은 할 필요가 없지만 하치장설치신고는 하여야 한다.

② 사업장이 있는 사업자가 그 기존사업장 이외에 임시사업장을 개설하려는 경우에는 그 임시사업장은 기존사업장에 포함되는 것으로 한다.

③ 임시사업장을 개설하고자 하는 자는 임시사업장개설신고서를 해당 임시사업장의 사업개시일부터 10일 이내에 임시사업장의 관할 세무서장에게 제출하여야 한다.

④ 임시사업장의 설치기간이 10일 이내인 경우에도 임시사업장개설신고를 하여야 한다.

56. 다음 중 부가가치세법상 사업장에 해당하는 것은?

① 재화를 판매하기 위하여 판매시설을 갖춘 사업장

② 각종 경기대회나 박람회 등 행사가 개최되는 장소에 개설한 임시사업장

③ 재화를 보관하고 관리할 수 있는 시설만 갖춘 장소

④ 건설업(법인)의 경우 건설현장

57. 다음 중 부가가치세법상 주사업장 총괄납부제도에 대한 설명으로 (가)에 들어갈 숫자로 옳은 것은?

> 부가가치세 신고는 각 사업장별로 하고 주사업장에서는 총괄납부만 할 수 있으며, 주사업장 총괄납부 신청은 총괄납부하고자 하는 과세기간 개시 (가)일 전까지 신청하여야 한다.

① 7 　　　　　　　　　　　② 15
③ 20 　　　　　　　　　　④ 25

58. 다음 중 부가가치세 신고·납세지에 대한 설명으로 가장 적절하지 않은 것은?

① 부가가치세는 원칙적으로 사업장마다 신고 납부하여야 한다.
② 재화 또는 용역의 공급이 이루어지는 장소, 즉 사업장을 기준으로 납세지를 정하고 있다.
③ 2 이상의 사업장이 있는 경우 신청 없이 주된 사업장에서 총괄하여 납부할 수 있다.
④ 사업자단위과세사업자는 사업자등록도 본점 등의 등록번호로 단일화하고, 세금계산서도 하나의 사업자등록번호로 발급한다.

59. 다음 중 현행 부가가치세법에 대한 설명으로 가장 틀린 것은?

① 부가가치세는 전단계세액공제법을 채택하고 있다.
② 주사업장총괄납부시 종된 사업장은 부가가치세 신고와 납부의무가 없다.
③ 부가가치세는 0% 또는 10%의 세율을 적용한다.
④ 사업자는 사업장 관할 세무서장이 아닌 다른 세무서장에게도 사업자등록의 신청을 할 수 있다.

60. 부가가치세법상 사업자단위과세제도에 대한 설명이 잘못된 것은?

① 납부 또는 환급에 한하여 주된 사업장에서 총괄하여 납부한다.
② 신청은 법인의 본점 관할 세무서장에게 한다.
③ 사업장별 과세의 비효율을 제거하여 납세협력비용의 부담 감소효과가 있다.
④ 두 개 이상의 사업장이 있는 경우 적용 가능하다.

61. 다음은 부가가치세법상 주사업장총괄납부제도와 사업자단위과세제도에 대한 설명이다. 가장 잘못 설명된 것은?

① 주사업장총괄납부제도의 경우는 법인의 본점 또는 지점을 주된 사업장으로 신청할 수 있다.
② 개인사업자는 주사업장총괄납부를 신청할 수 없다.
③ 주사업장총괄납부를 적용받기 위해서는 적용과세기간 개시 20일 전에 신청을 하여야 한다.
④ 사업자단위과세사업자의 경우에는 부가가치세법상의 모든 의무를 주사업장에서 할 수 있다.

62. 다음은 부가가치세법에 따른 주사업장 총괄납부와 사업자 단위과세에 대한 설명이다. 가장 틀린 것은?

① 주사업장 총괄납부란 사업장이 둘 이상 있는 사업자가 일정한 요건을 갖춘 경우 각 사업장의 납부세액 및 환급세액를 합산하여 주된 사업장에서 총괄하여 납부할 수 있는 제도이다.
② 주사업장 총괄납부 제도는 세액의 납부(환급)만 총괄하는 것이 원칙이나, 별도로 신청하는 경우 주사업장에서 총괄하여 신고가 가능하다.
③ 사업자단위과세를 적용받는 경우 세금계산서의 발급·수취, 부가가치세신고, 납부 및 수정신고, 경정청구 등은 모두 주된 사업장에서 총괄하여 이루어진다.
④ 주사업장 총괄납부와 사업자 단위과세 모두 원칙적으로 적용받고자 하는 과세기간 개시 20일 전까지 관할세무서장에게 신청하여야 적용이 가능하다.

63. 다음 중 부가가치세에 대한 설명으로 틀린 것은?

① 부가가치세의 납세의무자는 영리사업자에 한정한다.
② 부가가치세는 원칙적으로 사업장마다 신고 및 납부하여야 한다.
③ 상품의 단순한 보관·관리만을 위한 장소로 설치신고를 한 장소나 하치장은 사업장이 아니다.
④ 주사업장 총괄납부제도는 사업장별 과세원칙의 예외에 해당된다.

05 거래징수와 거래증빙

5-1 거래징수

거래징수란, 사업자가 재화 또는 용역을 공급하는 경우에 공급가액에 세율을 적용하여 계산한 부가가치세를 재화 또는 용역을 공급받는 자로부터 징수하는 것을 말하며, 과세사업자는 공급받는 자가 누구인지에 관계없이 거래징수의무가 있다(공급받는 자가 과세사업자, 면세사업자, 최종소비자인지에 관계없이 거래징수의무가 있음).

거래징수의 시기는 원칙적으로 사업자가 재화 또는 용역을 공급한 때(공급시기)이며, 이때가 거래증빙의 발급시기이다.

5-2 거래증빙

5-2-1 세금계산서의 개념

세금계산서란(Tax Invoice), 부가가치세가 과세되는 재화 또는 용역을 공급하는 사업자가 공급받는 자로부터 부가가치세를 거래징수하고 그 거래사실 등을 증명하기 위하여 공급받는 자에게 발급하는 세금영수증을 말하며, 세금계산서를 발급받은 사업자(공급받는 자)는 전단계세액공제법에 따라 세금계산서에 적힌 세액(거래징수당한 매입세액)만큼 매출세액에서 공제를 받을 수 있다.

세금계산서의 기능은 다음과 같다(거래계약서의 기능은 없음).

세금계산서 기능	• 거래징수확인서(세금영수증) • 거래증빙자료 • 과세자료(소득세, 법인세의 과세자료) • 송장(공급한 재화·용역 표시) • 영수증(현금거래시 영수증 역할) • 청구서(외상거래시 청구서 역할) 등

세금계산서의 발급의무자는 부가가치세 납세의무자로 사업자등록을 한 일반과세자와 간이과세자이다. 그러나 간이과세자 중 ① 직전 연도의 공급대가 합계액이 4,800만원 미만인 사업자와 ②

신규로 사업을 시작하는 개인사업자로서 간이과세자로 하는 최초의 과세기간 중에 있는 자는 영수증 발급대상자이다. 수입하는 재화에 대해 수입자로부터 거래징수하는 세관장은 수입세금계산서를 발급하여야 하며, 면세사업자는 계산서를 발급하여야 한다. 거래증빙별 발급의무자는 다음과 같다.

거래증빙	발급의무자
세금계산서	• 일반과세자(영세율적용 사업자 포함) 　– 일반과세자 중 주로 사업자가 아닌 자에게 재화·용역을 공급하는 사업자로서 영수증 발급대상사업을 하는 사업자는 세금계산서 대신 영수증 발급 • 간이과세자(영세율 적용 간이과세자 포함) : 직전 연도의 공급대가의 합계액이 4,800만원 이상 8,000만원 미만인 간이과세자만 해당 　– 간이과세자 중 주로 사업자가 아닌 자에게 재화·용역을 공급하는 사업자로서 영수증 발급대상사업을 하는 사업자는 세금계산서 대신 영수증 발급
수입세금계산서	세관장
영수증 (신용카드매출전표 등 포함)	간이과세자 중 직전 연도의 공급대가의 합계액이 4,800만원 미만인 자, 신규로 사업을 시작하는 개인사업자로서 간이과세자로 하는 최초의 과세기간 중에 있는 자만 해당
계산서·영수증 (신용카드매출전표 등 포함)	면세사업자

5-2-2 세금계산서의 기재사항

세금계산서의 기재사항은 필요적 기재사항과 임의적 기재사항으로 구분할 수 있다. 필요적 기재사항은 ① 공급하는 사업자의 등록번호와 성명 또는 명칭 ② 공급받는 자의 등록번호 ③ 공급가액과 부가가치세액 ④ 그 작성연월일(공급연월일은 임의적 기재사항)을 말하며, 세금계산서를 발급할 때 반드시 기재하여야 하는 사항이다. 필요적 기재사항을 기재하지 않고 발급한 경우에는 공급하는 자에게는 가산세가 적용되고, 공급받는 자에게는 매입세액을 공제해 주지 않는다.

5-2-3 세금계산서의 작성 및 발급

세금계산서는 재화 또는 용역을 공급하는 사업자가 동일한 내용의 공급자 보관용 1매와 공급받는 자 보관용 1매를 작성하여, 작성한 세금계산서 중 공급받는 자 보관용 1매는 거래 상대방에게 발급하고 나머지 공급자 보관용 1매은 보관한다.

세금계산서를 발급한 사업자(공급자)는 해당 과세기간 동안에 발급한 세금계산서들을 '매출처별 세금계산서합계표'라는 서식에 집계·정리하여 부가가치세 신고시 과세 관청에 제출한다(발급한 세금계산서 자체는 과세 관청에 제출하는 것이 아니고 보관해야 함). 세금계산서를 발급받은 자(공급받은 자)는 해당 과세기간 동안에 발급받은 세금계산서들을 '매입처별 세금계산서합계표'라는 서식에 집계·정리하여 부가가치세 신고시 과세 관청에 제출한다(발급받은 세금계산서 자체는 과세 관청에 제출하는 것이 아니고 보관해야 함).

한편, 정부에서는 종이세금계산서 사용에 따른 사업자의 납세협력비용을 절감하고, 사업자간 거래의 투명성을 높이기 위하여 전자세금계산서제도를 시행하고 있다. 전자세금계산서제도에 대한 내용은 다음과 같다.

구 분	내 용
의 의	재화·용역을 공급한 사업자가 전사적 자원관리시스템 또는 전자세금계산서 발급시스템 등의 공인 인증을 거쳐서 전자적 방법으로 세금계산서를 발급하고, 그 발급명세를 국세청장에게 전송하는 것
의무발급대상	• 의무발급사업자 　－ 모든 법인사업자 　－ 직전 연도의 사업장별 재화·용역의 공급가액(면세공급가액을 포함) 합계액이 8천만원 이상인 개인사업자 • 의무발급대상자가 아닌 사업자도 전자세금계산서를 발급하고 전자세금계산서발급명세를 전송할 수 있음
발급명세전송	전자세금계산서를 발급하였을 때에는 전자세금계산서 발급일의 다음 날까지 전자세금계산서 발급명세를 국세청장에게 전송해야 함

(적색)

세금계산서(공급자 보관용)

| 책 번 호 | | 권 | | 호 | |
| 일 련 번 호 | | | - | | | | |

공급자	등 록 번 호			-			-		
	상호(법인명)		성 명 (대표자)	
	사업장 주소	
	업 태		종 목	

공급받는자	등 록 번 호	
	상호(법인명)		성 명 (대표자)	
	사업장 주소	
	업 태		종 목	

| 작성 | | 공 급 가 액 | | 세 액 | | 비 고 |
| 연 | 월 | 일 | 공란수 | 조 | 천 | 백 | 십 | 억 | 천 | 백 | 십 | 만 | 천 | 백 | 십 | 일 | 천 | 백 | 십 | 억 | 천 | 백 | 십 | 만 | 천 | 백 | 십 | 일 | |

월	일	품 목	규 격	수 량	단 가	공 급 가 액	세 액	비 고

| 합 계 금 액 | 현 금 | 수 표 | 어 음 | 외상 미수금 | 이 금액을 영수
청구 함 |

(청색)

세금계산서(공급받는 자 보관용)

| 책 번 호 | | 권 | | 호 | |
| 일 련 번 호 | | | - | | | | |

공급자	등 록 번 호			-			-		
	상호(법인명)		성 명 (대표자)	
	사업장 주소	
	업 태		종 목	

공급받는자	등 록 번 호	
	상호(법인명)		성 명 (대표자)	
	사업장 주소	
	업 태		종 목	

| 작성 | | 공 급 가 액 | | 세 액 | | 비 고 |
| 연 | 월 | 일 | 공란수 | 조 | 천 | 백 | 십 | 억 | 천 | 백 | 십 | 만 | 천 | 백 | 십 | 일 | 천 | 백 | 십 | 억 | 천 | 백 | 십 | 만 | 천 | 백 | 십 | 일 | |

월	일	품 목	규 격	수 량	단 가	공 급 가 액	세 액	비 고

| 합 계 금 액 | 현 금 | 수 표 | 어 음 | 외상 미수금 | 이 금액을 영수
청구 함 |

166 세법의 이해

매출처별 세금계산서합계표(갑)

년 제 기 (월 일~ 월 일)

※ 뒤쪽의 작성방법을 읽고 작성하시기 바랍니다.

1. 제출자 인적사항

① 사업자등록번호	② 상호(법인명)
③ 성명(대표자)	④ 사업장 소재지
⑤ 거래기간 　　　년 월 일 ~ 　년 월 일	⑥ 작성일 　　　　년　　월　　일

2. 매출세금계산서 총합계

구 분		⑦ 매출 처수	⑧ 매수	⑨ 공급가액						⑩ 세 액					
				조	십억	백만	천	일		조	십억	백만	천	일	
합 계															
과세기간 종료일 다음 달 11일까지 전송된 전자 세금계산서 발급분	사업자등록 번호 발급분														
	주민등록번호 발급분														
	소 계														
위 전자 세금계산서 외의 발급분	사업자등록 번호 발급분														
	주민등록번호 발급분														
	소 계														

3. 과세기간 종료일 다음 달 11일까지 전송된 전자세금계산서 외 발급분 매출처별 명세

(합계금액으로 적음)

⑪ 번호	⑫ 사업자 등록번호	⑬ 상호 (법인명)	⑭ 매수	⑮ 공급가액					⑯ 세액					비고
				조	십억	백만	천	일	조	십억	백만	천	일	
1														
2														
3														
4														
5														

⑰ 관리번호(매출)	－

작 성 방 법

이 합계표는 아래의 작성방법에 따라 한글과 아라비아숫자로 정확하고 선명하게 적어야 하며, 공급가액과 세액은 원 단위까지 표시하여야 합니다.

①~④ : 제출자의 사업자등록증에 적힌 사업자등록번호(또는 고유번호), 상호(법인명), 성명(대표자), 사업장 소재지를 적습니다.

⑤ : 신고대상기간을 적습니다(예시 : 2010년 1월 1일 ~ 2010년 6월 30일).

⑥ : 이 합계표를 작성하여 제출하는 연월일을 적습니다.

⑦~⑩ : 합계란에는 과세기간 종료일 다음 달 11일까지 전송된 전자세금계산서 발급분 소계와 위 전자세금 계산서 외의 발급분 소계의 단순합계를 적습니다.

과세기간 종료일 다음 달 11일까지 전송된 전자세금계산서 발급분 : 전자적으로 발급하고, 과세기간(예정신 고대상자의 경우 예정신고기간) 종료일 다음 달 11일(토요일, 공휴일인 경우에는 그 다음 날)까지 국세청에 전송된 매출세금계산서에 대한 매출처 수, 총매수, 총공급가액 및 총세액을 적습니다.

위 전자세금계산서 외의 발급분 : 종이로 발급한 세금계산서, 전자적으로 발급하였으나 그 개별명세를 과 세기간(예정신고대상자의 경우 예정신고기간) 종료일 다음 달 11일(토요일, 공휴일인 경우에는 그 다음 날) 까지 국세청에 전송하지 않은 전자세금계산서 또는 매입자발행세금계산서제도에 따라 매입자가 발급한 매 입자발행세금계산서에 대한 매출처 수, 총매수, 총공급가액 및 총세액을 적습니다.

⑪ : 과세기간 종료일 다음 달 11일까지 전송된 전자세금계산서 외 발급분 매출처별 명세에는 위 전자세금계 산서 외의 발급분에 대한 각각의 매출처별로 1번부터 순위를 부여하여 마지막까지 순서대로 적습니다 [매출처별 세금계산서합계표(갑)서식을 초과하는 매출처별 거래분에 대해서는 매출처별 세금계산서합계 표(을)서식에 연속하여 적습니다].

※ 사업자등록번호로 발급한 분만 해당하며 주민등록번호로 발급한 분에 대해서는 적지 않습니다.

⑫ · ⑬ : 위 전자세금계산서 외의 발급분 세금계산서의 거래처(공급받는 자) 사업자등록번호와 상호(법인명) 를 적습니다.

⑭~⑯ : 위 전자세금계산서 외의 발급분 세금계산서를 거래처(공급받는 자)별로 더한 세금계산서 매수, 공 급가액, 세액을 적습니다. 수정세금계산서의 경우에도 매수와 금액을 더하여 적습니다(예정신고 누락분 을 확정신고 시 제출하는 경우에는 거래처에 합하여 적되, 부가가치세 신고서에는 구분하여 적습니다).

⑰ : 사업자가 적지 않습니다(권번호-페이지번호).

※ 3. 과세기간 종료일 다음 날 11일까지 전송된 전자세금계산서 외 발급분 매출처가 6개를 초과하는 경우 『매출처별 세금계산서합계표(을)』[별지 제38호서식(2)]에 이어서 작성합니다.

매입처별 세금계산서합계표(갑)

년 제 기 (월 일 ~ 월 일)

※ 아래의 작성방법을 읽고 작성하시기 바랍니다. (앞쪽)

1. 제출자 인적사항

① 사업자등록번호	② 상호(법인명)
③ 성명(대표자)	④ 사업장 소재지
⑤ 거래기간 년 월 일 ~ 년 월 일	⑥ 작성일 년 월 일

2. 매입세금계산서 총합계

구 분		⑦ 매입 처수	⑧ 매수	⑨ 공급가액						⑩ 세 액					
				조	십억	백만	천	일		조	십억	백만	천	일	
합 계															
과세기간 종료일 다음 달 11일까지 전송된 전자 세금계산서 발급받은 분	사업자등록번호 발급받은 분														
	주민등록번호 발급받은 분														
	소 계														
위 전자 세금계산서 외의 발급받은 분	사업자등록번호 발급받은 분														
	주민등록번호 발급받은 분														
	소 계														

* 주민등록번호로 발급받은 세금계산서는 사업자등록 전 매입세액 공제를 받을 수 있는 세금계산서만 적습니다.

3. 과세기간 종료일 다음 달 11일까지 전송된 전자세금계산서 외 발급받은 매입처별 명세
(합계금액으로 적음)

⑪ 번호	⑫ 사업자 등록번호	⑬ 상호 (법인명)	⑭ 매수	⑮ 공급가액					⑯ 세액					비고
				조	십억	백만	천	일	조	십억	백만	천	일	
1														
2														
3														
4														
5														

⑰ 관리번호(매입)	–

작 성 방 법

이 합계표는 아래의 작성방법에 따라 한글과 아라비아숫자로 정확하고 선명하게 적어야 하며, 공급가액 과 세액은 원 단위까지 표시하여야 합니다.

①~④ : 제출자의 사업자등록증에 적힌 사업자등록번호(또는 고유번호), 상호(법인명), 성명(대표자), 사업장 소재지를 적습니다.

⑤ : 신고대상기간을 적습니다(예시 : 2010년 1월 1일 ~ 2010년 6월 30일).

⑥ : 이 합계표를 작성하여 제출하는 연월일을 적습니다.

⑦~⑩ : 합계란에는 과세기간 종료일 다음 달 11일까지 전송된 전자세금계산서 발급받은 분 소계와 위 전자세금계산서 외의 발급받은 분 소계의 단순합계를 적습니다.

과세기간 종료일 다음 달 11일까지 전송된 전자세금계산서 발급받은 분에는 전자세금계산서로 발급받고, 과세기간(예정신고대상자의 경우 예정신고기간) 종료일 다음 달 11일(토요일, 공휴일인 경우 그 다음 날)까지 국세청에 전송된 매입세금계산서에 대한 매입처 수, 총매수, 총공급가액 및 총세액을 적습니다.

위 전자세금계산서 외의 발급받은 분에는 종이세금계산서, 전자세금계산서로 발급받았으나 그 개별명세가 과세기간(예정신고대상자의 경우 예정신고기간) 종료일 다음 달 11일(토요일, 공휴일인 경우 그 다음 날)까지 국세청에 전송되지 않은 전자세금계산서에 대한 매입처 수, 총매수, 총공급가액 및 총세액을 적습니다.

⑪ : 과세기간 종료일 다음 달 11일까지 전송된 전자세금계산서 외 발급받은 매입처별 명세는 위 전자세금계산서 외의 발급받은 분에 대한 각각의 매입처별로 1번부터 부여하여 마지막까지 순서대로 적고[매입처별 세금계산서합계표(갑)서식을 초과하는 매입처별 거래분에 대해서는 매입처별 세금계산서합계표(을)서식에 이어서 적습니다], 주민등록번호로 발급받은 세금계산서는 사업자등록 전 매입세액공제를 받을 수 있는 세금계산서만 적으며, 매입자가 세무서장에게 요청하여 발급하는 매입자발행세금계산서는 별도의 「매입자발행세금계산서 합계표」에 적고, 전자세금계산서 외의 발급받은 분에는 포함하지 않습니다.

⑫ · ⑬ : 위 전자세금계산서 외의 발급받은 분 세금계산서의 거래처(공급자) 사업자등록번호와 상호(법인명)를 적습니다.

⑭~⑯ : 위 전자세금계산서 외의 발급받은 분 세금계산서를 거래처(공급자)별로 합하여 세금계산서 매수, 공급가액, 세액을 적습니다. 수정세금계산서의 경우에도 매수와 금액을 더하여 적습니다(예정신고 누락분을 확정신고 시 제출하는 경우 거래처에 더하여 적습니다).

⑰ : 사업자가 적지 않습니다(권번호-페이지번호).

※ 3. 과세기간 종료일 다음 날 11일까지 전송된 전자세금계산서 외 발급받은 매입처가 6개를 초과하는 경우 『매입처별 세금계산서합계표(을)』[별지 제39호서식(2)]에 이어서 작성합니다.

5-2-4 영수증

영수증은 공급받는 자와 부가가치세액을 별도로 기재하지 않은 계산서를 말하는 것으로, 공급자의 등록번호·상호·성명, 작성 연월일, 공급대가와 그 밖의 필요한 사항을 기재하여야 한다. 영수증에는 신용카드매출전표, 직불카드영수증, 현금영수증, 결제대행업체를 통한 신용카드매출전표, 실제명의가 확인되는 선불카드영수증 등도 포함된다.

부가가치세법상 영수증 발급 대상자는 거래상대방이 주로 사업자가 아닌 최종소비자에게 재화 또는 용역을 제공하는 사업자로서 영수증 발급대상 사업을 하는 사업자, 간이과세자 중 직전 연도의 공급대가의 합계액이 4,800만원 미만인 자와 신규로 사업을 시작하는 개인사업자로서 간이과세자로 하는 최초의 과세기간 중에 있는 자가 해당된다. 영수증을 발급받은 사업자는 매입세액공제를 받을 수 없고, 거래증빙으로 활용할 수 있다.

0303-1B	영 수 증 (공급받는 자용)									202 . . .	
근거 : 부가가치세법 시행령 제73조 제7항											
공급자	등 록 번 호										
	상 호					성명					
	사업장주소										
	업 태					종목					
작 성		공급대가									비 고
년	월	일	억	천	백	십	만	천	백	십	일
품목		단가		수량		공급대가					
위 금액을 영수(청구)함. 귀하											

01. 다음 중 부가가치세법상 사업자별 발급가능한 증명서류로서 가장 잘못 짝지은 것은?

① 간이과세자 중 과세물품공급자 : 세금계산서, 계산서, 신용카드매출전표, 현금영수증
② 일반과세자 중 면세물품공급자 : 계산서, 신용카드매출전표, 현금영수증
③ 일반과세자 중 과세물품공급자 : 세금계산서, 신용카드매출전표, 현금영수증
④ 면세사업자 : 계산서, 신용카드매출전표, 현금영수증

02. 다음 중 부가가치세법상 세금계산서 필요적 기재사항이 아닌 것은?

① 공급하는 사업자의 주민등록번호   ② 공급가액
③ 부가가치세액   ④ 작성연월일

03. 다음 중 부가가치세법상 세금계산서의 필요적 기재 사항이 아닌 것은?

① 공급하는 사업자의 등록번호   ② 공급가액과 부가가치세액
③ 작성 연월일   ④ 공급받는 자의 전화번호

04. 다음 중 부가가치세법상 세금계산서 발행시 필요적 기재사항이 아닌 것은? (단, 공급받는 자는 사업자)

① 공급하는 사업자의 등록번호   ② 공급받는 자의 등록번호
③ 공급하는 사업자의 성명 또는 명칭   ④ 공급받는 자의 성명 또는 명칭

05. 다음 자료에서 세금계산서의 필요적 기재사항이 아닌 것은?

① 공급하는 사업자의 등록번호   ② 공급연월일
③ 공급받는 자의 등록번호   ④ 공급가액과 부가가치세액

06. 다음 중 부가가치세법상 세금계산서의 필요적 기재사항이 아닌 것은?

① 공급하는 사업자의 등록번호와 성명 또는 명칭
② 작성 연월일
③ 공급가액과 부가가치세액
④ 공급받는 자의 홈택스 아이디

07. 다음 중 부가가치세법상 세금계산서의 필요적 기재사항이 아닌 것은?

① 공급하는 사업자의 등록번호와 성명 및 명칭
② 공급받는 사업자의 상호
③ 작성연월일
④ 공급가액과 부가가치세액

08. 다음 중 전자세금계산서를 의무적으로 발급해야 하는 사업자로 가장 적절한 것은?

① 휴대폰을 판매하는 법인사업자
② 음식점을 운영하는 간이사업자
③ 배추를 재배해서 판매하는 영농조합법인
④ 입시학원을 운영하는 개인사업자

09. 부가가치세법상 법인사업자와 전자세금계산서 발급 의무자인 개인사업자가 전자세금계산서를 발급하는 경우에, 전자세금계산서 발급명세를 언제까지 국세청장에게 전송하여야 하는가?

① 전자세금계산서 발급일이 속하는 달의 다음 달 10일 이내
② 전자세금계산서 발급일의 2일 이내
③ 전자세금계산서 발급일의 일주일 이내
④ 전자세금계산서 발급일의 다음 날까지

10. 다음 중 부가가치세법상 세금계산서에 대한 설명으로 틀린 것은?

① 사업자가 재화 또는 용역을 공급할 때 거래의 증명서류로서 발급한다.

② 법인사업자와 직전 연도의 공급가액의 합계액이 1억원 이상인 개인사업자(2024.7.1. 이후 공급하는 분부터는 8천만원 이상)는 세금계산서를 발급하려면 전자세금계산서로 발급하여야 한다.

③ 면세사업자는 세금계산서를 발급할 수 없다.

④ 부동산임대용역 중 간주임대료는 세금계산서 발급대상이다.

11. 다음 중 거래증빙(세금계산서 및 영수증)에 대한 설명으로 가장 옳지 않은 것은?

① 미등록사업자, 면세사업자 및 폐업자는 세금계산서를 발급할 수 없다.

② 법인사업자의 경우는 반드시 전자세금계산서를 발급하여야 하며, 전자세금계산서를 발급하였을 때에는 해당 발급일까지 전자세금계산서 발급명세를 국세청장에게 전송하여야 한다.

③ 영수증은 공급받는 자와 부가가치세액을 기재하지 않은 증빙을 말한다.

④ 직전 연도의 공급대가의 합계액이 4,800만원 미만인 간이과세자의 경우 부가가치세법상 영수증을 발급해야 하는 사업자에 해당한다.

12. 다음 중 부가가치세법상 세금계산서에 대한 설명으로 가장 옳지 않은 것은?

① 법인사업자 및 개인사업자는 반드시 전자세금계산서를 발급하여야 한다.

② 전자세금계산서 의무발급대상이 아닌 경우에도 전자세금계산서를 발급할 수 있다.

③ 전자세금계산서는 발급일의 다음 날까지 전자세금계산서 발급명세를 국세청장에게 전송하여야 한다.

④ 수입세금계산서는 세관장이 수입자에게 발급한다.

06 일반과세자의 부가가치세 계산

6-1 부가가치세 계산구조

일반과세자의 부가가치세 납부세액은 일정기간(과세기간) 동안의 매출액(공급가액)에 세율을 곱한 매출세액에서 매입액에 세율을 곱한 매입세액을 공제하여 계산한다(전단계세액공제법). 이 경우 매입세액이 매출세액을 초과할 경우에는 환급세액이 나타난다.

```
        매출세액 → 과세기간 동안의 총공급가액(과세표준) × 세율
  (-)   매입세액
        ─────────
        납부세액
        ─────────
```

> ▨ **간이과세자 납부세액 계산구조**
>
> 공급대가 × 업종별부가가치율 × 세율(10% 또는 0%) = 납부세액

6-2 매출세액

6-2-1 매출세액

매출세액은 과세대상인 재화나 용역의 공급에 대한 과세표준에 세율(10%, 영세율이 적용되는 경우에는 0%)을 곱하여 계산한다.

과세표준 × 세율(10% 또는 0%) = 매출세액

공급가액과 과세표준을 엄격히 구분하면, 공급가액은 거래건별 공급액에 대한 표현이고 과세표준은 과세기간 동안의 공급가액의 합계액을 말한다. 한편, 공급가액은 부가가치세가 제외된 금액이고, 공급대가는 부가가치세가 포함된 금액이다.

6-2-2 과세표준

과세표준은 해당 과세기간에 공급한 재화 또는 용역의 공급가액(부가가치세가 제외된 금액)의 합계액을 말하며, 공급가액은 ① 금전으로 대가를 받는 경우에는 그 대가 ② 금전 외의 대가를 받는 경우에는 자기가 공급한 재화 또는 용역의 시가로 한다.

만약 거래금액에 부가가치세가 포함되었는지 여부가 불분명한 경우에는 그 대가로 받은 금액에 100/110을 곱한 금액을 공급가액으로 한다(거래금액에 부가가치세가 포함된 것으로 본다는 의미).

6-2-3 공급가액에 포함하는 항목과 공급가액에 포함하지 않는 항목 등

재화 또는 용역의 공급가액은 대금·요금·수수료 그 밖의 어떤 명목이든 상관없이 재화 또는 용역을 공급받는 자로부터 받은 금전적 가치가 있는 모든 것을 포함한다. 공급가액을 판단할 때는 다음의 항목들을 유의해서 계산하여야 한다.

구 분	내 용
공급가액에 포함하는 항목	• 할부판매·장기할부판매의 경우 이자상당액 • 대가의 일부로 받는 운송보험료·산재보험료·운송비·포장비·하역비 등 • 개별소비세 등이 과세되는 재화·용역에 대한 개별소비세, 주세, 교통·에너지·환경세, 교육세·농어촌특별세 상당액
공급가액에 포함하지 않는 항목	• 부가가치세 • 매출에누리 : 재화나 용역을 공급할 때 그 품질이나 수량, 인도조건 또는 공급 대가의 결제조건이나 그 밖의 공급조건에 따라 통상의 대가에서 일정액을 직접 깎아주는 금액 • 매출환입 : 환입된 가액 • 매출할인 : 공급에 대한 대가를 약정기일 전에 받았다는 이유로 사업자가 당초의 공급가액에서 할인해 준 금액 • 공급받는 자에게 도달하기 전에 파손·훼손·멸실된 재화의 가액 • 재화 또는 용역의 공급과 직접 관련되지 않는 국고보조금과 공공보조금 • 공급에 대한 대가의 지급이 지체되었음을 이유로 받는 연체이자 • 통상적으로 용기 또는 포장을 해당 사업자에게 반환할 것을 조건으로 그 용기대금과 포장비용을 공제한 금액으로 공급하는 경우의 그 용기대금과 포장비용 • 사업자가 음식·숙박용역이나 개인서비스 용역을 공급하고 그 대가와 함께 받는 종업원의 봉사료를 세금계산서, 영수증 또는 신용카드매출전표 등에 그 대가와 구분하여 적은 경우로서 봉사료를 종업원에게 지급한 사실이 확인되는 경우의 그 봉사료(사업자가 그 봉사료를 자기의 수입금액에 계상하는 경우에는 공급가액에 포함) • 공급받는 자가 부담하는 원재료 등이 가액

구 분	내 용
과세표준에서 공제하지 않는 항목 (공급과 무관한 항목)	• 대손금액 • 지급하는 판매장려금(금전) • 하자보증금

6-3 매입세액

6-3-1 매입세액

부가가치세 납부세액을 계산할 때 공제하는 매입세액은 재화 또는 용역을 공급받을 때 발급받은 세금계산서와 재화를 수입할 때 발급받은 세금계산서(수입세금계산서)에 의해 확인되는 세액을 말한다. 그러나 세금계산서에 의해 확인되는 매입세액일지라도 부가가치세법에서 매입세액 불공제 항목으로 열거하고 있는 거래분에 대해서는 공제받지 못한다.

그리고 세금계산서에 의해 확인되는 매입세액은 아니지만, 예외적으로 납부세액에서 공제받을 수 있는 항목들도 있다(그 밖의 공제매입세액).

```
        1. 세금계산서 수취분 매입세액
   (+)  2. 매입자발행 세금계산서 매입세액
   (+)  3. 그 밖의 공제 매입세액 … 신용카드 매출전표 등 수령분 매입세액, 의제매입세액 등
   (-)  4. 공제받지 못할 매입세액
        ─────────────────
        매입세액 공제액
```

* '1. 세금계산서수취분 매입세액'은 매입세액 공제여부와 상관없이 세금계산서를 발급받은 것 모두를 기재하고, 세금계산서를 발급받았지만 부가가치세법에서 규정하고 있는 매입세액 불공제항목에 해당하는 것은 '4. 공제받지 못할 매입세액'에 기재하여 최종적인 매입세액공제액을 계산한다.

6-3-2 세금계산서 수취분 매입세액

세금계산서 수취분 매입세액이란 ① 사업자가 자기의 사업을 위하여 사용하였거나 사용할 목적으로 공급받은 재화·용역에 대한 부가가치세 ② 사업자가 자기의 사업을 위하여 사용하였거나

사용할 목적으로 수입하는 재화의 수입에 대한 부가가치세액을 말한다.

매입세액의 공제시기는 사용시점이 속하는 과세기간에 공제받는 것이 아니라 구입시기(수입시기)가 속하는 과세기간에 공제한다. 즉 ① 사업자가 자기의 사업을 위하여 사용하거나 사용할 목적으로 공급받은 재화·용역에 대한 부가가치세액은 재화·용역을 공급받는 시기가 속하는 과세기간의 매출세액에서 공제하고 ② 사업자가 자기의 사업을 위하여 사용하였거나 사용할 목적으로 수입하는 재화의 수입에 대한 부가가치세액은 재화의 수입시기가 속하는 과세기간의 매출세액에서 공제한다.

6-3-3 매입자발행 세금계산서 매입세액

매입자발행 세금계산서란, 납세의무자로 등록한 사업자로서 세금계산서 발급의무가 있는 사업자가 재화·용역을 공급하고 세금계산서 발급시기에 세금계산서를 발급하지 아니한 경우 그 재화·용역을 공급받은 자가 관할 세무서장의 확인을 받아 발급하는 세금계산서를 말한다. 공급받는 자는 공급자로부터 세금계산서를 발급받지 못하더라도 이 매입자발행 세금계산서에 의해 매입세액공제를 받을 수 있다.

매입자발행 세금계산서를 발급가능한 사업자(매입자)와 매입자발행 세금계산서 발급대상자(매출자)의 범위는 다음과 같다.

구 분	내 용
매입자발행 세금계산서 발급가능자(매입자)	• 모든 사업자 : 일반과세자, 간이과세자, 면세사업자
매입자발행 세금계산서 발급대상자(매출자)	• 납세의무자로 등록한 세금계산서 발급의무가 있는 사업자(영수증 발급대상 사업을 하는 일반과세자로서 공급받는 사업자가 사업자등록증을 제시하고 세금계산서의 발급을 요구하는 경우에 세금계산서 발급의무가 있는 사업자 포함)

공급받은 자가 공급자로부터 세금계산서를 받지 못한 경우 매입자발행 세금계산서 발급절차는 다음과 같다.

구분	내 용
1	공급받은 자(매입자, 신청자)가 관할 세무서장에게 거래사실 확인신청(증빙서류첨부) • 거래사실 확인신청 대상거래 : 거래 건당 공급대가가 5만원 이상인 거래로 함 • 공급받은 자는 재화·용역의 공급시기가 속하는 과세기간의 종료일부터 6개월 이내에 관할 세무서장에게 거래사실 확인신청을 해야 함(신청횟수는 제한없음)

구 분	내 용
2	공급받은 자 관할 세무서장이 공급자(매출자) 관할 세무서장에게 신청서와 증빙서류 송부
3	공급자 관할 세무서장이 공급자에게 거래사실 확인하여 공급받은 자 관할 세무서장에게 확인 통지
4	공급받은 자 관할 세무서장이 신청자에게 거래사실 확인결과 통지
5	신청자는 공급자 관할 세무서장이 확인한 거래일자를 작성일자로 하여 공급자에게 매입자발행세금계산서 발급

6-3-4 신용카드매출전표 등 수령분 매입세액(신용카드매출전표 등 수령명세서 제출분)

원칙적으로 매입세액을 공제받기 위해서는 세금계산서를 발급받아야 하지만, 영수증에 해당하는 신용카드 매출전표 등은 세금계산서와 유사한 정보를 제공하는 거래증빙으로 인정한다. 신용카드 매출전표 등 수령분 매입세액은 사업자가 세금계산서 발급의무가 있는 사업자(세금계산서 발급금 지업종을 경영하는 사업자와 간이과세자 중 신규사업자 또는 직전 연도 공급대가의 합계액이 4,800만원 미만인 사업자 제외)로부터 재화 또는 용역을 공급받고 신용카드매출전표 등(금전등록기 계산서는 포함 안됨)을 발급받은 경우에는 일정 요건을 모두 충족시키면 매입세액을 공제해 주는 것을 말한다.

신용카드매출전표 등 수령분 매입세액 공제를 받기 위한 요건은 다음과 같다.

구 분	내 용
공급자 요건	세금계산서 발급의무가 있는 사업자
증빙 요건	발급받은 신용카드매출전표 등에 부가가치세액이 별도로 구분되어야 함
제출 · 보관 등 요건	• 신용카드매출전표 등 수령명세서를 부가가치세 신고시 제출 • 신용카드매출전표 등을 그 거래사실이 속하는 과세기간에 대한 확정신고기한 후 5년간 보관할 것 • 간이과세자가 영수증을 발급하여야 하는 기간에 발급한 신용카드 매출전표 등이 아닐 것

6-3-5 의제매입세액

의제매입세액이란 사업자가 부가가치세가 면제되는 농산물·축산물·수산물·임산물 등(면세농산물 등)을 공급받아 이것을 원재료로 하여 제조·가공한 재화 또는 창출한 용역의 공급에 대하여 부가가치세가 과세되는 경우에는 면세농산물 등을 공급받거나 수입할 때 매입세액이 있는 것으로 보아 면세농산물 등의 가액 중 일부를 매입세액으로 공제할 수 있도록 한 것을 말한다.

실제로 사업자는 면세농산물 등을 공급받을 때 거래징수당한 매입세액이 없지만, 공급받은 면세농산물 등의 가액에 대한 일정률에 해당하는 매입세액이 있는 것으로 보아 매입세액 공제를 받을 수 있다(의제매입세액은 해당 면세농산물 등을 실제로 공급받는 때가 속하는 예정신고 또는 확정신고시에 공제받는다).

의제매입세액공제를 받기 위해서는 "① 사업자등록을 한 과세사업자(업종제한 없음)가 ② 면세농산물 등을 공급받아 ③ 이를 원재료로 하여 제조·가공한 재화 또는 창출한 용역의 공급이 과세되는 경우 ④ 면세농산물 등을 공급받은 증명서류를 부가가치세 신고시 제출할 것"이라는 요건을 모두 충족시켜야 한다.

의제매입세액 공제액은 다음과 같이 계산한다.

구 분	내 용
의제매입 세액의 공제액	• 의제매입세액 공제액 = Min(①, ②) ① 면세농산물 등의 매입가액 × 공제율 ② 한도 : 해당 과세기간에 해당 사업자가 면세농산물 등과 관련하여 공급한 과세표준 × 한도율 × 공제율

공제율	구분			공제율
	① 음식점업	과세유흥장소의 경영자		2/102
		과세유흥장소 외의 음식점을 경영하는 사업자 중 개인사업자		8/108*
		과세유흥장소 외의 음식점을 경영하는 사업자 중 법인사업자		6/106
	② 제조업	개인사업자	과자점업·도정업·제분업 및 떡류 제조업 중 떡방앗간의 경영자	6/106
			위 외의 제조업의 경영자	4/104
		개인사업자 외의 사업자(법인사업자)	중소기업	4/104
			중소기업 외의 사업자	2/102
	③ 위 '①·②' 외의 사업			2/102
	* 과세표준이 2억원 이하인 경우에는 2026.12.31.까지는 9/109			

한도율	구분		2025.12.31.까지 한도율		2026.1.1.부터 한도율
			음식점업	그 밖의 업종	
	① 개인사업자	과세표준*이 1억원 이하	75%	65%	50%
		과세표준*이 1억원 초과 2억원 이하	70%		
		과세표준*이 2억원 초과	60%	55%	40%
	② 법인사업자		50%		30%
	* 해당 과세기간에 해당 사업자가 면세농산물 등과 관련하여 공급한 과세표준 • 의제매입세액 공제한도는 확정신고시에 적용하며, 예정신고 또는 조기환급신고시 이미 공제받은 의제매입세액을 확정신고시 정산				

의제매입세액은 원칙적으로 사업자가 매입시에 거래징수를 당한 매입세액이 없기 때문에 공제를 받을 수 없다. 그럼에도 불구하고 의제매입세액을 공제해 주는 이유는, 납부세액 계산시 전단계세액공제법을 채택하고 있는 우리나라 부가가치세제도에서는 전체 거래단계 중 거래중간단계에 면세가 적용되고 그 후의 거래단계에서 부가가치세가 과세되는 경우 전체 거래단계에서 창출된 부가가치에 대한 세액보다도 국가가 징수한 부가가치세 수입이 더 많아지는 누적효과를 완화하고, 최종소비자의 세부담을 줄여주기 위함이다.

사례를 통하여 살펴보면, 아래의 표는 전체 거래단계가 A(과세사업자) → B(과세사업자) → C(과세사업자) → 최종소비자이며, A, B, C는 모두 과세사업자인 경우에 해당하는 내용이다.

구 분	A(과세사업자)	B(과세사업자)	C(과세사업자)	비 고
매 입 액	0원	10,000,000원	12,000,000원	
창출된 부가가치	10,000,000원	2,000,000원	3,000,000원	15,000,000원
매 출 액	10,000,000원	12,000,000원	15,000,000원	
매 출 세 액	1,000,000원	1,200,000원	1,500,000원	
매 입 세 액	0원	1,000,000원	1,200,000원	
납 부 세 액	1,000,000원	200,000원	300,000원	1,500,000원

전체 거래단계에서 창출된 부가가치는 15,000,000원이고, 그에 따라 국가가 징수한 부가가치세액은 15,000,000원에 세율 10%를 곱한 1,500,000원이라는 것을 알 수 있다(최종소비자의 부담액은 16,500,000원).

이제 전체 거래단계는 A(과세사업자) → B(면세사업자) → C(과세사업자) → 최종소비자라고 가정할 경우의 내용을 살펴보면 다음과 같다(거래중간단계 있는 B가 면세사업자).

구 분	A(과세사업자)	B(면세사업자)	C(과세사업자)	비 고
매 입 액	0원	11,000,000원*	13,000,000원	
창출된 부가가치	10,000,000원	2,000,000원	3,000,000원	15,000,000원
매 출 액	10,000,000원	13,000,000원	16,000,000원	
매 출 세 액	1,000,000원	–	1,600,000원	
매 입 세 액	0원	–	–	
납 부 세 액	1,000,000원	–	1,600,000원	2,600,000원

* 공제받지 못하는 면세사업자(B)의 매입세액 1,000,000원은 100% 가격인상을 통해서 전가되는 것으로 가정하였으므로 이를 매입가액에 합산하였다.

B(면세사업자)는 C(과세사업자)로부터 거래징수를 하지 않고 국가에 납부할 부가가치세액도 없게 되지만, A(과세사업자)로부터 매입시 거래징수당한 매입세액(1,000,000원)은 돌려받지 못한다(면세사업자는 부가가치세법상 납세의무자에 해당하지 않기 때문에 매입세액공제를 받지 못함). 이 경우 B는 자기단계에서의 부가가치 2,000,000원을 유지하기 위해서는 거래징수는 당했지만 돌려받지 못한 매입세액 1,000,000원을 매입액에 포함시켜 C에게 전가해야 하며 그 결과 B가 C에게 공급하는 금액은 13,000,000원이 된다.

한편, C(과세사업자)도 자기단계에서의 부가가치 3,000,000원을 유지하기 위해서 B에게 공급받은 금액인 13,000,000원에 부가가치 3,000,000원을 더하여 16,000,000원의 공급가액으로 최종소비자에게 공급한다. 물론 C는 과세사업자이기 때문에 최종소비자에게 매출세액(16,000,000원

×10%=1,600,000원)을 추가로 거래징수하여 17,600,000원의 공급대가로 공급한다(최종소비자의 부담액은 17,600,000원).

이 경우 전체 거래단계에서 창출된 부가가치는 15,000,000원이지만, 국가가 징수한 부가가치세액은 2,600,000원이 되어 부가가치에 세율 10%를 곱한 금액인 1,500,000원 보다 1,100,000원만큼 국가의 수입이 증가하는데 이것을 누적효과라고 한다. 누적효과 1,100,000원은 최종소비자의 부담액 차이와 일치한다(16,500,000원과 17,600,000원의 차이).

이 경우에 C(과세사업자)는 B(면세사업자)로부터 매입할 때 거래징수 당한 매입세액이 없지만 최종소비자에게 전가된 1,000,000원을 C의 매입세액으로 의제하여 공제해 주면 최종소비자에게 15,000,000원의 공급가액으로 공급하더라도 부가가치 3,000,000원을 유지할 수 있다(최종소비자의 부담액은 16,500,000원). 또한 국가가 징수한 부가가치세액은 1,500,000원이 된다. 이와 같이 누적효과가 제거되고 최종소비자의 세부담액도 줄어든다.

구 분	A(과세사업자)	B(면세사업자)	C(과세사업자)	비 고
매 입 액	0원	11,000,000원[*1]	13,000,000원	
창출된 부가가치	10,000,000원	2,000,000원	3,000,000원	15,000,000원
매 출 액	10,000,000원	13,000,000원	16,000,000원 → 15,000,000원[*2]	
매 출 세 액	1,000,000원	-	1,500,000원	
매 입 세 액	0원	-	1,000,000원[*3]	
납 부 세 액	1,000,000원	-	500,000원	1,500,000원

*1 공제받지 못하는 면세사업자(B)의 매입세액 1,000,000원은 100% 가격인상을 통해서 전가되는 것으로 가정하였으므로 이를 매입가액에 합산
*2 C사업자는 의제매입세액으로 1,000,000원을 공제받기 때문에 최종소비자에게 15,000,000원의 공급가액으로 공급하더라도 자기단계의 부가가치 3,000,000원을 그대로 유지할 수 있음
*3 의제매입세액

6-3-6 공제받지 못할 매입세액

공제받지 못할 매입세액이란 세금계산서(또는 신용카드매출전표 등)를 수취했을지라도 매출세액에서 공제받을 수 없는 매입세액을 말한다. 공제받지 못할 매입세액에는 다음과 같은 항목들이 있다.

구 분	내 용
매입처별 세금계산서합계표 미제출 또는 부실기재분	• 매입처별 세금계산서합계표 미제출분 매입세액, 제출한 매입처별 세금계산서합계표의 기재사항 중 거래처별 등록번호 또는 공급가액의 전부 또는 일부가 적히지 않았거나 사실과 다르게 적힌 부분의 매입세액(다만, 매입세액 공제가 적용되는 예외도 있음)
세금계산서 미수취 또는 부실 기재분	• 세금계산서(수입세금계산서)를 발급받지 아니한 경우의 매입세액, 발급받은 세금계산서(수입세금계산서)에 필요적 기재사항의 전부 또는 일부가 적히지 않았거나 사실과 다르게 적힌 경우의 매입세액(다만, 매입세액공제가 적용되는 예외도 있음)
사업과 직접 관련없는 지출에 대한 매입세액	• 사업과 직접 관련없는 지출(업무무관자산을 취득·관리함으로써 생기는 비용·유지비·수선비 및 이에 관련되는 비용, 업무와 관련없는 지출)에 대한 매입세액
영업외 용도로 사용하는 개별소비세 과세대상 자동차에 관한 매입세액	• 영업외 용도로 사용되는 개별소비세 과세대상 자동차의 구입·임차·유지에 관한 매입세액
접대비 및 이와 유사한 비용의 지출 관련 매입세액	• 접대비, 교제비, 사례금, 그 밖의 어떠한 명목이든 상관없이 이와 유사한 비용의 지출 관련 매입세액
면세사업 등 관련 매입세액	• 면세사업 등에 관련된 매입세액
토지조성 등을 위한 자본적 지출 관련 매입세액	• 토지조성 등을 위한 자본적 지출관련 매입세액으로서 다음의 것 　- 토지의 취득 및 형질변경, 공장부지 및 택지의 조성 등에 관련된 매입세액 　- 건축물이 있는 토지를 취득하여 그 건축물을 철거하고 토지만을 사용하는 경우에는 철거한 건축물의 취득 및 철거비용과 관련된 매입세액 　- 토지의 가치를 현실적으로 증가시켜 토지의 취득원가를 구성하는 비용에 관련된 매입세액
사업자등록 전 매입세액	• 사업자등록을 신청하기 전의 매입세액 　- 공급시기가 속하는 과세기간이 끝난 후 20일 이내에 등록신청한 경우 등록신청 일부터 공급시기가 속하는 과세기간 기산일(1월 1일 또는 7월 1일)까지 역산한 기간 이내의 매입세액은 예외적으로 매출세액에서 공제

정 리 문 제

01. 다음 중 부가가치세법상 과세표준에 포함하는 항목으로 옳은 것은?

① 환입된 재화의 가액

② 대가의 일부분으로 받은 운송비

③ 공급받은 자에게 도달하기 전에 파손된 재화의 가액

④ 공급에 대한 대가의 지급이 지체되었음을 이유로 받은 연체이자

02. 다음 중 부가가치세법상 과세표준에 포함하는 것은?

① 대가의 일부로 받는 운송비

② 사업의 포괄양도

③ 공급받는 자에게 도달하기 전에 멸실한 재화의 가액

④ 재화 또는 용역의 공급과 직접 관련되지 아니하는 국고보조금

03. 다음 중 부가가치세법상 재화나 용역을 공급하고 그 공급가액에 포함할 수 없는 항목은?

① 할부판매·장기할부판매의 이자상당액

② 대가의 일부로 받은 운송비·운송보험료·산재보험료 등

③ 공급받는 자가 부담한 원재료

④ 개별소비세 등이 과세되는 재화·용역에 있어서 개별소비세, 주세, 교육세, 농어촌특별세
  등

04. 다음 중 부가가치세법상 공급가액에 포함되는 항목은 무엇인가?

① 공급받는 자에게 도달하기 전에 파손되거나 훼손되거나 멸실한 재화의 가액

② 환입된 재화의 가액

③ 재화 또는 용역의 공급과 직접 관련된 국고보조금과 공공보조금

④ 공급에 대한 대가를 약정기일 전에 받았다는 이유로 사업자가 당초의 공급가액에서
  할인해 준 금액

05. 다음의 부가가치세 과세표준에 관한 설명 중 옳지 않은 것은?

① 일반과세자의 과세표준은 공급대가의 금액으로 한다.

② 대손금은 과세표준에 포함하였다가 대손세액으로 공제한다.

③ 매출에누리와 환입은 과세표준에 포함되지 않는다.

④ 공급받는 자에게 도달하기 전에 파손, 멸실된 재화의 가액은 과세표준에 포함되지 않는다.

06. 다음은 ㈜경인의 20×2년 제1기 예정신고기간에 발생한 거래이다. 이를 토대로 부가가치세법상 예정신고기간의 부가가치세 과세표준은 얼마인가?

1. 총매출액(매출에누리와 매출할인 차감전) : 90,000,000원
2. 매출에누리 : 3,000,000원
3. 매출할인 : 1,000,000원

① 86,000,000원   ② 87,000,000원

③ 89,000,000원   ④ 90,000,000원

07. 다음 자료에 의한 일반과세자의 부가가치세 매출세액은 얼마인가?

· 총매출액 : 10,000,000원   · 매출에누리액 : 2,000,000원   · 판매장려금 : 500,000원

① 750,000원   ② 800,000원

③ 950,000원   ④ 1,000,000원

08. 다음 자료를 이용하여 부가가치세 과세표준을 계산하면 얼마인가?

· 매출액 : 50,000,000원   · 대손금 : 1,000,000원
· 판매장려금 : 3,000,000원   · 매출에누리 : 2,000,000원

① 43,000,000원   ② 48,000,000원

③ 49,000,000원   ④ 50,000,000원

09. 다음 자료를 이용하여 부가가치세 과세표준을 계산하면 얼마인가?

· 매출액 : 70,000,000원	· 대손금액 : 1,100,000원
· 매출에누리 : 5,000,000원	· 매입에누리 : 5,000,000원

① 60,000,000원   ② 65,000,000원

③ 68,900,000원   ④ 70,000,000원

10. 부가가치세법상 간이과세자의 납부세액 계산구조 중 빈칸을 채우시오.

· (㉠   ) × (㉡   ) × 세율(10%) = 납부세액

	㉠	㉡		㉠	㉡
①	공급가액	매입세율	②	공급대가	업종별부가가치율
③	공급가액	업종별부가가치율	④	공급대가	매입세율

11. 다음 중 부가가치세법상 매입자발행세금계산서를 발급할 수 있는 거래 건당 공급대가는 얼마 이상인가?

① 5만원 이상

② 100만원 이상

③ 500만원 이상

④ 1,000만원 이상

12. 다음 중 부가가치세법상 공제되는 매입세액에 해당하는 것은?

① 면세사업과 관련된 매입세액

② 매입자발행세금계산서에 따른 매입세액

③ 세금계산서 등을 발급받지 아니한 경우의 매입세액

④ 접대비 및 이와 유사한 비용의 지출에 관련된 매입세액

13. 다음 의제매입세액 공제율 중 부가가치세법에 열거되지 않은 공제율은?

① 101분의 1   ② 102분의 2

③ 104분의 4   ④ 108분의 8

14. 다음 중 부가가치세법상 제조업(과자점업·도정업·제분업 및 떡방앗간업이 아님)을 운영하는 개인사업자의 면세농산물등 의제매입세액 공제율로 알맞은 것은?

① 102분의2

② 104분의4

③ 108분의8

④ 109분의9

15. 다음 중 부가가치세법상 제조업을 영위하는 중소기업 법인의 의제매입세액 공제율로 알맞은 것은?

① 2/102

② 4/104

③ 6/106

④ 8/108

16. 다음 중 부가가치세법상 일반음식점을 영위하는 법인이 적용받는 의제매입세액 공제율은 무엇인가?

① 4/104

② 6/106

③ 8/108

④ 9/109

17. 다음 중 음식점업을 영위하는 법인사업자의 부가가치세법상 의제매입세액 공제율은 얼마인가?

① 2/102

② 6/106

③ 8/108

④ 9/109

18. 다음 중 부가가치세법상 매출세액에서 공제 가능한 매입세액은?

① 부가가치세법상 영세율이 적용되는 사업과 관련한 매입세액

② 부가가치세가 면제되는 재화를 공급하는 사업과 관련된 매입세액

③ 사업과 직접 관련이 없는 지출에 대한 매입세액

④ 토지의 조성을 위한 자본적 지출에 관련된 매입세액

19. 다음 중 부가가치세법상 매입세액공제가 가능한 것은?

① 제품 운반용 트럭 구입 관련 매입세액

② 사업과 직접 관련 없는 지출에 대한 매입세액

③ 접대비관련 매입세액

④ 토지조성을 위한 자본적 지출관련 매입세액

20. 다음 중 부가가치세법상 매입세액공제가 가능한 것은?

① 원재료 구입에 대한 매입세액으로 현금영수증 수취분

② 세금계산서 등을 발급받지 못한 매입세액

③ 사업과 무관한 매입세액

④ 접대비에 관련된 매입세액

21. 다음 중 부가가치세법상 공제 가능한 매입세액은?

① 자동차부품 제조업에 사용하는 사무실 인테리어를 위하여 지출한 매입세액

② 거래처에 증정할 선물 구입을 위하여 지출한 매입세액

③ 공장건설을 위한 토지취득과 관련하여 지출한 매입세액

④ 영업외 용도로 사용하는 개별소비세 과세대상 자동차(1,500cc)의 수리와 관련하여 지출한 매입세액

22. 다음 중 부가가치세법상 공제를 받을 수 있는 매입세액인 것은?

① 개인별장의 창틀 수리 관련해서 수취한 세금계산서

② 사업 관련 컴퓨터 구입으로 수취한 세금계산서

③ 거래처에 지급하기 위한 상품권을 카드결제함에 따라 수취한 신용카드매출전표

④ 간이과세자(직전연도 공급대가의 합계액이 4,800만원 미만인 사업자)인 음식점에서 회식대금을 카드결제(부가가치세액이 별도로 구분기재 됨)함에 따라 수취한 신용카드매출전표

23. 다음의 내용에서 빈칸에 들어갈 일수는?

> 부가가치세법상 사업자등록을 신청하기 전의 매입세액은 매출세액에서 공제하지 않는다. 다만, 공급시기가 속하는 과세기간이 끝난 후 (   )일 이내에 사업자등록 신청을 할 경우 등록신청일부터 공급시기가 속하는 과세기간 기산일까지 역산한 기간 내의 매입세액은 매출세액에서 공제할 수 있다.

① 10일   ② 15일
③ 20일   ④ 25일

24. 다음 중 부가가치세법상 매입세액 중 공제가능한 매입세액이 아닌 것은?

① 면세로 구입한 농산물의 의제매입세액

② 매입자발행세금계산서에 의한 매입세액

③ 재화를 공급받고 영수증을 수령한 매입세액

④ 과세사업과 관련하여 취득한 건물에 대한 세금계산서의 매입세액

25. 다음은 부가가치세법상 제조업을 영위하는 과세사업자인 ㈜경인의 20x2년 제2기 매입 관련 자료이다. ㈜경인이 공제받을 수 있는 매입세액은 얼마인가? 단, 세금계산서는 적정하게 수령하였으며, 의제매입세액은 고려하지 않는다.

· 원재료 매입액(공급가액)	90,000,000원
· 영업외용도로 사용하는 개별소비세 과세대상자동차(공급가액)	10,000,000원
· 업무용 비품 구입액(공급대가)	2,200,000원

① 9,000,000원   ② 9,200,000원

③ 10,000,000원   ④ 10,200,000원

26. 다음의 자료를 이용하여 부가가치세법상 매입세액공제액을 계산하면 얼마인가?

· 토지의 자본적지출과 관련된 부가가치세 매입세액	200,000원
· 업무용 트럭 구입에 대한 매입세액	300,000원

① 0원   ② 200,000원

③ 300,000원   ④ 500,000원

27. 다음은 제조업을 영위하는 과세사업자인 ㈜생산의 20x2년 4월 1일부터 6월 30일까지의 매입내역이다. 부가가치세법상 20x2년 제1기 확정신고시 공제 가능한 매입세액은 얼마인가? 단, 세금계산서는 모두 적정하게 수취하였다.

매입내역	매입가액	매입세액
비품	10,000,000원	1,000,000원
상품	150,000,000원	15,000,000원
임원용 승용자동차(3,000cc)	100,000,000원	10,000,000원

① 1,000,000원   ② 11,000,000원

③ 16,000,000원   ④ 26,000,000원

07 부가가치세의 신고와 납부

7-1 일반과세자의 신고와 납부

7-1-1 예정신고와 납부

사업자는 각 과세기간 중 예정신고기간이 끝난 후 25일 이내에 각 예정신고기간에 대한 과세표준과 납부세액(또는 환급세액)을 납세지 관할 세무서장에게 신고하여야 한다. 그리고 그 예정신고기간의 납부세액(수시부과한 세액은 공제함)을 부가가치세 예정신고서와 함께 납세지 관할 세무서장에게 납부하거나, 납부서를 작성하여 한국은행 또는 체신관서에 납부하여야 한다.

한편, 개인사업자와 영세법인사업자(직전 과세기간 공급가액의 합계액이 1억 5천만원 미만인 법인 사업자)의 경우 예정신고와 납부는 다음과 같다.

구 분	내 용
원칙 (예정고지· 징수)	납세지 관할 세무서장은 개인사업자와 영세법인사업자에 대해서는 각 예정신고기간별로 직전 과세기간에 대한 납부세액의 50%(1,000원 미만의 단수가 있을 때에는 그 단수 금액은 버림)로 결정하여 해당 과세기간이 끝난 후 25일까지 징수 • 관할 세무서장은 예정고지세액에 대해서 다음 기간 이내에 납부고지서를 발부해야 함 　　- 제1기 예정신고기간 : 4월 1일 ~ 4월 10일 　　- 제2기 예정신고기간 : 10월 1일 ~ 10월 10일 • 다음의 경우에는 예정고지세액을 징수하지 않음 　　- 예정고지세액으로 징수하여야 할 금액이 50만원 미만인 경우 　　- 간이과세자에서 해당 과세기간 개시일 현재 일반과세자로 변경된 경우 　　- 국세징수법에서 규정하고 있는 사유(재난 등의 사유)로 관할 세무서장이 징수하여야 할 금액을 사업자가 납부할 수 없다고 인정되는 경우 • 전자고지세액 공제 　　- 납세자가 전자송달의 방법으로 납부고지서의 송달을 신청한 경우 신청한 달의 다음 다음 달 이후 송달하는 분부터 예정고지 규정에 따라 결정·징수하는 부가가치세의 납부세액에서 납부고지서 1건당 1천원 공제
예외 (선택적 신고·납부)	다음 중 어느 하나에 해당하는 사유가 있는 개인사업자와 영세법인사업자는 예정신고하고 예정신고기간의 납부세액(수시부과한 세액은 공제함)을 납부할 수 있음 　　- 휴업 또는 사업부진 등으로 인하여 각 예정신고기간의 공급가액 또는 납부세액이 직전 과세기간의 공급가액 또는 납부세액의 1/3에 미달하는 자 　　- 각 예정신고기간분에 대해서 조기환급을 받으려는 자 • 예정신고를 한 경우에는 예정고지세액의 결정은 없었던 것으로 봄

7-1-2 확정신고와 납부

　사업자는 각 과세기간에 대한 과세표준과 납부세액 또는 환급세액을 그 과세기간이 끝난 후 25일(폐업하는 경우에는 폐업일이 속한 달의 다음 달 25일) 이내에 납세지 관할 세무서장에게 신고하여야 한다. 다만, 예정신고를 한 사업자 또는 조기환급신고를 한 사업자는 이미 신고한 과세표준과 납부한 납부세액 또는 환급받은 환급세액은 신고하지 않는다.

　사업자는 확정신고를 할 때 확정신고시의 납부세액(수시부과한 세액은 공제함)에서 조기환급을 받을 환급세액 중 환급되지 않은 세액과 예정고지세액을 빼고 부가가치세 확정신고서와 함께 각 납세지 관할 세무서장에게 납부하거나 한국은행 또는 체신관서에 납부하여야 한다.

일반과세자 부가가치세　[ ]예정 [ ]확정　신고서
　　　　　　　　　　　　　[ ]기한후과세표준
　　　　　　　　　　　　　[ ]영세율 등 조기환급

※ 뒤쪽의 작성방법을 읽고 작성하시기 바랍니다.　　　　　　　　　　　　　　　　　(4쪽 중 제1쪽)

관리번호				처리기간	즉시

신고기간	년 제 기 (월 일 ~ 월 일)				

사업자	상 호 (법인명)		성 명 (대표자명)		사업자등록번호	-	-
	생년월일		전화번호	사업장	주소지	휴대전화
	사업장 주소			전자우편 주소		

① 신 고 내 용

구 분				금 액	세율	세 액
과세 표준 및 매출 세액	과세	세금계산서 발급분	(1)		10 / 100	
		매입자발행 세금계산서	(2)		10 / 100	
		신용카드 · 현금영수증 발행분	(3)		10 / 100	
		기타(정규영수증 외 매출분)	(4)		10 / 100	
	영세율	세금계산서 발급분	(5)		0 / 100	
		기 타	(6)		0 / 100	
	예정 신고 누락분		(7)			
	대손세액 가감		(8)			
	합계		(9)		㉮	
매입 세액	세금계산서 수 취 분	일 반 매 입	(10)			
		수출기업 수입분 납부유예	(10-1)			
		고정자산 매입	(11)			
	예정 신고 누락분		(12)			
	매입자발행 세금계산서		(13)			
	그 밖의 공제매입세액		(14)			
	합계(10)-(10-1)+(11)+(12)+(13)+(14)		(15)			
	공제받지 못할 매입세액		(16)			
	차감계 (15)-(16)		(17)		㉯	
납부(환급)세액 (매출세액㉮-매입세액㉯)					㉰	
경감 · 공제 세액	그 밖의 경감 · 공제세액		(18)			
	신용카드매출전표등 발행공제 등		(19)			
	합계		(20)		㉱	
소규모 개인사업자 부가가치세 감면세액			(20-1)		㉲	
예정 신고 미환급 세액			(21)		㉳	
예정 고지 세액			(22)		㉴	
사업양수자가 대리납부한 세액			(23)		㉵	
매입자 납부특례에 따라 납부한 세액			(24)		㉶	
신용카드업자가 대리납부한 세액			(25)		㉷	
가산세액 계			(26)		㉸	
차감 · 가감하여 납부할 세액(환급받을 세액)(㉰-㉱-㉲-㉳-㉴-㉵-㉶-㉷+㉸)			(27)			
총괄 납부 사업자가 납부할 세액(환급받을 세액)						

② 국세환급금 계좌신고	거래은행	은행 지점	계좌번호

③ 폐업 신고	폐업일	폐업 사유	

④ 영세율 상호주의	여[ ] 부[ ]	적용구분	업종	해당 국가

⑤ 과 세 표 준 명 세				
업 태	종목 생산요소	업종 코드	금 액	
(28)				
(29)				
(30)				
(31)수입금액 제외				
(32)합 계				

「부가가치세법」 제48조 · 제49조 또는 제59조와 「국세기본법」 제45조의3에 따라 위의 내용을 신고하며, 위 내용을 충분히 검토하였고 신고인이 알고 있는 사실 그대로를 정확하게 적었음을 확인합니다.

　　　　　　　　　　　　　　　　　년　　　월　　　일

　　　　　　　　　　　신고인 :　　　　　　(서명 또는 인)

세무대리인은 조세전문자격자로서 위 신고서를 성실하고 공정하게 작성하였음을 확인합니다.

　　　　　　　　　　　세무대리인 :　　　　(서명 또는 인)

세무서장 귀하

첨부서류	뒤쪽 참조

세무대리인	성 명		사업자등록번호		전화번호		생년월일	

210㎜×297㎜[백상지 (80g/㎡) 또는 중질지(80g/㎡)]

7-2-1 환급

환급이란 매출세액을 초과하는 매입세액이 발생하게 되어, 그 초과하는 금액을 납세자에게 돌려주는 것을 말한다(매출세액 - 매입세액 = △납부세액인 경우). 부가가치세의 환급은 ① 일반환급 ② 조기환급 ③ 경정시 환급으로 구분된다.

7-2-2 일반환급

납세지 관할 세무서장은 각 과세기간별로 그 과세기간에 대한 환급세액을 확정신고한 사업자에게 그 확정신고기한이 지난 후 30일 이내에 환급하여야 한다. 따라서 예정신고기간에 대한 일반환급세액은 환급하지 않고 확정신고시 납부할 세액에서 정산(공제)한다(예정신고시 미환급세액은 확정신고시 부가가치세 신고서 '예정신고미환급세액'란에 기입하여 납부할 세액을 정산).

7-2-3 조기환급

납세지 관할 세무서장은 ① 사업자가 영세율을 적용받는 경우 ② 사업자가 사업 설비(감가상각자산)를 신설·취득·확장 또는 증축하는 경우 ③ 사업자가 재무구조개선계획을 이행 중인 경우 중 어느 하나에 해당하여 환급을 신고한 사업자에게 환급세액을 조기에 환급할 수 있다.

조기환급제도는 영세율사업자를 위한 수출지원, 사업자가 사업설비 신설·취득·확장 또는 증축의 경우 자금압박문제 해소, 사업자가 재무구조개선을 이행 중인 경우 경영난에 있는 사업자의 신속한 경영정상화를 위한 목적으로 운영되고 있다. 조기환급의 유형은 다음과 같다.

구 분	내 용
예정·확정신고 기간별 조기환급	• 예정·확정신고기간별 조기환급을 받으려는 사업자가 부가가치세 예정신고서 또는 확정신고서를 제출한 경우에는 조기환급을 신고한 것으로 봄 　- 별도의 조기환급신고서를 제출할 필요가 없고, 이미 신고한 조기환급분은 제외 • 관할 세무서장은 각 예정·확정신고기간별로 그 예정·확정신고기한이 지난 후 15일 이내에 환급
조기환급기간별 조기환급	• 조기환급기간별 조기환급을 받으려는 사업자는 조기환급기한(조기환급기간이 끝난 날부터 25일 이내)에 조기환급기간에 대한 과세표준과 환급세액을 관할 세무서장에게 신고하여야 함

구 분	내 용
	– 조기환급기간 : 예정신고기간 중 또는 과세기간 최종 3월(확정신고기간) 중 매월 또는 매 2월
	– 제1기 과세기간의 경우에는 1월, 2월, 4월, 5월('매월'의 경우) 또는 1월 · 2월, 4월 · 5월('매 2월'의 경우) : 3월과 6월은 조기환급기간이 안됨
	• 관할 세무서장은 조기환급기간에 대한 환급세액을 각 조기환급기간별로 해당 조기 환급기한이 지난 후 15일 이내에 환급

🔷 조기환급 적용시 유의점

1. 신고기간별 영세율 적용시의 조기환급 : 조기환급을 받을 수 있는 사업자는 해당 영세율 등 조기환급신고기간 · 예정신고기간 또는 과세기간 중에 각 신고기간 단위별로 영세율의 적용대상이 되는 과세표준이 있는 경우에 한함
2. 조기환급신고시의 환급세액 계산 : 조기환급세액은 영세율이 적용되는 공급분과 관련된 매입세액 · 시설투자에 관련된 매입세액 또는 국내공급분에 대한 매입세액을 구분하지 않고 사업장별로 해당 매출세액에서 매입세액을 공제하여 계산

7-2-4 경정시 환급

관할 세무서장은 결정 · 경정에 의하여 추가로 발생한 환급세액이 있는 경우에는 지체없이 환급하여야 한다.

7-3 간이과세자의 신고와 납부

7-3-1 예정부과와 납부

구 분	내 용
원칙 (예정부과 · 징수)	사업장 관할 세무서장은 간이과세자에 대하여 다음의 금액을 예정부과기간(1월 1일 ~ 6월 30일)의 납부세액(수시부과한 세액을 뺀 금액)으로 결정(1,000원 미만의 단수가 있을 때에는 그 단수금액은 버림)하여 예정부과기간이 끝난 후 25일 이내(예정부과기한)까지 징수 예정부과기간의 납부세액 = 직전 과세기간에 대한 납부세액×50% • 관할 세무서장은 예정부과기간의 납부세액에 대하여 7월 1일 ~ 7월 10일까지 납부고지서를 발부해야 함 • 다음의 경우에는 예정부과세액을 징수하지 않음 – 징수하여야 할 금액이 50만원 미만인 경우

구 분	내 용
	- 간이과세자가 일반과세자로 변경되어 변경 이전 1월 1일 ~ 6월 30일까지의 과세기간이 적용되는 간이과세자인 경우 - 국세징수법에서 규정하고 있는 사유(재난 등의 사유)로 관할 세무서장이 징수하여야 할 금액을 간이과세자가 납부할 수 없다고 인정되는 경우 • 전자고지세액 공제 - 납세자가 전자송달의 방법으로 납부고지서의 송달을 신청한 경우 신청한 달의 다음 다음 달 이후 송달하는 분부터 예정부과 규정에 따라 결정·징수하는 부가가치세의 납부세액에서 납부고지서 1건당 1천원 공제
예외 (예정신고 · 납부)	• 선택적 예정신고 : 휴업 또는 사업부진 등으로 인하여 예정부과기간의 공급대가의 합계액 또는 납부세액이 직전 과세기간의 공급대가의 합계액 또는 납부세액의 1/3에 미달하는 간이과세자는 예정부과기간의 과세표준과 납부세액을 예정부과기한까지 사업장 관할 세무서장에게 신고할 수 있음 • 필수적 예정신고 : 예정부과기간에 세금계산서를 발급한 간이과세자는 예정부과기간의 과세표준과 납부세액을 예정부과기한까지 사업장 관할세무서장에게 신고하여야 함 - 예정부과기간 납부세액의 결정이 있는 경우 간이과세자가 예정신고를 한 경우에는 그 결정은 없었던 것으로 봄

7-3-2 확정신고와 납부

간이과세자는 과세기간의 과세표준과 납부세액을 그 과세기간이 끝난 후 25일(폐업하는 경우에는 폐업일이 속한 달의 다음 달 25일) 이내에 납세지 관할 세무서장에게 확정신고하고 납부하여야 한다. 해당 과세기간의 부가가치세를 납부할 경우에는 예정부과, 수시부과 및 예정신고에 따라 납부한 세액은 공제하고 납부한다.

■ 부가가치세법 시행규칙 [별지 제44호서식] 〈개정 2023.6.30.〉　　　홈택스(www.hometax.go.kr)에서도 신청할 수 있습니다.

간이과세자 부가가치세 [　]예정신고서 [　]신고서 [　]기한후과세표준신고서

(4쪽 중 1쪽)

관리번호							처리기간	즉시

신고기간	년 (　월　일 ~ 　월　일)					

사업자	상　　호		성명(대표자명)		사업자등록번호	□□□ - □□ - □□□□□	
	생년월일			전화번호	사업장	주소지	휴대전화
	사업장 소재지				전자우편주소		

① 신고내용

구 분				금액	부가가치율	세율	세 액
과세표준 및 매출세액	21.6.30. 이전 과세분	전기·가스·증기 및 수도사업	(1)		5/100	10/100	
		소매업, 재생용 재료수집 및 판매업, 음식점업	(2)		10/100	10/100	
		제조업, 농·임·어업, 숙박업, 운수 및 통신업	(3)		20/100	10/100	
		건설업, 부동산임대업, 그 밖의 서비스업	(4)		30/100	10/100	
	21.7.1. 이후 과세분	소매업, 재생용 재료수집 및 판매업, 음식점업	(5)		15/100	10/100	
		제조업, 농·임·어업, 소화물 전문 운송업	(6)		20/100	10/100	
		숙박업	(7)		25/100	10/100	
		건설업, 운수 및 창고업(소화물 전문 운송업 제외), 정보통신업, 그 밖의 서비스업	(8)		30/100	10/100	
		금융 및 보험 관련 서비스업, 전문·과학 및 기술서비스업(인물사진 및 행사용 영상 촬영업 제외), 사업시설관리·사업지원 및 임대서비스업, 부동산 관련 서비스업, 부동산임대업	(9)		40/100	10/100	
	영세율 적용분	세금계산서 발급분	(10)			0/100	
		기타	(11)			0/100	
	재고 납부세액		(12)				
	합계		(13)				㉮
공제세액	매입세금계산서등 수취세액공제	21.6.30. 이전 공급받은 분	(14)				
		21.7.1. 이후 공급받은 분	(15)				
	의 제 매 입 세 액 공 제		(16)				
	매입자발행 세금 계산서 세액공제	21.6.30. 이전 공급받은 분	(17)				
		21.7.1. 이후 공급받은 분	(18)				
	전 자 신 고 세 액 공 제		(19)				2쪽 참조
	전자세금계산서 발급세액 공제		(20)				
	신용카드매출전표등 발행세액공제	21.6.30. 이전 공급한 분	(21)				
		21.7.1. 이후 공급한 분	(22)				
	기타		(23)				
	합계		(24)				㉯
매입자 납부특례 기 납부세액			(25)				㉰
예정 부과(신고) 세액			(26)				㉱
가산세액계			(27)				㉲
차감 납부할 세액(환급받을 세액) (㉮-㉯-㉰-㉱+㉲)			(28)				

② 과세표준 명세

	업　태	종　목	업 종 코 드	금 액
(29)				
(30)				
(31)	기타(수입금액 제외분)			
(32)	합　　　　계			

③ 면세수입금액

	업　태	종　목	업 종 코 드	금 액
(33)				
(34)				
(35)	수입금액 제외분			
(36)	합　　　　계			

④ 국세환급금계좌신고		거래은행	은행	지점	계좌번호	
⑤ 폐 업 신 고		폐업연월일	. .		폐업사유	
⑥ 영세율상호주의		여[　] 부[　]	적용구분		업종	해당 국가

「부가가치세법 시행령」 제114조제3항 및 「국세기본법」 제45조의3에 따라 위의 내용을 신고하며, 위 내용을 충분히 검토하였고 신고인이 알고 있는 사실 그대로를 정확하게 작성하였음을 확인합니다.

　　　　　　　　　　　　　　　　　　　　　　　　　　　　　　　년　　월　　일

　　　　　　　　　　　　　　　　　　　신고인 :　　　　　　　　　(서명 또는 인)

세무대리인은 조세전문자격자로서 위 신고서를 성실하고 공정하게 작성하였음을 확인합니다.

　　　　　　　　　　　　　　　　　　　세무대리인 :　　　　　　　(서명 또는 인)

　　　　세무서장　　귀하

세무대리인	성 명		사업자등록번호		전화번호	

210mm×297mm[백상지(80g/㎡) 또는 중질지(80g/㎡)]

7-3-3 납부의무의 면제

간이과세자는 해당 과세기간에 대한 공급대가의 합계액이 4,800만원 미만이면 예정부과·납부 및 예정신고·납부 규정에도 불구하고 납부세액의 납부의무를 면제한다(사업자 등록 및 신고의무는 면제되는 것이 아님). 한편, 납부의무가 면제되는 간이과세자가 자진납부한 사실이 확인되면 납세지 관할 세무서장은 납부한 금액을 환급하여야 한다.

납부의무면제 규정을 적용할 때 과세기간이 12개월 미만인 간이과세자에 대해서는 다음과 같이 그 공급대가의 합계액을 12개월로 환산한 금액을 기준으로 납부의무면제 여부를 판정한다. 이 경우 1개월 미만의 끝수가 있으면 1개월로 한다.

구 분	내 용
해당 과세기간에 신규로 사업을 시작한 간이과세자	그 사업개시일부터 그 과세기간 종료일까지의 공급대가의 합계액
휴업자·폐업자 및 과세기간 중 과세유형을 전환한 간이과세자	그 과세기간 개시일부터 휴업일·폐업일 및 과세유형 전환일까지의 합계액
일반과세자에서 간이과세자로 변경되어 7월 1일부터 12월 31일까지의 과세기간을 적용받는 간이과세자	해당 과세기간의 공급대가의 합계액

01. 부가가치세법상 예정신고납부에 대한 설명이다. 가장 옳지 않은 것은(개인사업자는 일반과세자라고 가정)?

① 법인사업자(직전 과세기간 공급가액의 합계액이 1억 5천만원 미만인 영세법인사업자가 아님)는 예정신고기간 종료 후 25일 이내에 부가가치세를 신고납부하여야 한다.

② 개인사업자는 예정신고기간 종료 후 25일 이내에 예정고지된 금액을 납부하여야 한다.

③ 개인사업자에게 징수하여야 할 예정고지금액이 20만원 미만인 경우 징수하지 아니한다.

④ 개인사업자는 사업실적이 악화된 경우 등 사유가 있는 경우에는 예정신고납부를 할 수 있다.

02. 다음 중 부가가치세법상 예정신고와 납부에 대한 설명으로 틀린 것은?

① 예정고지에 의하여 징수하여야 할 금액이 50만원 미만인 경우 징수하지 아니한다.

② 개인인 일반과세사업자는 어떠한 경우라도 예정신고를 할 수 없다.

③ 일반환급의 경우에는 예정신고시에 환급되지 아니한다.

④ 예정신고를 한 사업자는 확정신고시 이미 신고한 과세표준과 납부세액은 신고하지 아니한다.

03. 다음 부가가치세법상 설명 중 (㉠) 안에 들어갈 내용으로 알맞은 것은(일반과세자 중 개인사업자 가정)?

> 휴업 또는 사업부진으로 인하여 각 예정신고기간의 공급가액이 직전 과세기간의 공급가액의 (㉠)에 미달하는 자는 예정신고를 하고 그에 따른 납부세액을 납부할 수 있다.

① 2.5분의 1   ② 2분의 1

③ 1.5분의 1   ④ 3분의 1

04. 다음 중 부가가치세법상 조기환급 대상에 대한 내용으로 가장 바르지 않은 것은?

① 영세율을 적용받는 경우
② 사업자가 대통령령으로 정하는 사업 설비를 신설·취득·확장 또는 증축하는 경우
③ 사업자가 대통령령으로 정하는 재무구조개선계획을 이행 중인 경우
④ 신규사업자의 최초 과세기간에 발생한 환급세액

05. 개인사업자가 20×2년 3월 30일에 사업설비를 취득하고, 4월 25일까지 부가가치세 조기환급신고를 한 경우 부가가치세법상 부가가치세의 조기환급은 언제까지 해 주는가?

① 1기 예정신고기한으로부터 10일 이내
② 1기 예정신고기한으로부터 15일 이내
③ 1기 예정신고기한으로부터 30일 이내
④ 1기 확정신고기한으로부터 30일 이내

06. 다음 중 부가가치세법상의 환급에 대한 설명 중 잘못된 것은?

① 일반환급의 경우는 과세기간별로 환급세액을 확정신고기한 경과 후 30일 이내에 환급한다.
② 조기환급의 경우에는 조기환급 신고기한 경과 후 15일 이내에 환급한다.
③ 영세율을 적용받는 경우에는 조기환급을 신청할 수 있다.
④ 조기환급은 과세기간 또는 예정신고기간별로만 신고가능하다.

07. 다음 중 부가가치세법상 조기환급에 대한 설명으로 옳지 않은 것은?

① 사업자가 재화의 수출 등의 사유로서 영세율을 적용받는 경우 조기환급신고를 할 수 있다.
② 사업자가 사업 설비를 신설·취득·확장 또는 증축하는 경우 조기환급신고를 할 수 있다.
③ 사업자가 조기환급신고 요건에 부합하여 조기환급신고기간 내에 신고하는 경우 납세지 관할 세무서장은 신고 기한으로부터 15일 이내에 환급하여야 한다.
④ 조기환급신고는 반드시 3개월 단위로 다음 달 25일까지 신고해야 한다.

08. 다음 중 부가가치세법상 부가가치세 조기환급 신고를 할 수 없는 경우는?

① 사업자가 영세율을 적용받는 경우
② 사업자가 면세를 적용받는 경우
③ 사업자가 공장건물을 신축하는 경우
④ 사업자가 기계장치를 취득하는 경우

09. 다음 중 부가가치세법상 설명으로 틀린 것은?

① 법인사업자의 경우 예정신고 의무가 있다.
② 개인사업자의 경우 예정고지세액이 30만원 미만이면 징수하지 않는다.
③ 예정신고기간의 공급가액이 직전 과세기간의 공급가액의 3분의 1에 미달하는 개인사업자도 예정신고를 할 수 있다.
④ 개인사업자는 조기환급 신고를 할 수 없다.

10. 다음 중 부가가치세법상 조기환급 대상이 아닌 것은?

① 영세율적용대상인 수출재화가 있는 경우
② 감가상각대상 사업설비를 신설 및 증축하는 경우
③ 법에서 정한 재무구조개선계획을 이행중인 경우
④ 면세포기를 하는 경우

11. 다음 중 부가가치세법상 간이과세자의 경우 해당 과세기간에 대한 공급대가가 얼마 미만인 경우에 납세의무가 면제되는가?

① 1,200만원   ② 2,400만원
③ 3,000만원   ④ 4,800만원

IV

소득세법의 기초 내용

제4장

소득세법의 기초 내용

소득세(individual income tax)는 개인이 일정기간 동안 얻은 소득에 대하여 과세하는 국세이다. 소득세는 넓은 의미로는 개인의 소득에 대하여 과세하는 개인소득세와 법인의 소득에 대하여 과세하는 법인소득세를 모두 포함하지만, 우리나라 세법에서는 개인소득세만을 소득세라고 하고 법인소득세는 법인세라는 별도 세목으로 구분하고 있다.

01 소득세의 개요

 과세대상소득

소득세법에서는 과세대상인 개인의 소득을 소득의 성격에 따라 8가지인 이자소득, 배당소득, 사업소득, 근로소득, 연금소득, 기타소득, 퇴직소득, 양도소득으로 구분하고 있다.

각각의 소득에 대한 개념은 다음과 같다.

1. 이자소득 : 금전을 대여하고 받는 대가
2. 배당소득 : 주주나 출자자가 이익이나 잉여금을 분배받음으로써 발생하는 소득
3. 사업소득 : 독립된 지위에서 영리목적을 가지고 계속적·반복적으로 하는 사업활동에서 얻는 소득
4. 근로소득 : 근로자가 고용계약 또는 이와 유사한 계약에 따라 종속적인 지위에서 근로를 제공하고 그 대가로 지급받는 모든 금품
5. 연금소득 : 일정기간 기여금 납부하고 나중에 퇴직 등의 원인에 의하여 정기적으로 일정액을 받는 연금
6. 기타소득 : 이자소득·배당소득·사업소득·근로소득·연금소득·퇴직소득·양도소득 이외의 소득으로서 소득세법에 기타소득으로 열거된 소득(대체로 일시적·우발적으로 발생한 소득)
7. 퇴직소득 : 임원 또는 사용인이 근로제공을 종료하고 현실적으로 퇴직함으로써 근로의 대가로 지급받는 금품
8. 양도소득 : 부동산 등 특정한 자산을 양도함으로써 발생하는 소득

소득세의 과세방법은 종합과세, 분류과세, 분리과세로 구분한다.

종합과세(comprehensive taxation)란 소득의 종류에 관계없이 일정기간 단위로 합산(종합)하여 하나의 계산구조에 통합하여 과세하는 방식을 말하는 것으로, 소득세법에서는 이자소득·배당소득·사업소득·근로소득·연금소득·기타소득의 6가지 소득(6가지 소득을 합쳐서 종합소득이라고 함)에 대하여 종합과세한다.

소득을 종합과세하는 이유는 소득의 종류와 관계없이 동일한 크기의 과세표준에 대하여 동일한 소득세 부담이 될 수 있도록 하기 위함이다. 구체적으로 살펴보면, 종합소득에 대한 세율은 과세표준의 크기에 따라 6%~45%까지의 누진세율구조이기 때문에, 과세표준이 클수록 소득세 부담이 높아지는 구조이다. 종합소득에 대한 세율은 다음과 같다.

과세표준	1,400만원 이하	1,400만원 초과 ~ 5,000만원 이하	5,000만원 초과 ~ 8,800만원 이하	8,800만원 초과 ~ 1억 5천만원 이하	1억 5천만원 초과 ~ 3억원 이하	3억원 초과 ~ 5억원 이하	5억원 초과 ~ 10억원 이하	10억원 초과
세율	6%	15%	24%	35%	38%	40%	42%	45%

종합소득산출세액의 계산

- 종합소득산출세액은 종합소득과세표준에 세율(기본세율)을 곱하여 계산
- 종합소득산출세액의 계산방법

종합소득과세표준		종합소득산출세액
	1,400만원 이하	과세표준×6%
1,400만원 초과	5,000만원 이하	84만원 + (과세표준 − 1,400만원)×15%
5,000만원 초과	8,800만원 이하	624만원 + (과세표준 − 5,000만원)×24%
8,800만원 초과	1억5천만원 이하	1,536만원 + (과세표준 − 8,800만원)×35%
1억5천만원 초과	3억원 이하	3,706만원 + (과세표준 − 1억5천만원)×38%
3억원 초과	5억원 이하	9,406만원 + (과세표준 − 3억원)×40%
5억원 초과	10억원 이하	1억7,406만원 + (과세표준 − 5억원)×42%
10억원 초과		3억8,406만원 + (과세표준 − 10억원)×45%

예를 들어, 김규혜씨는 근로소득에 대한 과세표준이 2,800만원이고, 김정록씨는 근로소득과 사업소득에 대한 과세표준이 각각 1,400만원인 경우 종합과세하지 않고 개별소득에 대해 따로 과세한다면 김규혜씨의 소득세액은 294만원(1,400만원×6% + 1,400만원×15%)이 될 것이고, 김정록씨의 소득세액은 168만원(1,400만원×6% + 1,400만원×6%)이 될 것이다. 즉, 김규혜씨와 김정록

씨의 소득에 대한 과세표준은 2,800만원으로 동일하지만 소득세액은 차이가 발생하는 불합리한 측면이 있기 때문에 종합과세를 하고 한다.

분류과세(schedular taxation)란 소득을 종류별로 구분하여 각각 별도의 계산구조에서 개별적으로 과세하는 방식을 말하는 것으로, 소득세법에서는 퇴직소득 및 양도소득은 종합소득과 합산하여 과세하지 않고 별도로 분류과세한다.

퇴직소득과 양도소득을 분류과세하는 이유는, 퇴직소득과 양도소득의 경우 오랜 기간에 걸쳐 누적된 소득이 퇴직시점 또는 양도시점에 한꺼번에 실현되기 때문에 종합소득과 합산하여 누진세율을 적용하게 되면, 실현된 시점이 속하는 특정한 연도의 세부담이 엄청나게 많아지는 결과가 나타나기 때문에 분류과세하고 있다.

분리과세(separate taxation)란 일정 소득에 대하여 기간별로 합산하여 과세하지 않고 소득이 지급될 때 소득세를 원천징수함으써 과세를 종결하는 방식을 말하는 것으로, 소득세법에서는 종합소득 중 일부 이자소득·배당소득·근로소득·연금소득·기타소득에 대하여 분리과세하고 있다. 종합소득은 종합과세하는 것이 원칙이지만, 소득의 크기가 작은 종합소득에 대해서는 원천징수로 과세를 종결시키는 것이 과세관청과 납세의무자 측면에서 간편하기 때문에 일부 종합소득에 대해서는 분리과세를 하고 있다.

과세대상소득과 과세방법을 정리하면 다음과 같다.

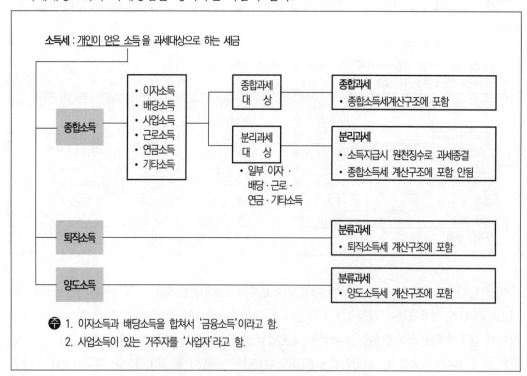

1-3-1 과세소득의 범위와 규정방식

과세소득의 범위를 정하는 방법에는 소득원천설과 순자산증가설이 있고, 과세소득을 규정하는 방식에는 열거주의와 포괄주의가 있다.

구분		내 용
과세소득 범위	소득원천설	일정한 원천에서 계속적·경상적으로 발생한 소득만 과세대상으로 하고 일시적·우발적으로 발생한 소득은 과세대상에서 제외
	순자산증가설	계속적·경상적 소득 뿐만 아니라 일시적·우발적으로 발생한 소득(즉, 소득의 발생원천과 상관없이)도 순자산을 증가시키는 소득이면 모두 과세대상에 포함
과세소득 규정방식	열거주의	세법에 구체적으로 열거된 소득만 과세대상으로 하는 입법기술
	포괄주의	• 완전포괄주의 : 세법에 열거된 소득은 과세대상 소득의 예시에 불과하며 원칙적으로 모든 소득을 과세대상으로 하고, 세법에 별도로 과세소득이 아니라고 규정된 소득만을 과세대상에서 제외하는 방법 • 유형별 포괄주의 : 일부 유형에는 열거주의 과세방법을 사용하고, 다른 일부 유형에는 포괄주의 과세방법을 사용하는 입법기술

우리나라 소득세는 과세소득의 범위와 관련해서는 소득원천설을 기본으로 하고 있지만, 기타소득·퇴직소득·양도소득과 같이 일시적인 소득에 대해서도 과세하고 있기 때문에 순자산증가설을 일부 가미하고 있다고 할 수 있다. 소득원천설을 기본으로 하고 있기 때문에 과세소득의 규정방식으로 열거주의를 기본으로 채택하고 있지만, 열거주의가 새로운 형태의 소득의 발생했을 때 세법에서 열거하기 전에는 과세할 수 없다는 단점을 보완하기 위하여 이자소득·배당소득·사업소득의 경우 유형별 포괄주의를 채택하여 열거된 소득과 유사한 소득에 대해서 과세할 수 있도록 하고 있다.

1-3-2 신고납세제도

종합소득·퇴직소득·양도소득이 있는 자는 다음 연도 5월 1일부터 5월 31일까지(성실신고 확인 대상자는 5월 1일부터 6월 30일까지) 확정신고를 하여야 한다. 소득세는 신고납세제도를 채택하고 있으므로 확정신고를 하면 소득세의 납세의무가 확정된다. 금융투자소득이 있는 자의 경우는 종합소득·퇴직소득·양도소득과는 다른 신고납세제도를 채택하고 있다(본서의 범위에는 포함시키지 않음).

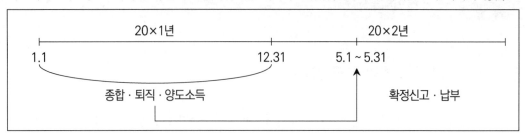

1-3-3 과세단위

과세단위란 종합과세에 있어서 소득을 종합하는 인적단위를 말하며, 소득세법상 과세단위는 다음과 같다.

구분	내 용
원칙	개인단위 과세방식(개인별 과세)
예외	• 세대단위 합산과세(조세회피목적 공동사업 소득에 대한 공동사업합산과세) : 소득세의 초과누진세율로 인한 누진세 부담을 회피하기 위하여 소득 귀속자의 명의를 허위로 분산하여 누진세 부담을 회피하는 경우를 방지하기 위하여 일정한 사유에 해당하는 공동사업의 소득에 대해서는 세대단위로 합산과세를 하는 것

1-3-4 인적공제제도

소득세는 인적인 사정에 따른 담세력을 고려하여 일정한 인적공제제도를 채택하고 있다. 인적공제제도의 대표적인 예로는 소득공제제도(기본공제, 추가공제)를 들 수 있다.

1-3-5 원천징수제도

원천징수(tax withholding)란 소득을 지급할 때 지급하는 자(원천징수의무자)가 그 지급받는 자(소득의 귀속자)의 세액을 징수하여 그 나머지 금액만을 지급하고 징수한 세액을 그 다음 달 10일까지 과세관청에 납부하는 제도이다. 예를 들면, 회사가 근로자에게 10월분 급여(10,000원)을 지급할 때 그 급여에서 원천징수세액(1,200원)을 징수하고 나머지 금액(8,800원)만을 근로자에게 지급하고 원천징수한 세액(1,200원)을 11월 10일까지 과세관청에 납부하는 것이다.

원천징수제도는 과세당국 입장에서는 세금탈루를 방지하고 세금수입의 조기확보와 재정수입을 평준화할 수 있다는 장점이 있지만, 소득을 지급하는 자(원천징수의무자) 입장에서는 과중한 납세협력의무를 이행해야 하는 문제가 있다.

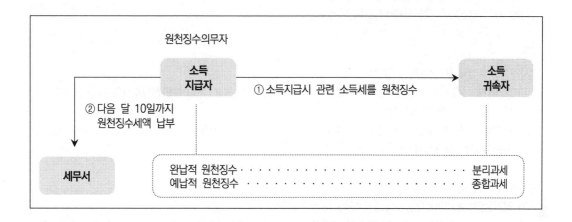

소득세법에서는 이자소득·배당소득·특정한 사업소득·근로소득·연금소득·기타소득 및 퇴직소득을 지급할 때 원천징수를 하도록 하고 있으며, 양도소득과 대부분의 사업소득에 대해서만 원천징수대상에서 제외하고 있다.

원천징수제도는 완납적 원천징수와 예납적 원천징수로 구분할 수 있는데, 완납적 원천징수는 소득의 지급자(원천징수의무자)가 원천징수한 것으로, 소득을 지급받는 자(소득의 귀속자)에 대한 과세가 종결되고 별도로 정산을 하지 않는 방식을 말한다. 한편, 예납적 원천징수는 소득의 지급자(원천징수의무자)가 일단 원천징수하고 소득을 지급받는 자(소득의 귀속자)가 나중에 납세의무를 확정할 때 다시 정산하는 방식이다. 즉 소득을 지급받는 자는 원천징수의 대상이 된 소득도 나중에 확정신고 등을 할 때 과세표준에 포함시켜 세액을 계산한 후 이미 원천징수된 세액(기납부세액)은 공제하는 방식이다.

완납적 원천징수인지 예납적 원천징수인지에 관계없이 소득의 지급자(원천징수의무자) 입장에서 처리하는 원천징수업무는 동일하다. 하지만, 소득을 지급받는 자(소득의 귀속자) 입장에서는 지급받은 소득이 완납적 원천징수대상에 해당되면 원천징수된 것으로 과세가 종결(별도로 신고·납부할 필요가 없음)되기 때문에 해당 소득은 분리과세대상소득이 되고, 예납적 원천징수대상에 해당되면 원천징수되고 나서 나중에 위에서 설명한 정산의 과정을 거쳐야 하기 때문에 해당 소득을 종합과세대상소득(종합소득세계산구조에 포함)이라고 한다.

소득의 지급자(원천징수의무자) 입장에서의 완납적 원천징수와 예납적 원천징수, 소득을 지급받는 자(소득의 귀속자) 입장에서의 분리과세와 종합과세의 관계에 대한 사례는 다음과 같다.

20×1년 5월 20일 경인은행은 김규혜씨에게 소득세 과세대상에 해당하는 이자 2,000만원을 지급하면서 동 이자소득에 대한 원천징수를 하였다. 원천징수세율은 14%로 가정하고, 다음 각 사례별로 경인은행과 김규혜씨의 입장에서 행하여야 할 내용을 설명하시오.

〈사례 1〉 이자소득이 분리과세대상소득인 경우
〈사례 2〉 이자소득이 종합과세대상소득인 경우

[해설]
〈사례 1〉 분리과세대상소득인 경우
 ① 경인은행 : 20×1년 5월 20일 이자 지급시 280만원(2,000만원×14%)을 원천징수하여 다음 달 10일까지 세무서에 납부하여야 한다.
 ② 김규혜씨 : 원천징수로 납세의무가 종결되므로 20×2년 5월 1일부터 5월 31일까지 그 소득에 대하여 종합소득세 확정신고할 필요가 없다.

〈사례 2〉 종합과세대상소득인 경우
 ① 경인은행 : 분리과세대상소득인 경우와 동일하다.
 ② 김규혜씨 : 원천징수는 예납적 성격에 불과하므로 20×2년 5월 종합소득세 확정신고시 '이자소득 총수입금액'에 2,000만원을 포함하고 이미 원천징수당한 280만원을 '기납부세액'으로 공제하여 정산해야 한다.

총수입금액	--------------------	2,000만원 **포함**[*]
(−) 필 요 경 비		
종합소득금액		
⋮		
종합소득총결정세액		
(−) 기납부세액	--------------------	280만원 **차감**
자진납부세액		

* 총수입금액에 산입하는 금액은 원천징수세액 차감 후 실제로 수령한 1,720만원이 아닌 총액 2,000만원이다. 즉, 원천징수된 세액을 포함한 총수입금액을 기준으로 세액을 계산한 후, 그 원천징수당한 세액을 기납부세액으로 차감하는 정산의 과정을 거친다.

정리문제

01. 다음 중 소득세법상 종합과세가 될 수 없는 소득은?

① 사업소득   ② 근로소득

③ 퇴직소득   ④ 연금소득

02. 소득세법상 거주자의 종합소득에 합산하는 소득이 아닌 것은?

① 퇴직소득   ② 사업소득

③ 근로소득   ④ 배당소득

03. 소득세법상 과세대상소득의 과세방법에 대한 내용이다. ㈎, ㈏의 내용을 〈보기〉에서 선택한 것으로 올바른 것은?

소득이 비교적 장기간에 걸쳐 발생하는 퇴직소득 및 양도소득을 종합과세하는 경우에는 ㈎로 인하여 조세부담이 과중하게 되므로 이들 소득은 종합소득으로 과세하지 아니하고 ㈏한다.

〈보기〉	㉠ 누진세율	㉡ 분리과세	㉢ 분류과세

	㈎	㈏			㈎	㈏
①	㉠	㉡		②	㉠	㉢
③	㉡	㉠		④	㉡	㉢

04. 다음 중 소득세법상 괄호 안에 들어갈 소득이 알맞게 짝지어진 것은?

소득세법은 개인의 소득을 종합소득, 퇴직소득, (　　)으로 분류를 하고 있으며 종합소득은 이자소득, 배당소득, 사업소득, 근로소득, 연금소득, (　　)으로 구성되어 있다.

① 산림소득, 일시재산소득   ② 산림소득, 기타소득

③ 양도소득, 일시재산소득   ④ 양도소득, 기타소득

05. 현행 소득세법상 종합소득세의 세율은 초과누진세율구조로 이루어져 있다. 다음 중 종합소득세 최고세율과 최저세율간의 차이는?

① 24%
② 36%
③ 39%
④ 42%

06. 다음 중 소득세법상 과세표준이 3억원 초과 5억원 이하일 때 3억원 초과하는 금액에 대한 세율로 옳은 것은?

① 35%
② 38%
③ 40%
④ 42%

07. 다음 중 소득세법상 종합소득세 과세표준과 적용 세율이 틀린 것은?

	과세표준	적용세율
①	1,400만원 이하	과세표준의 6%
②	5,000만원 초과 8,800만원 이하	624만원+(5,000만원 초과하는 금액의 24%)
③	8,800만원 초과 1억 5천만원 이하	1,536만원+(8,800만원 초과하는 금액의 35%)
④	1억 5천만원 초과 5억원 이하	3,760만원+(1억 5천만원 초과하는 금액의 38%)

08. 소득세법상 거주자의 종합소득 과세표준이 14,000,000원인 경우, 산출세액으로 옳은 것은?

① 840,000원
② 920,000원
③ 1,020,000원
④ 1,120,000원

09. 다음 소득세법상 설명으로 (   )안에 알맞은 것을 고르시오.

소득세법상 원천징수의무자는 원천징수한 소득세를 그 징수일이 속하는 달의 다음 달 (   )일까지 대통령령으로 정하는 바에 따라 원천징수 관할 세무서, 한국은행 또는 체신관서에 납부하여야 한다.

① 5
② 7
③ 10
④ 14

10. 다음 중 현행 소득세법의 특징으로 볼 수 없는 것은?

① 기간과세제도이다.　　　　　　② 누진세율을 적용한다.

③ 거래에 대하여 과세한다.　　　　④ 법률상 납세자와 담세자가 일치한다.

11. 다음 중 소득세법의 특징으로 적절하지 않은 것은?

① 누진과세　　　　　　　　　　② 원천징수

③ 소득원천설　　　　　　　　　④ 포괄주의

12. 우리나라 소득세법의 특징으로 가장 적절하지 못한 것은?

① 누진과세　　　　　　　　　　② 개인별 과세

③ 순자산증가설　　　　　　　　④ 신고납세주의

13. 다음 중 소득세법의 특징으로 가장 적절하지 않은 것은?

① 완전포괄주의　　　　　　　　② 초과누진세율제도

③ 소득원천설　　　　　　　　　④ 주소지 과세제도

14. 다음 중 소득세법에 대한 설명으로 잘못된 것은?

① 소득세는 지방세이며 간접세에 해당된다.

② 소득세법상 납세의무자인 개인은 거주자와 비거주자로 구분하여 납세의무의 범위를 정한다.

③ 소득세법은 열거주의 과세방식이나 이자소득, 배당소득, 사업소득은 유형별 포괄주의를 채택하고 있다.

④ 종합소득은 원칙적으로 종합과세하고 퇴직소득, 양도소득은 분류과세한다.

15. 다음 중 우리나라 소득세의 특징을 설명한 것으로 가장 적절하지 않은 것은?

① 소득세는 개인의 소득을 과세대상으로 하여 부과하는 직접세이다.

② 소득세법상 소득이란 반드시 열거된 소득만을 의미한다.

③ 소득세는 단계별 초과누진세율을 적용하여 세금을 납부하게 한다.

④ 소득세법은 납세편의를 도모하기 위하여 원천징수제도를 시행하고 있다.

16. 다음 중 소득세법상 소득세의 특징을 설명한 것으로 적절한 것은?

① 소득세는 개인의 소득을 과세대상으로 하여 부과하는 간접세이다.

② 소득세는 국세이다.

③ 소득세법은 순자산증가설을 원칙으로 채택하고 있다.

④ 소득세법은 소득공제시 과세형평을 위해 개인의 부양가족을 고려하지 않는다.

17. 다음 중 소득세법의 특징으로 적절하지 않은 것은?

① 초과누진세율을 적용한다.

② 원천징수제도를 시행하고 있다.

③ 개인별 소득을 기준으로 과세하는 개인단위 과세를 원칙으로 한다.

④ 소득세법은 열거주의 과세 방법만을 채택하고 있다.

18. 다음 중 소득세의 특징에 관한 설명으로 가장 옳은 것은?

① 소득세는 정부부과과세제도를 채택하고 있다.

② 소득세는 공평과세를 위해 개인의 인적사항을 고려하지 않는다.

③ 소득세는 개인별 소득을 기준으로 과세하는 개인 단위 과세를 원칙으로 한다.

④ 유사한 소득을 포함하는 유형별 포괄주의 과세방법만을 채택하고 있다.

02 납세의무자 등

납세의무자

소득세는 개인 뿐만 아니라 국세기본법에 따라 '법인으로 보는 단체 외의 법인 아닌 단체'도 소득세 납세의무를 지는 납세의무자이다.

2-1-1 개인(거주자와 비거주자)

소득세법상 개인은 거주자와 비거주자로 구분하고 있는데, 구분하는 이유는 거주자와 비거주자에 대한 납세의무의 대상이 되는 과세소득의 범위에 차이를 두고 있기 때문이다(거주자인지 여부 판정은 국적 또는 영주권 취득과는 무관).

구분	구분 기준	납세의무대상인 과세소득의 범위
거주자	국내에 주소를 두거나 183일 이상 거소를 둔 개인	• 원칙 : 국내외 모든 소득 과세(무제한 납세의무) • 특례 : 외국인 단기거주자의 경우는 국내원천소득 및 국내에서 지급되거나 국내로 송금된 국외원천소득만 과세
비거주자	거주자가 아닌 개인	• 국내원천 소득 과세(제한 납세의무)

> **추가설명**
> 1. 거소 : 주소지 외의 장소 중 상당기간에 걸쳐 거주하는 장소로서 주소와 같이 밀접한 일반적 생활관계가 형성되지 아니한 장소(국내에 거소를 둔 기간은 입국하는 날의 다음 날부터 출국하는 날까지로 함)
> 2. 국내에 거소를 둔 기간이 1과세기간 동안 183일 이상인 경우에는 국내에 183일 이상 거소를 둔 것으로 본다.
> 3. 외국인 단기거주자 : 해당 과세기간 종료일 10년 전부터 국내에 주소·거소를 둔 기간의 합계가 5년 이하인 외국인 거주자

주소는 국내에서 생계를 같이 하는 가족 및 국내에 소재하는 자산의 유무 등 생활관계의 객관적 사실에 따라 판정한다. 국내에 주소가 있는 것으로 보는 경우(거주자로 보는 경우)와 국외에 주소가 있는 것으로 보는 경우(비거주자로 보는 경우)는 다음과 같다.

국내에 주소가 있는 것으로 보는 경우 (거주자로 의제)	국외에 주소가 있는 것으로 보는 경우 (비거주자로 의제)
① 국내에 거주하는 개인이 계속하여 183일 이상 국내에 거주할 것을 요하는 직업을 가진 때 ② 국내에 생계를 같이하는 가족이 있고, 그 직업·자산상태에 비추어 계속 183일 이상 국내에 거주할 것으로 인정되는 때	① 국외에 거주 또는 근무하는 자가 외국국적을 가졌거나 외국의 영주권을 얻은 자로서 국내에 생계를 같이하는 가족이 없고, 그 직업·자산상태에 비추어 다시 입국하여 주로 국내에 거주하리라고 인정되지 않는 때
③ 외국항행 승무원으로서 생계를 같이 하는 가족이 거주하는 장소 또는 그 승무원이 근무시간 이외의 기간 중 통상 체재하는 장소가 국내에 있는 때	② 외국항행 승무원으로서 생계를 같이 하는 가족이 거주하는 장소 또는 그 승무원이 근무시간 이외의 기간 중 통상 체재하는 장소가 국외에 있는 때
④ 국외근무공무원 또는 해외파견임직원*은 계속하여 183일 이상 국외에 거주하여도 항시 거주자로 봄	③ 주한외교관과 그 가족(대한민국 국민 제외), 합중국군대의 구성원·군무원 및 그들의 가족은 항시 비거주자로 봄

* 해외파견임직원 : 거주자·내국법인의 국외사업장이나 내국법인이 100%를 직접 또는 간접 출자한 해외현지법인 등에 파견된 임직원을 말함. 이러한 해외파견임직원이 파견기간 종료 후 재입국할 것으로 인정되는 경우에는 파견기간 및 외국국적·영주권 취득과 관계없이 거주자로 봄

비거주자가 거주자가 되는 시기는 국내에 주소를 둔 날·국내에 거소를 둔 기간이 183일이 되는 날·국내에 주소를 둔 것으로 보는 사유가 발생한 날이며, 거주자가 비거주자가 되는 시기는 거주자가 주소 또는 거소의 국외이전을 위하여 출국한 날의 다음 날·국내에 주소가 없는 것으로 보는 사유가 발생한 날의 다음날이다.

2-1-2 법인으로 보는 단체 외의 법인 아닌 단체

국세기본법에 따른 법인 아닌 단체 중 법인으로 보는 단체 외의 법인 아닌 단체는 국내에 주사무소 또는 사업의 실질적 관리장소를 둔 경우에는 1거주자로, 그 밖의 경우에는 1비거주자로 보아 소득세법을 적용한다. 단체를 1거주자 또는 1비거주자로 보는 경우에는 단체가 소득세 납세의무를 지므로, 그 단체의 소득을 대표자나 관리인의 다른 소득과 합산하지 않는다.

2-2 과세기간

소득세는 1월 1일부터 12월 31일까지를 과세기간으로 하고(기간단위 과세), 납세의무자가 과세기간을 임의로 정할 수 없다. 그 이유는 신규사업개시자 또는 폐업자일지라도 사업개시 전 또는 폐업 후에도 과세대상소득이 있을 수 있기 때문이다. 다만, 거주자가 사망한 경우와 거주자가 비거주자가 되는 경우에는 예외를 두고 있다.

구분		과세기간
원 칙		1월 1일 ~ 12월 31일
예 외	거주자가 사망한 경우	1월 1일 ~ 사망일
	거주자가 비거주자가 되는 경우	1월 1일 ~ 출국일

2-3 납세지

납세지는 납세자의 의무와 과세관청이 권리를 행사하는 장소적 기준을 말하는 것으로, 소득세의 납세지는 다음과 같다.

2-3-1 소득세 납세지

구분	납 세 지
거주자	주소지(주소지가 없는 경우 : 거소지)
비거주자	국내사업장의 소재지(국내사업장이 둘 이상 있는 경우 : 주된 국내사업장의 소재지, 국내사업장이 없는 경우 : 국내원천소득이 발생하는 장소)

거주자 또는 비거주자가 사망하여 그 상속인이 피상속인에 대한 소득세의 납세의무자가 된 경우에는 그 소득세의 납세지는 피상속인·상속인 또는 납세관리인의 주소지나 거소지 중 상속인 또는 납세관리인이 관할 세무서장에게 신고하는 장소로 한다.

한편, 원천징수하는 소득세의 납세지는 원천징수의무자가 거주자인 경우에는 그 거주자의 주된 사업장 소재지로 하고, 원천징수의무자가 비거주자인 경우에는 그 비거주자의 주된 국내사업장 소재지로 한다.

2-3-2 납세지 지정

국세청장 또는 관할 지방국세청장은 납세지의 신청이나 직권으로 납세지를 지정할 수 있다.
신청에 의한 납세지 지정은 사업소득이 있는 거주자가 사업장 소재지를 납세지로 신청한 때에만
지정할 수 있고, 정부직권에 의한 납세지 지정은 신청에 의한 납세지 지정을 받을 수 있는 자 외의
거주자 또는 비거주자로서 납세지가 납세의무자의 소득상황으로 보아 부적당하거나 납세의무를
이행하기에 불편하다고 인정되는 경우에 지정할 수 있다.

2-3-3 납세지 변경

납세지가 변경된 때에는 그 변경된 날부터 15일 이내에 납세지변경신고서를 변경 후의 관할
세무서장에게 제출하여야 한다. 다만, 부가가치세법에 따라 사업자등록정정을 한 경우에는 소득세
법에 의한 납세지 변경신고를 한 것으로 본다.
개인이 납세지 변경을 신고하지 않은 경우(무신고)에는 주소지를 이전하면 납세지는 자동적으로
변경된다(비교 : 법인세법의 적용을 받는 법인의 경우 납세지 변경신고가 없는 경우 종전의 납세지
를 법인의 납세지로 한다).

| 2-4 | **신고와 납부** |

2-4-1 소득세 과세표준의 확정신고

해당 과세기간의 종합·퇴직·양도소득금액이 있는 거주자는 종합·퇴직·양도소득 과세표준을
그 과세기간의 다음연도 5월 1일부터 5월 31일까지 납세지 관할세무서장에게 신고하여야 한다(금
융투자소득이 있는 자의 경우는 종합소득·퇴직소득·양도소득과는 다른 신고납세제도를 채택하
고 있으며 본서의 범위에는 포함시키지 않음). 사업자 중 복식부기의무자의 경우에는 확정신고시
재무상태표·손익계산서와 그 부속서류, 합계잔액시산표, 조정계산서를 반드시 제출하여야 하며,
이를 미제출한 경우에는 무신고로 본다.
사업자는 복식부기의무자와 간편장부대상자로 구분할 수 있는데, 복식부기의무자는 소득금액을
계산할 수 있도록 증빙서류 등을 갖추고 그 사업에 관한 모든 거래 사실이 객관적으로 파악될 수

있도록 복식부기에 따라 장부에 기록·관리하여야 하는 사업자이며, 간편장부대상자는 업종별 일정규모 미만의 사업자로서 간편장부를 갖추어 그 사업에 관한 거래 사실을 기재한 경우에 복식부기에 따른 장부를 비치·기록한 것으로 보는 사업자를 말한다.

예외적으로, 확정신고를 하여야 하는 거주자가 출국하는 경우에는 출국일이 속하는 과세기간의 과세표준을 출국일 전날까지 신고하여야 하며, 거주자가 사망한 경우에는 상속인은 상속개시일이 속하는 달의 말일부터 6개월이 되는 날까지 사망일이 속하는 과세기간에 대한 그 거주자의 과세표준을 신고하여야 한다.

한편, 성실한 납세를 위하여 필요하다고 인정된 해당 과세기간의 수입금액이 일정규모 이상의 사업자를 성실신고확인대상자라고 하는데, 성실신고확인대상자는 종합소득과세표준 확정신고를 할 때 성실신고확인서를 납세지 관할 세무서장에게 제출하여야 한다. 성실신고확인대상자가 성실신고확인서를 제출한 경우에는 종합소득과세표준 확정신고를 그 과세기간의 다음 연도 5월 1일부터 6월 30일까지 하여야 한다.

2-4-2 소득세 납부

거주자는 해당 과세기간의 과세표준에 대한 소득세를 과세표준 확정신고기한까지 납세지 관할 세무서 등에 납부하여야 한다.

거주자가 납부할 세액이 1천만원을 초과하는 경우에는 납부기한이 경과한 날부터 2개월 이내에 분납(분할납부)할 수 있다. 분납은 납부할 세액이 2천만원 이하인 경우에는 1천만원을 초과하는 금액을 분납할 수 있고, 납부할 세액이 2천만원을 초과할 경우에는 납부할 세액의 50% 이하 금액을 분납할 수 있다.

2-5 종합소득세 계산구조

2-5-1 종합소득금액의 계산

이자소득·배당소득·사업소득·근로소득·연금소득·기타소득으로 구성된 종합소득에 대한 종합소득세 계산을 위해서는 먼저 각 소득별 소득금액을 계산하여야 한다. 각 소득별로 소득금액을 산출하여 모두 합친 금액이 종합소득금액이 된다. 종합소득금액 계산구조는 다음과 같다.

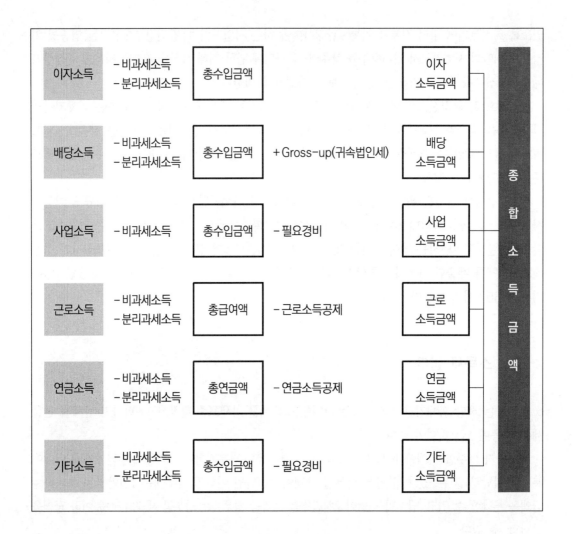

추가설명

1. 소득과 소득금액 개념의 차이
   - 소득 : 비과세소득 · 분리과세소득 · 필요경비 차감 전의 금액
       (소득 − 비과세소득 − 분리과세소득 = 총수입금액)
   - 소득금액 : 총수입금액에서 필요경비 차감 후의 금액(총수입금액 − 필요경비 = 소득금액)
2. 사업소득(분리과세 주택임대소득 제외)은 분리과세소득이 없음
3. 종합소득 중 근로소득과 연금소득에 대해서는 총수입금액이라는 용어 대신 총급여액, 총연금액이라는 용어를 사용
4. 입증되는 필요경비가 공제되지 않는 소득 : 이자소득 · 배당소득 · 근로소득 · 연금소득
   - 이자소득과 배당소득(금융소득)은 필요경비가 전혀 공제되지 않음
   - 근로소득과 연금소득은 입증되는 필요경비를 공제해 주는 것이 아니라 총급여액, 총연금액에 따라 계산되는 금액인 근로소득공제, 연금소득공제를 차감하여 근로소득금액과 연금소득금액을 산출

2-5-2 종합소득세 과세표준과 세액의 계산구조

위에서 산출된 종합소득금액이 종합소득세 계산구조에 들어와서 종합소득차감납부세액(자진납부세액)이 계산된다. 종합소득세 과세표준과 세액의 계산구조는 다음과 같다.

종 합 소 득 금 액
- 종 합 소 득 공 제
종 합 소 득 과 세 표 준
× 기 본 세 율
종 합 소 득 산 출 세 액
- 세 액 감 면 · 공 제
종 합 소 득 결 정 세 액
+ 가 산 세
종 합 소 득 총 결 정 세 액
- 기 납 부 세 액
종 합 소 득 차 감 납 부 할 세 액 (자 진 납 부 세 액)

정 리 문 제

01. 다음 중 소득세법상 (   )안에 들어갈 말로 적당한 것을 고른 것은?

> (   )(이)란 국내에 주소를 두거나 183일 이상의 거소를 둔 개인을 말한다.

① 거주자   ② 비거주자
③ 내국법인   ④ 내국인

02. 다음 중 소득세법상 사용하는 용어의 정의로 맞는 것은?

① 거주자란 국내에 주소를 두거나 183일 이상의 거소를 둔 개인을 말한다.
② 비거주자란 거주자가 아닌 개인이나 단체를 말한다.
③ 내국법인이란 「소득세법」에 따른 내국법인을 말한다.
④ 사업자란 사업소득이 있는 거주자 및 비거주자를 말한다.

03. 다음 중 소득세법상 납세의무자에 대한 설명으로 올바른 것은?

① 거주자란 대한민국 국적을 가진 자를 말한다.
② 거주자 또는 비거주자의 판정에 따라 납세의무의 범위가 달라진다.
③ 거주자는 국내원천소득에 대하여만 납세의무가 있다.
④ 비거주자는 국외원천소득에 대하여만 납세의무가 있다.

04. 다음 중 소득세법상 납세의무자에 관한 내용으로 가장 틀린 것은?

① 소득세의 납세의무자는 과세소득을 얻은 개인으로 거주자와 비거주자로 구분된다.
② 거주자는 국내에 주소를 두거나 90일 이상 거소를 둔 개인을 말한다.
③ 비거주자는 국내원천소득에 대해서만 소득세 납세의무가 발생한다.
④ 거주자는 국외원천소득에도 소득세 납세의무가 발생한다.

05. 다음 중 소득세법상 납세의무자에 대한 설명으로 가장 옳은 것은?

① 비거주자는 소득세의 납세의무가 없다.
② 비거주자는 국내원천소득에 대해서만 소득세를 과세한다.
③ 외국인 강사는 비거주자에 해당한다.
④ 주한외교관과 그 외교관의 세대에 속한 가족도 거주자로 본다.

06. 다음 중 소득세법상 비거주자가 거주자가 되는 시기로 옳지 않은 것은?

① 국내에 주소를 둔 날
② 외국을 항행하는 항공기의 승무원인 경우 그 승무원과 생계를 같이 하는 가족의 주소가 국내에 있는 것으로 보는 사유가 발생한 날
③ 외국인이 국내로 입국하는 시점
④ 국내에 거소를 둔 기간이 183일이 되는 날

07. 다음 중 소득세법상 거주자와 비거주자에 대한 설명으로 틀린 것은?

① 국내에 주소를 둔 사람은 거주자이다.
② 국내에 183일 이상 거소를 둔 사람은 거주자이다.
③ 거주자는 국내원천소득에 대하여만 소득세 납세의무를 진다.
④ 비거주자는 국내에 주소를 둔 날로 거주자가 된다.

08. 다음 중 소득세법상 용어의 설명으로 옳지 않은 것은?

① 거주자란 국내에 주소를 두거나 365일 이상의 거소를 둔 개인을 말한다.
② 주소라 함은 국내에서 생계를 같이하는 가족 및 국내에 소재하는 자산의 유무 등 생활관계의 객관적 사실로서 판단한다.
③ 비거주자란 거주자가 아닌 개인을 말한다.
④ 사업자란 사업소득이 있는 거주자를 말한다.

09. 다음 중 종합소득에 대한 납세의무가 없는 자는?

① 국내원천소득만 있는 거주자   ② 국내원천소득만 있는 비거주자

③ 국외원천소득만 있는 거주자   ④ 국외원천소득만 있는 비거주자

10. 다음 중 소득세법상 20×1년 5월 25일 폐업한 경우 과세기간으로 옳은 것은?

① 20×1.1.1~20×1.5.25   ② 20×1.1.1~20×1.5.26

③ 20×1.1.1~20×1.6.30   ④ 20×1.1.1~20×1.12.31

11. 소득세법상 거주자가 5월 1일 사망한 경우의 과세기간으로 가장 옳은 것은?

① 1월 1일 ~ 6월 30일   ② 1월 1일 ~ 5월 1일

③ 1월 1일 ~ 5월 31일   ④ 1월 1일 ~ 12월 31일

12. 다음 중 소득세법상 국내 거주자가 20×1년 12월 29일 출국하여 비거주자가 되는 경우 과세기간으로 옳은 것은?

① 20×1.1.1. ~ 20×1.12.28.   ② 20×1.1.1. ~ 20×1.12.29.

③ 20×1.1.1. ~ 20×1.12.30.   ④ 20×1.1.1. ~ 20×1.12.31.

13. 다음 중 소득세법의 특징으로 가장 틀린 설명은?

① 소득세의 과세방법으로 종합과세, 분류과세, 분리과세 방법 모두를 채택하고 있다.

② 소득세의 과세기간은 사업개시에는 영향을 받지 않으나 폐업일에는 영향을 받는다.

③ 소득세는 초과누진세율제도를 채택하고 있다.

④ 소득세는 납세자의 주소지 관할 세무서에 신고해야 한다.

14. 다음 중 소득세법상 소득세의 과세기간에 대한 설명으로 가장 알맞은 것은?

① 소득세의 과세기간은 1년 단위로 신청에 의한 기간을 말한다.

② 소득세의 과세기간은 원칙적으로 1월 1일부터 12월 31일까지이다.

③ 국세청장이 필요하다고 인정하는 경우는 과세기간을 변경할 수 있다.

④ 소득세는 7월 1일부터 다음연도 6월 30일까지의 소득에 대하여 과세한다.

15. 다음 중 소득세법에 대한 설명으로 가장 옳지 않은 것은?

① 소득세의 납세지는 거주자의 경우 원칙적으로 주소지이다.

② 소득세는 원칙적으로 신고납세제도를 취하고 있다.

③ 소득세 과세기간은 1년을 초과하지 않는 범위 내에서 선택할 수 있다.

④ 내국법인의 국외사업장에 파견된 임원 및 직원은 거주자로 본다.

16. 다음 중 소득세법상 과세기간에 대한 설명 중 가장 옳은 것은?

① 거주자가 비거주자가 되는 경우 거주자로서의 과세기간 : 해당연도 1월 1일 ~ 출국하는 날

② 비거주자가 거주자로 되는 경우 거주자로서의 과세기간 : 입국일 ~ 해당연도 12월 31일

③ 거주자가 신규로 사업을 개시한 경우 : 사업개시일 ~ 해당연도 12월 31일

④ 거주자가 사망한 경우 : 사망일 ~ 해당연도 12월 31일

17. 다음 중 소득세법상 과세기간에 대한 설명으로 옳지 않은 것은?

① 소득세의 과세기간은 1월 1일부터 12월 31일까지로 한다.

② 거주자가 사망한 경우 과세기간은 1월 1일부터 사망한 날까지로 한다.

③ 거주자가 주소 또는 거소를 국외로 이전하여 비거주자가 된 경우의 과세기간은 1월 1일부터 출국한 날까지로 한다.

④ 사업을 영위하던 거주자가 연중 폐업한 경우 1월 1일부터 폐업일까지를 과세기간으로 한다.

18. 다음 중 소득세법상 과세기간 및 납세지의 설명으로 옳지 않은 것은?

① 원칙적으로 거주자의 소득세 납세지는 그 주소지이다.

② 원칙적으로 비거주자의 소득세 납세지는 국내사업장의 소재지이다.

③ 신규로 사업을 개시한 경우 과세기간은 개업일부터 12월 31일까지로 한다.

④ 거주자가 출국으로 인하여 비거주자가 되는 경우에 소득세 과세기간은 1월 1일부터 출국한 날까지로 한다.

19. 소득세법상 소득세 과세기간 및 납세지에 대한 설명이다. 가장 잘못된 것은?

① 소득세의 과세기간은 반드시 1월 1일부터 12월 31일까지 1년으로 한다.

② 거주자의 소득세 납세지는 그 주소지로 한다.

③ 비거주자가 국내사업장이 없는 경우에는 국내원천소득이 발생하는 장소로 한다.

④ 거주자가 주소지가 없는 경우에는 그 거소지로 한다.

20. 다음 중 소득세법상 과세기간 및 납세지의 설명으로 옳지 않은 것은?

① 신규로 사업을 개시한 경우에도 과세기간은 1월 1일부터 12월 31일까지이다.

② 원칙적으로 거주자의 소득세 납세지는 그 주소지이다.

③ 원칙적으로 비거주자의 소득세 납세지는 국내사업장의 소재지이다.

④ 거주자가 사망한 경우에도 과세기간은 1월 1일부터 12월 31일까지이다.

21. 다음 중 소득세법상 납세지에 대한 설명으로 옳지 않은 것은?

① 거주자가 원천징수하는 소득세의 납세지는 그 거주자의 주된 사업장 소재지로 한다.

② 비거주자의 소득세 납세지는 국내사업장의 소재지로 한다.

③ 국내사업장이 없는 비거주자의 납세지는 국내원천소득이 발생하는 장소로 한다.

④ 국내사업장이 둘 이상 있는 비거주자의 납세지는 관할 세무서장이 지정하는 장소로 한다.

22. 소득세법상 납세지에 대한 설명 중 가장 잘못된 설명은?

① 거주자의 납세지는 주소지이며, 주소지가 없는 경우 거소지이다.

② 비거주자의 납세지는 원칙적으로 국내사업장의 소재지로 한다.

③ 납세지란 소득세의 관할세무서를 정하는 기준이 되는 장소이다.

④ 납세지의 변경신고는 15일 이내에 변경 전 납세지 관할 세무서장에게 하여야 한다.

23. 다음은 소득세법상 〈보기〉에서 납세지에 관하여 설명하고 있다. 잘못 설명한 항목을 모두 고른 것은?

가. 거주자의 납세지는 주소지이다.
나. 주소지가 없는 거주자의 납세지는 사업장이다.
다. '납세지'란 소득세의 관할세무서를 정하는 기준이 되는 장소이다.
라. 국내사업장이 있는 비거주자의 납세지는 국내원천소득 발생장소이다.

① 가, 나   ② 가, 다
③ 다, 라   ④ 나, 라

24. 다음 자료에 의할 경우 ㈎, ㈏, ㈐, ㈑에 들어갈 내용으로 올바른 것은?

양천구에 거주하는 거주자인 김규혜씨는 영등포구에서 개인사업(도매업)을 하며, 종로구에 거주하는 거주자인 김정록씨를 종업원으로 고용하고 급여를 지급하고 있다. 단, 김정록씨는 종합합산과세되는 기타소득이 있다(지역별 관할 세무서는 아래와 같다고 가정).
• 양천구 : 양천세무서   • 영등포구 : 영등포세무서   • 종로구 : 종로세무서

김규혜씨의 종합소득세 관할세무서는 ㈎이고, 김규혜씨의 부가가치세 관할세무서는 ㈏이고, 원천징수한 소득세 관할세무서는 ㈐이며, 김정록씨의 종합소득세 관할세무서는 ㈑이다.

	㈎	㈏	㈐	㈑
①	양천세무서	영등포세무서	종로세무서	영등포세무서
②	양천세무서	영등포세무서	영등포세무서	종로세무서
③	영등포세무서	양천세무서	종로세무서	영등포세무서
④	영등포세무서	양천세무서	영등포세무서	종로세무서

25. 사업자 중 복식부기의무자의 경우에 소득세법상 종합소득세 과세표준확정신고시 반드시 제출하여야 할 서류가 아닌 것은?

① 재무상태표와 손익계산서 및 그 부속서류
② 합계잔액시산표
③ 조정계산서
④ 세금계산서

26. 다음 중 소득세법상 거주자가 20×1년 3월 31일에 사망한 경우 출국하지 아니한 상속인은 언제까지 그 거주자의 20×1년 귀속 종합소득세 과세표준을 신고해야 하는가?

① 5월 31일
② 7월 25일
③ 8월 31일
④ 9월 30일

27. 다음 중 소득세법상 확정신고 및 납부에 대한 설명으로 틀린 것은?

① 납부할 세액이 1천만원을 초과하는 경우 2개월 이내에 분할납부할 수 있다.
② 종합소득 과세표준이 결손일 경우에는 과세표준 확정신고를 하지 않아도 된다.
③ 거주자의 사망시 상속개시일이 속하는 달의 말일부터 6개월이 되는 날까지 과세표준 확정신고를 하여야 한다.
④ 성실신고확인대상자 사업자가 성실신고확인서를 제출하는 경우 그 과세기간의 다음 연도 5월 1일부터 6월 30일까지 과세표준 확정신고를 할 수 있다.

28. 다음 중 소득세법상 필요경비가 인정되는 소득을 고르시오.

① 근로소득, 퇴직소득
② 사업소득, 퇴직소득
③ 사업소득, 근로소득
④ 사업소득, 기타소득

29. 다음 중 소득세법상 소득금액 계산에 관한 설명으로 옳지 않은 것은?

① 소득세법상 사업소득금액은 총수입금액에서 필요경비를 차감하여 계산한다.
② 이자소득은 필요경비를 인정하지 아니하고 총수입금액 전액을 소득금액으로 한다.
③ 배당소득은 총수입금액에서 필요경비를 차감하여 계산한다.
④ 근로소득과 연금소득은 필요경비계산의 어려움 때문에 근로소득공제와 연금소득공제를 적용한다.

30. 다음은 소득세법상 소득세의 계산구조 중 일부이다. (㉠)에 들어갈 알맞은 말은?

	총수입금액
−	필요경비
=	종합소득금액
−	(㉠)
=	과세표준

① 소득공제   ② 세액공제

③ 기납부세액   ④ 세액감면

31. 다음 중 소득세법상 종합소득세의 계산순서를 바르게 나열한 것은?

가. 과세표준	나. 필요경비	다. 총수입금액	라. 종합소득공제

① 다 - 나 - 라 - 가   ② 다 - 라 - 가 - 나

③ 라 - 가 - 나 - 다   ④ 라 - 나 - 다 - 가

03 근로소득

근로소득의 범위와 비과세 근로소득

3-1-1 근로소득의 범위

근로소득이란 근로자가 고용관계 등에 의해 종속적인 지위에서 근로를 제공하고 그 대가로 지급받는 모든 금품(명칭·지급방법에 무관)을 말한다. 그러나, 근로자가 회사로부터 받은 경조금 중 사회통념상 타당하다고 인정되는 범위 내의 금액은 근로소득으로 보지 아니한다.

소득세법상 근로소득은 해당 과세기간에 발생한 다음의 소득으로 한다.

① 근로를 제공함으로써 받는 봉급·급료·보수·세비·임금·상여·수당과 이와 유사한 성질의 급여
② 법인의 주주총회·사원총회 또는 이와 준하는 의결기관의 결의에 따라 상여로 받는 소득
   (잉여금처분에 의한 상여)
③ 법인세법에 따라 상여로 처분된 금액(인정상여)
④ 퇴직함으로서 받는 소득으로서 퇴직소득에 속하지 아니하는 소득 등

3-1-2 비과세 근로소득

일정한 근로소득은 소득세를 과세하지 않는데, 주요한 비과세 근로소득은 다음과 같다.

① 일직료·숙직료 또는 여비로서 실비변상 정도의 금액
② 자가운전보조금 중 월 20만원 이내의 금액
③ 병원·시험실·금융회사 등·공장·광산에서 근무하는 사람 또는 특수한 작업이나 역무에 종사하는 사람이 받는 작업복이나 그 직장에서만 착용하는 피복
④ 벽지에 근무함으로 인하여 받는 월 20만원 이내의 벽지수당
⑤ 천재·지변 기타 재해로 인하여 받는 급여
⑥ 국외·북한지역에서 근로를 제공하고 받는 보수 중 월 100만원(원양어업 선박, 국외 등을 항행하는 선박또는 국외 등의 건설현장 등에서 근로를 제공하고 받는 보수의 경우에는 월 500만원) 이내의 금액
⑦ 국민건강보험법, 고용보험법 또는 노인장기요양보험법에 따라 사용자가 부담하는 보험료
⑧ 생산직근로자 등으로서 월정액급여가 210만원 이하이고, 직전 과세기간의 총급여액이 3,000만원 이하인 근로자가 연장근로·야간근로 및 휴일근로를 하여 받는 시간외 근무수당 중 연 240만원 이내의 금액(광산근로자 및 일용근로자의 경우에는 해당 급여 총액)

⑨ 근로자가 제공받거나 지급받은 식사[사내급식 또는 이와 유사한 방법(식권 등)으로 제공받는 식사 기타 음식물] 또는 식사 기타 음식물을 제공받지 아니하는 근로자가 받는 월 20만원 이하의 식사대

⑩ 근로자 또는 그 배우자의 출산과 관련하여 출생일 이후 2년 이내에 공동지급규정에 따라 사용자로부터 받는 출산수당(2회 이내, 전액 비과세)

⑪ 근로자 또는 그 배우자의 6세 이하 자녀의 보육과 관련하여 사용자로부터 받는 보육수당 중 월 20만원 이내의 금액(자녀수에 상관없이 월 20만원)

⑫ 종업원, 법인의 임원, 공무원, 대학의 교직원 또는 대학과 고용관계에 있는 학생이 지급받는 직무발명보상금으로 연 700만원까지 비과세(퇴직 후에 지급받는 직무발명보상금은 근로소득이 아니고 기타소득)

⑬ 법정요건을 갖춘 근로자 본인에 대한 학자금

⑭ 고용보험법에 따라 받는 실업급여, 육아휴직급여

⑮ 국가, 지방자치단체 공무원이 공무수행과 관련하여 받는 상금과 부상 중 연 240만원 이내의 금액

⑯ 근로자 등에 대해 자기회사·계열사가 재화·용역 공급시 할인금액에 대해 일정요건이 충족되고 일정범위 내의 금액

3-2 근로소득금액 계산과 근로소득 수입시기

3-2-1 근로소득금액 계산

근로소득금액이란 비과세근로소득을 제외한 총급여에서 근로소득공제를 차감한 금액을 말한다. 근로소득금액을 계산할 때는 총수입금액이라는 용어 대신 총급여액이라는 용어를 사용하고, 근로소득을 얻기 위하여 실제 소요된 필요경비 확인의 어려움으로 인하여 총급여액에 따라 일정한 금액을 공제해 주기 때문에 필요경비라는 용어 대신 근로소득공제라는 용어를 사용한다.

총 급 여 액 ··· 근로소득 − 비과세소득
(−) 근로소득공제 ··· 근로소득은 실제 필요경비 인정하지 않음
근로소득금액

3-2-2 근로소득공제

상용근로자(일반적인 근로소득자)의 근로소득공제액은 다음과 같다. 근로소득공제액의 한도는

2천만원으로 한다(총급여액이 362,500,000원 이상인 경우 2,000만원 한도가 적용).

총급여액	근로소득공제액(한도 : 2,000만원)
500만원 이하	총급여액×70%
500만원 초과 1,500만원 이하	350만원+(총급여액 - 500만원)×40%
1,500만원 초과 4,500만원 이하	750만원+(총급여액 - 1,500만원)×15%
4,500만원 초과 1억원 이하	1,200만원+(총급여액 - 4,500만원)× 5%
1억원 초과	1,475만원+(총급여액 - 1억원)× 2%

근로소득공제는 과세기간이 1년 미만이거나 근로기간이 1년 미만일지라도 월할계산하지 않는다.

일용근로자(일급 또는 시급을 받는 사람으로서 동일한 고용주에게 3개월 이상 계속 고용되어 있지 아니한 자)에 대한 근로소득공제는 상용근로자의 근로소득공제액를 적용하지 않고, 1일 15만원으로 한다.

3-2-3 근로소득 수입시기

① 급여 등 ·························· 근로를 제공한 날(지급받는 날이 아님)
② 잉여금처분에 의한 상여 ·············· 해당 법인의 잉여금처분결의일
③ 인정상여 ························· 근로를 제공한 날
② 임원퇴직금 한도초과액 ·············· 지급받거나 지급받기로 한 날

급여 등은 근로를 제공하면 해당 급여 등을 지급받을 권리가 생기기 때문에 근로를 제공한 날을 수입시기로 하고, 잉여금처분에 의한 상여는 해당 상여를 지급하기로 결정한 날에 상여를 지급받을 권리가 생기기 때문에 해당 법인의 잉여금처분결의일을 수입시기로 한다.

3-3-1 상용근로자

　소득의 지급자 측면에서 보면, 국내에서 거주자 또는 비거주자에게 근로소득을 지급하는 자는 매월 분의 근로소득을 지급할 때에 근로소득 간이세액표에 따라 소득세를 원천징수하여 그 징수일이 속하는 달의 다음 달 10일까지 납부하여야 한다.

　근로소득 간이세액표란 월급여액과 공제대상 부양가족 수에 따라 소득의 지급자가 매월 근로소득을 지급할 때 원천징수해야 하는 세액을 제시하고 있는 표를 말한다. 근로소득 간이세액표의 일부를 제시하면 다음과 같다. 아래 표에 의하면, 월급여액이 2,985,000원인 근로자의 공제대상가족의 수(본인 포함)가 5인인 경우 원천징수세액은 월 20,620원이라는 것을 알 수 있다.

월급여액(천원)		공제대상가족의 수										
이상	미만	1	2	3	4	5	6	7	8	9	10	11
2,970	2,980	81,850	64,350	30,790	25,540	20,290	16,360	12,990	9,610	6,240	2,860	–
2,980	2,990	82,710	65,210	31,120	25,870	20,620	16,570	13,200	9,820	6,450	3,070	–
2,990	3,000	83,560	66,060	31,450	26,200	20,950	16,790	13,410	10,040	6,660	3,290	–

　그리고 국내에서 거주자 또는 비거주자에게 근로소득을 지급하는 자는 매월 분 근로소득을 지급할 때 원천징수를 한 후 해당 과세기간의 다음 연도 2월분의 근로소득을 지급할 때에는 연말정산을 하여야 한다. 연말정산이란, 원천징수의무자(소득의 지급자)가 근로자의 해당 과세기간의 근로소득에 대해서 그 근로자가 제출한 소득공제신고서와 세액공제신고서 등에 의하여 정확한 소득세액을 확정하는 절차이다[소득의 지급자가 근로소득 간이세액표에 의하여 매월 원천징수한 세액의 합계액과 해당 과세기간의 근로자의 실제 세부담액(연말정산 총결정세액)을 비교하여 ① '원천징수세액의 합계액 〉 연말정산 총결정세액'이면 그 차액을 근로자에게 돌려주고, ② '원천징수세액의 합계액 〈 연말정산 총결정세액'이면 그 차액을 근로자로부터 추가징수하게 된다]. 즉, 소득의 지급자는 원천징수와 연말정산의 절차를 거치게 된다.

　소득의 귀속자(근로자) 측면에서는 상용근로자의 근로소득금액은 종합과세되기 때문에 원칙적으로 종합소득 과세표준 확정신고를 하여야 한다. 하지만, 종합소득 중 근로소득만 있는 자는 연말정산시 이미 근로소득에 대해서 정산(돌려받았던지 또는 추가징수당했던지)을 했기 때문에 과세표준 확정신고를 할 필요가 없다.

　상용근로자에 대한 근로소득 과세방법을 정리하면 다음과 같다.

	매월 급여지급시 원천징수 (근로소득 간이세액표)	해당 과세기간(1월분 ~ 12월분) 급여 지급시
소득의 지급자	2월분 근로소득지급시 연말정산	연말정산시 총결정세액 (−) 원 천 징 수 세 액 (+) 추 가 징 수 (−) 환 급
소득의 귀속자	종합소득세 과세표준확정신고	• 다른 종합소득이 없는 경우 : 확정신고 생략가능 • 다른 종합소득이 있는 경우 : 확정신고 필요

3-3-2 일용근로자

일용근로자란 일급 또는 시급을 받는 사람으로서 동일한 고용주에게 3개월 이상(건설공사 종사자는 1년, 하역작업 종사자는 근로기간 제한 없음) 계속 고용되어 있지 아니한 자을 말한다.

국내에서 일용근로자에게 근로소득을 지급하는 자는 원천징수하여야 하고, 일용근로자의 해당 근로소득은 분리과세한다(종합소득 과세표준에 합산하지 않고 원천징수로 과세가 종결된다). 일용근로자에 대한 근로소득 과세방법을 정리하면 다음과 같다.

	일용근로자에게 근로소득을 지급하는 경우 다음의 세액을 원천징수
소득의 지급자	원천징수세액 = (일급여액−근로소득공제) × 세율 × 근로소득세액공제 • 근로소득공제액 : 일 15만원 • 세율 : 6%(소득세 기본세율 중 가장 낮은 세율 적용) • 근로소득세액공제 : 산출세액의 55% 산출세액 = (일급여액−근로소득공제) × 세율
소득의 귀속자	일용근로자의 근로소득은 분리과세(원천징수로 과세종결)

정리문제

01. 다음 중 소득세법상 비과세소득으로 가장 올바른 것은?

① 급여
② 상여
③ 퇴직위로금
④ 일직료 · 숙직료 또는 여비로서 실비변상정도의 금액

02. 다음 중 소득세법상 비과세되지 않는 근로소득은?

① 실비변상 정도의 지급액인 일직료
② 근로자가 천재지변으로 인하여 지급받는 급여
③ 식사와 별도로 지급받는 월 20만원 이하의 식대
④ 직장에서만 착용하는 피복

03. 다음 중 소득세법상 비과세 근로소득이 아닌 것은?

① 연 500만원 이하의 직무발명보상금
② 월 20만원 한도의 자가운전보조금
③ 식사 등을 제공받지 않는 조건의 월 30만원 이하의 식사대
④ 월 20만원 이내의 6세 이하 자녀, 보육수당

04. 다음 중 소득세법상 근로소득이 아닌 것은?

① 근로를 제공함으로써 받는 봉급 · 급료 · 보수 · 세비 · 임금 · 상여 · 수당과 이와 유사한 성질의 급여
② 법인세법에 따라 상여로 처분된 금액
③ 법인의 주주총회 · 사원총회 또는 이에 준하는 의결기관의 결의에 따라 상여로 받는 소득
④ 퇴직함으로써 받는 소득으로서 퇴직소득에 포함되는 소득

05. 다음 중 소득세법상 소득세가 과세되는 근로소득은?

① 현물식사를 제공받으면서 지급받는 월 20만원의 식사대

② 실비변상적인 정도의 일직료나 숙직료

③ 고용보험법에 따라 받는 실업급여

④ 천재지변이나 그 밖의 재해로 인하여 받은 급여

06. 다음 중 소득세법상 근로소득이 아닌 것은?

① 법인의 주주총회에서 의결된 결의에 따라 상여로 받는 소득

② 법인세법에 의하여 상여로 처분된 금액

③ 퇴직함으로써 받는 소득으로서 퇴직소득에 속하지 아니하는 소득

④ 종업원 퇴직 후 받는 직무발명보상금

07. 다음 중에서 소득세법상 근로소득에 대한 설명으로 옳지 않은 것은?

① 법인세법에 따라 상여로 처분된 금액은 근로소득이다.

② 종업원이 자녀의 학자금을 회사로부터 받은 경우 학자금은 그 종업원의 근로소득이다.

③ 따로 식사를 제공받지 않는 경우 월 20만원 이내의 식대는 비과세 근로소득이다.

④ 월 20만원 이내의 6세 이하 자녀보육수당은 해당 자녀가 2명이면 월 40만원이 비과세가 가능하다.

08. 다음 중 소득세법상 비과세하는 근로소득에 해당하지 않는 것은?

① 회사 차량을 이용하는 종업원의 자가운전보조금 20만원

② 숙직비로서 실비변상 정도의 급여

③ 직장에서만 착용하는 피복

④ 건강보험료의 사용자 부담분

09. 다음 중 소득세법상 과세 대상 근로소득에 해당하는 것은?

① 국외에서 근로를 제공하고 받은 월 500만원 급여

② 실비변상적인 정도의 일직료 또는 숙직료

③ 종업원이 받은 연 200만원의 직무발명보상금

④ 벽지근무에 따른 월 20만원 이내의 벽지수당

10. 다음 중 소득세법상 근로소득이 아닌 것은?

① 근로를 제공함으로써 받는 임금

② 직무수당 등 각종 수당

③ 사회 통념상 타당한 범위 내의 경조금

④ 법인세법에 따라 상여로 처분된 금액

11. 다음 중 소득세법상 근로소득으로 과세되는 것은?

① 영업부 직원이 지급받는 야간근로수당

② 제복을 착용하여야 하는 자가 받는 제복

③ 일직료·숙직료로서 실비변상정도의 금액

④ 종업원의 소유차량을 종업원이 직접 운전하여 사용자의 업무수행에 이용하고 소요된 실제 여비 대신 지급기준에 따라 받는 차량유지비로 월 20만원 이내의 금액

12. 다음 설명의 (가), (나)에 들어갈 금액으로 옳은 것은?

생산직근로자의 연장근로수당 등에 대한 비과세요건은 직전 과세기간의 총급여액이 (가)만원 이하로서 월정액급여가 (나)만원 이하인 자이다.

① 가 : 2,400, 나 : 170   ② 가 : 3,000, 나 : 210

③ 가 : 2,600, 나 : 180   ④ 가 : 2,700, 나 : 200

13. 다음은 거주자 갑의 월 급여관련 자료이다. 이 자료에서 소득세법상 과세되는 총 급여액은 얼마인가?

1. 근로를 제공함으로써 제공받은 상여금 : 500만원
2. 회사로부터 식사를 제공받지 않고 받은 식대 : 월 30만원
3. 일직료로서 실비변상으로 받은 금액 : 100만원

① 500만원   ② 510만원

③ 520만원   ④ 610만원

14. 다음은 거주자 갑의 월 급여관련 자료이다. 이 자료에서 소득세법상 과세되는 월 총급여는 얼마인가?

> 1. 급여 : 300만원
> 2. 식대(별도의 식사를 제공받음) : 20만원
> 3. 벽지수당 : 30만원
> 4. 실비변상 자가운전보조금 : 20만원

① 300만원   ② 310만원
③ 330만원   ④ 350만원

15. 다음은 거주자 박경인씨의 20x2년 1월 1일부터 12월 31까지 소득 관련 자료이다. 박경인씨의 20x2년 귀속 소득세법상 근로소득(총급여액)은 얼마인가?

> • 기밀비 명목으로 수령한 금액 1,000,000원 (업무를 위한 사용 여부 불분명)
> • 연차수당 500,000원
> • 근무기간 중 주식매수선택권 행사이익 500,000원

① 0원   ② 500,000원
③ 1,000,000원   ④ 2,000,000원

16. 다음 중 ㈜근무의 직원 김경인씨의 소득세법상 과세 대상 10월 총급여액은?

> **〈10월 급여명세〉**
> • 기본급   1,800,000원
> • 식대   150,000원   (현물 식사 별도 제공)
> • 특별상여   200,000원

① 1,800,000원   ② 1,950,000원
③ 2,000,000원   ④ 2,150,000원

17. 다음 중 소득세법상 총급여액이 500만원인 상용 근로자의 근로소득공제 금액은 얼마인가?

① 0원   ② 150만원
③ 350만원   ④ 500만원

18. 다음 중 소득세법상 일용근로자의 1일 근로소득공제액은 얼마인가?

① 5만원   ② 10만원

③ 15만원   ④ 20만원

19. 다음 중 소득세법상 근로소득의 수입시기로 잘못된 것은?

① 급여 : 근로를 제공한 날
② 잉여금 처분에 의한 상여 : 해당 법인의 잉여금 지급일
③ 인정상여 : 해당 사업연도 중의 근로를 제공한 날
④ 임원퇴직금 한도초과금액 : 지급받거나 지급받기로 한 날

20. 다음 중 소득세법상 거주자의 근로소득에 관한 설명으로 옳지 않은 것은?

① 종업원의 사택제공이익은 근로소득에 포함하지 아니한다.
② 잉여금 처분에 의한 상여의 근로소득 수입시기는 근로를 제공한 날이다.
③ 근로소득만 있는 거주자는 연말정산만으로 납세의무가 종결된다.
④ 법정요건을 갖춘 근로자 본인에 대한 학자금은 비과세대상 근로소득이다.

21. 다음 중 소득세법상 일용직 근로자의 근로소득에 대한 설명으로 틀린 것은?

① 일용근로자란 근로를 제공한 날 또는 시간에 따라 근로대가를 계산하거나 근로를 제공한 날 또는 시간의 근로성과에 따라 급여를 계산하여 받는 사람이다.
② 일용근로자의 근로소득공제 금액은 12만원이다.
③ 일용근로자의 근로소득세율은 6%이다.
④ 산출세액에 대하여 55%의 세액공제를 한 금액을 원천징수하고 납세의무를 종결한다.

22. 소득세법상 일용근로자의 설명으로 옳지 않은 것은?

① 급여지급시 원천징수로서 납세의무를 종결한다.
② 분리과세보다는 종합과세를 원칙으로 세금을 징수한다.
③ 근로를 제공한 날 또는 근로시간에 따라 근로대가를 계산한다.
④ 근로단체를 통하여 여러 고용주의 사용인으로 취업하는 경우에도 일용근로자로 볼 수 있다.

23. 다음 중 소득세법상 일용근로소득과 관련된 설명으로 옳지 않은 것은?

① 일용근로자는 근로소득공제가 적용된다.
② 일용근로자는 국민연금보험료공제가 적용된다.
③ 일용근로자는 근로소득세액공제가 적용된다.
④ 일용근로소득은 원천징수로써 납세의무가 종결된다.

24. 다음 중 소득세법상 일용근로자에 대한 설명으로 옳지 않은 것은?

① 동일한 고용주에게 3월(건설업은 1년)이상 고용되어 있지 않은 근로자를 말한다.
② 일용근로자의 근로소득공제액은 1일 10만원으로 한다.
③ 일용근로자의 근로소득은 원천징수로서 모든 납세의무가 종결된다.
④ 일용근로자는 6%의 세율을 적용하여 산출세액을 계산한다.

25. 소득세법상 일용근로자와 상용근로자의 과세방법에 대한 설명으로 옳은 것은?

① 일용근로자는 연말정산 신고대상자에 해당된다.
② 일용근로자의 근로소득도 종합소득공제를 받을 수 있다.
③ 상용근로자의 근로소득은 종합소득 과세표준에 합산한다.
④ 원천징수의무자가 일용근로자에게 일용근로소득을 지급할 때 원천징수함으로써 납세의무
   가 종결되지 않는다.

26. 다음 중 소득세법상 일용근로자의 근로소득 세액공제는 산출세액에 몇 %를 공제하는가?

① 35%   ② 45%
③ 55%   ④ 100%

27. 다음 중 소득세법상 일용근로자인 거주자 A씨에게 일당으로 150,000원을 지급하는 경우 원천징수하여야
할 소득세는 얼마인가?

① 0원   ② 1,350원
③ 3,000원   ④ 9,000원

28. 다음 중 소득세법상 일용근로자인 거주자 갑에게 일당으로 200,000원을 지급하는 경우에 원천징수하여야 할 소득세는 얼마인가?

① 0원   ② 1,350원
③ 3,000원   ④ 9,000원

29. 대형할인마트에서 계산원으로 20일간 근무하고 일당 200,000원을 받기로 일용근로자에게 ① 대형할인마트가 원천징수해야 할 금액과 ② 해당 일용근로자에게 실제 지급해야 하는 금액은 각각 얼마인가?

04 근로소득자의 연말정산

4-1 근로소득 연말정산의 개요

4-1-1 근로소득 연말정산의 개념

근로소득의 연말정산이란, 근로소득은 성격상 보통의 경우 매월 발생하므로 매월 소득세를 근로소득 간이세액표에 따라 근로소득을 지급하는 자가 원천징수하고, 나중에 실제로 정확하게 부담할 세액을 정산하는 과정이다.

구분	내 용
근로소득 연말정산 대상자	근로소득이 있는 거주자(필수) 및 비거주자(선택) • 일용근로자, 근로소득이 없는 거주자 제외
근로소득 지급자 원천징수	매월 급여 지급시 근로소득 간이세액표에 의해 소득세를 원천징수
연말정산 시기	계속 근로자의 경우에는 다음 연도 2월분 급여를 지급하는 때 • 해당 과세기간 중에 퇴직하는 경우 퇴직하는 달의 급여를 지급하는 때

근로소득을 지급하는 자(원천징수의무자)는 매월 근로소득의 지급시점에 근로소득자의 정확한 소득세를 알 수가 없기 때문에 매월 원천징수하는 세액은 근로소득 간이세액표에 따라 추정된 것이지 확정된 것이 아니다. 따라서 해당 과세기간의 근로소득금액에 대해 그 근로자가 제출한 소득공제신고서, 근로소득세액공제신고서 및 증빙자료에 의해 근로자가 부담하여야 할 소득세액을 확정하기 위해 연말정산의 과정이 필요하다.

근로소득을 지급하는 자(원천징수의무자)는 근로자의 해당 과세기간의 근로소득 금액에서 그 근로자의 소득공제신고 내용에 따라 종합소득공제를 한 후 이를 종합소득과세표준으로 하여 종합소득산출세액을 계산하고, 세법에 규정된 세액공제 및 조세특례제한법상의 세액공제를 한 후 이미 원천징수하여 납부한 소득세를 공제한 그 차액을 정산한다. 근로소득만 있는 거주자가 연말정산에 의해 해당 소득에 대한 소득세를 납부한 경우 근로소득에 대해 종합소득세 과세표준 확정신고를 하지 아니할 수 있다.

근로소득자는 연말정산시 소득·세액공제신고서와 해당 소득·세액공제 증명서류를 회사에 제출하여야 한다(국세청 홈페이지 '편리한 연말정산' 서비스에서는 근로자와 원천징수의무자를 위한 소득·세액공제신고서와 증명서류에 대한 서비스를 제공하고 있다).

4-1-2 연말정산 흐름

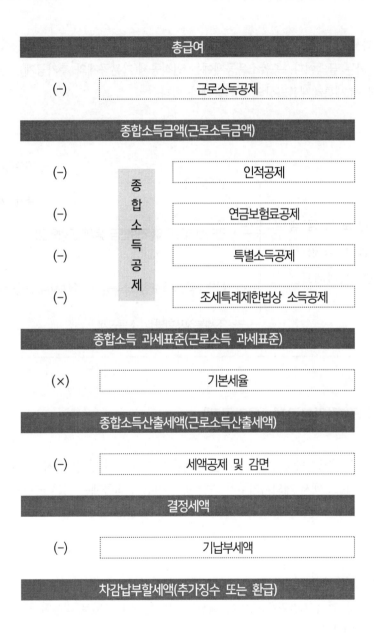

4-2-1 종합소득 과세표준 계산구조

종합소득 과세표준이란, 종합소득금액에서 종합소득공제를 차감한 금액으로 종합소득세 산출세액의 기초가 되는 금액이다. 종합소득공제에는 인적공제(기본공제와 추가공제), 연금보험료공제, 특별소득공제, 조세특례제한법상의 소득공제가 있다.

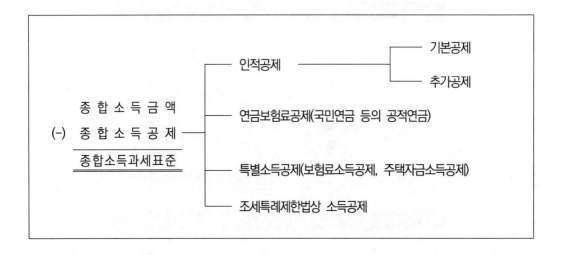

4-2-2 인적공제(기본공제, 추가공제)

인적공제제도는 세금부담능력에 상응하는 과세를 하기 위하여 납세의무자의 기본 생계비에 해당하는 금액을 과세소득에서 제외시켜주기 위한 공제이다. 인적공제는 기본공제와 추가공제로 구분한다.

1) 기본공제

종합소득이 있는 거주자(자연인에 한함)에 대해서는 일정한 요건을 충족하는 사람(기본공제대상자)의 수에 1명당 연 150만원을 곱하여 계산한 금액을 기본공제로 적용한다(기본공제대상자 수 × 1명당 연 150만원).

기본공제대상자는 나이요건과 소득금액요건을 충족한 사람을 말하며, 장애인은 소득금액요건만 충족시키면 기본공제대상자가 될 수 있다(장애인의 경우 나이요건은 제한을 받지 않음).

공제대상		나이요건	소득금액요건*5
거주자 본인		불문	해당 없음
배우자		불문	해당 과세기간의 소득금액 합계액 100만원 이하 (근로소득만 있는 자는 총급여액 500만원 이하)
거주자 (그 배우자 포함)와 생계를 같이하는 부양가족*1	거주자(그 배우자 포함)의 직계존속(계부·계모 포함)	60세 이상	
	거주자(그 배우자 포함)의 직계비속(의붓자녀 포함)과 동거 입양자*2	20세 이하	
	• 직계비속 또는 입양자와 그 배우자가 모두 장애인에 해당하는 경우에는 그 배우자 포함		
	거주자(그 배우자 포함)의 형제자매	20세 이하 또는 60세 이상	
	국민기초생활보장법에 의한 수급자 (기초수급자)	불문	
	위탁아동*3	18세 미만	

*1 부양가족이 장애인에 해당하는 경우 : 나이요건의 제한을 받지 않음(소득금액요건은 제한 받음)
*2 동거 입양자 : 민법 또는 입양특례법에 따라 입양한 양자 및 사실상 입양상태에 있는 사람으로서 거주자와 생계를 같이하는 사람
*3 위탁아동 : 아동복지법에 따른 가정위탁을 받아 양육하는 아동으로서 해당 과세기간에 6개월 이상 직접 양육한 위탁아동 (직전 과세기간에 소득공제를 받지 못한 경우에는 해당 위탁아동에 대한 직전 과세기간의 위탁기간을 포함하여 계산함)
*4 20세가 되는 날과 그 이전기간을 말함
*5 소득금액요건
  • 해당 과세기간의 소득금액 합계액 = 종합소득금액 + 퇴직소득금액 + 금융투자소득금액 + 양도소득금액
  • 공제대상 가족은 해당 과세기간의 소득금액 합계액이 100만원 이하이여야 하지만, 근로소득만 있는 자는 총급여액 500만원 이하(근로소득금액 기준으로는 150만원 이하)이면 가능 → 근로소득과 다른 소득이 있는 자는 소득금액 합계액이 100만원 이하이어야 함에 주의

> 소득금액 검토
>
> ① 배우자 : 근로소득만 있고 총급여액 500만원만 있는 경우 → 기본공제대상자에 해당(공제가능)
> ② 20세 장남 : 총급여액 300만원과 사업소득금액 80만원이 있는 경우 → 연간소득금액 170만원[근로소득금액 90만원(=300만원-300만원×70%) + 사업소득금액 80만원] → 기본공제대상자에 해당되지 않음(공제불가능)
> ③ 17세 장녀 : 은행예금이자 2,000만원(분리과세 대상소득)이 있는 경우 → 연간소득금액 0원 → 기본공제대상자에 해당(공제 가능)
> ④ 60세 부친 : 식량작물재배업소득 1,000만원(과세제외소득)만 있는 경우 → 연간소득금액 0원 → 기본공제대상자에 해당(공제가능)

2) 추가공제

기본공제대상자가 다음 중 어느 하나에 해당하는 경우 기본공제 뿐만 아니라 다음의 금액을 추가로 공제한다. 추가공제는 동일인이 2가지 이상의 추가공제사유에 해당되는 경우에도 중복적용이 가능하지만, 예외적으로 추가공제사유 중 한부모공제와 부녀자공제에 모두 해당되는 경우에는 한부모공제만을 적용한다.

구 분	추가공제사유	추가공제금액
① 경로우대자공제	기본공제대상자가 70세 이상인 경우	1명당 연 100만원
② 장애인공제	기본공제대상자가 장애인인 경우	1명당 연 200만원
③ 한부모공제	거주자 본인이 배우자가 없는 사람으로서 기본공제대상자인 직계비속 또는 입양자가 있는 경우	연 100만원
④ 부녀자공제	해당 과세기간에 종합소득과세표준을 계산할 때 합산되는 종합소득금액이 3천만원 이하인 거주자 본인이 ㉠ 배우자가 있는 여성이거나 ㉡ 배우자가 없는 여성으로서 기본공제대상자인 부양가족이 있는 세대주	연 50만원

3) 인적공제대상자의 판정시기

구 분	공제대상자 판정시기	
원 칙	기본공제, 추가공제 및 자녀세액공제를 적용할 때 공제대상 배우자, 부양가족, 장애인 또는 경로우대자에 해당하는 지 여부의 판정은 해당 과세기간의 과세기간 종료일(12.31.) 현재의 상황에 따름	
예 외	① 과세기간 종료일 전에 사망한 사람 또는 장애가 치유된 사람	사망일 전날 또는 치유일 전날의 상황에 따름
	② 적용대상 나이가 정해진 경우	해당 과세기간의 과세기간 중에 해당 나이에 해당되는 날이 하루라도 있는 경우에 공제대상자로 봄

> **공제대상자 판정시기**
> ① 기본공제대상자인 70세의 부친이 2025.12.31. 사망한 경우 : 공제대상에 해당(2025년)
> ② 기본공제대상자인 30세 장애인인 장남이 2025.12.31. 장애가 치유된 경우 : 공제대상에 해당(2025년)
> ③ 소득금액요건(해당 과세기간의 소득금액 합계액이 100만원 이하)을 만족하는 2005.5.13. 생인 장남 : 2025.5.12.까지는 20세이고 2025.5.13.부터는 만 21세이지만 공제대상에 해당(2025년)

4-2-3 연금보험료공제

종합소득이 있는 거주자가 공적연금 관련법(국민연금법, 공무원연금법, 공무원 재해보상법, 군인연금법, 군인 재해보상법, 사립학교교직원연금법, 별정우체국법 또는 국민연금과 직역연금의 연계에 관한 법률)에 따른 기여금 또는 개인부담금(연금보험료)을 납입한 경우에는 해당 과세기간에 납입한 금액 전액을 종합소득금액에서 공제한다.

4-2-4 특별소득공제(보험료소득공제, 주택자금소득공제)

1) 보험료소득공제

근로소득이 있는 거주자(일용근로자 제외)가 해당 과세기간에 국민건강보험법·노인장기요양보험법·고용보험법에 따라 근로자가 부담하는 보험료(건강보험료, 노인장기요양보험료, 고용보험료)를 지급한 경우 그 지급한 금액 전액을 근로소득금액에서 공제한다.

근로자에게 적용되는 4대 보험은 국민연금, 건강보험(노인장기요양보험 포함), 고용보험, 산업재해보험(산재보험)이 있는데, 그 중 산업재해보험은 근로자부담분이 없고 나머지 3개 보험은 근로자부담분이 있다. 따라서 산업재해보험과 관련해서는 근로자가 소득공제를 받을 수 없다(근로자 부담분이 없기 때문에).

4대 보험 근로자 부담분 중 국민연금 납입액은 '4-2-3 연금보험료공제'로 전액 소득공제받고, 건강보험료(노인장기요양보험료)와 고용보험료 근로자 부담분은 특별소득공제 중 보험료소득공제로 전액 공제받는다.

2) 주택자금소득공제

무주택세대주로서 근로소득이 있는 거주자(일용근로자 제외)가 주택 마련을 위하여 주택청약종합저축에 납입한 금액, 주택임차를 위하여 차입한 전세보증금 차입금의 원리금상환액, 주택구입시 차입한 장기주택저당차입금의 이자상환액에 대해서는 일정한 금액을 해당 과세기간의 근로소득금액에서 공제한다.

공제액	공제 한도	
주택청약종합저축납입액×40%(Ⓐ)	Min (①, ②) ① Ⓐ + Ⓑ ② 연 400만원	Min (①, ②) ① Ⓐ + Ⓑ + Ⓒ ② 연 600 · 800 · 1,800 · 2,000만원
주택임차차입금 원리금 상환액×40%(Ⓑ)		
장기주택저당차입금 이자상환액(Ⓒ)		

> 🔲 **자금주택자금소득공제 세부내용**
> * 주택청약종합저축납입액 소득공제
>   - 공제대상자 : 해당 과세기간의 총급여액이 7천만원 이하이며, 해당 과세기간 중 무주택세대의 세대주 또는 세대주의 배우자
>   - 공제대상 주택자금 : 2025.12.31.까지 해당 과세기간에 청약종합저축에 납입한 금액(연 240만원을 납입한도로 함)
> * 주택임차차입금 원리금상환액 소득공제
>   - 공제대상자 : 과세기간 종료일 현재 무주택세대의 세대주
>   - 공제대상 주택자금 : 국민주택규모의 주택(주거용 오피스텔 포함)을 임차하기 위하여 지급하는 주택임차차입금의 원리금 상환액
> * 장기주택저당차입금 이자상환액 소득공제
>   - 공제대상자 : 취득 당시 무주택 세대 또는 1주택을 보유한 세대의 세대주로서, 세대구성원이 보유한 주택을 포함하여 과세기간 종료일 현재 1주택을 보유한 경우
>   - 공제대상 주택자금 : 취득 당시 주택의 기준시가가 6억원 이하인 주택을 취득하기 위하여 그 주택에 저당권을 설정하고 차입한 장기주택저당차입금의 이자를 지급하였을 때 해당 과세기간에 지급한 이자상당액

4-2-5 조세특례제한법상 소득공제

조세특례제한법에서는 조세정책적인 목적을 위해 소득공제항목을 두고 있다. 근로자에게 적용되는 대표적인 소득공제항목으로는 신용카드 등 사용금액에 대한 소득공제를 들 수 있다.

4-3　종합소득세액

4-3-1 종합소득세액 계산구조

종합소득세액은 다음과 같은 계산구조로 이루어져 있다.

```
       종합소득 과세표준
 (×)   종 합 소 득 세 율 … 6%~45% 8단계 누진세율
       종합소득 산출세액
 (-)   세액공제 · 세액감면
       종합소득 결정세액
 (-)   기 납 부 세 액 … 원천징수세액(근로소득과 관련)
       차 감 납 부 할 세 액
```

4-3-2 종합소득 산출세액

종합소득 산출세액은 해당 과세기간의 종합소득 과세표준에 종합소득세율(기본세율)을 적용하여 계산된다.

과세표준	산출세액	
	초과누진방식	누진공제방식
1,400만원 이하	과세표준×6%	과세표준×6%
1,400만원 초과 5,000만원 이하	84만원+1,400만원 초과액×15%	과세표준×15% － 126만원
5,000만원 초과 8,800만원 이하	624만원+5,000만원 초과액×24%	과세표준×24% － 576만원

과세표준	산출세액	
	초과누진방식	누진공제방식
8,800만원 초과 1억5천만원 이하	1,536만원 + 8,800만원 초과액×35%	과세표준×35% − 1,544만원
1억5천만원 초과 3억원 이하	3,706만원+1억5천만원 초과액×38%	과세표준×38% − 1,994만원
3억원 초과 5억원 이하	9,406만원+ 3억원 초과액×40%	과세표준×40% − 2,594만원
5억원 초과 10억원 이하	1억7,406만원+ 5억원 초과액×42%	과세표준×42% − 3,594만원
10억원 초과	3억8,406만원+ 10억원 초과액×45%	과세표준×45% − 6,594만원

종합소득 산출세액의 계산방식은 초과누진방식(소득세법 표현방식)과 누진공제방식(실무상 적용방식)이 있으며, 어떤 방식을 사용하더라도 계산결과는 동일하다.

예를 들어, 과세표준이 7천만원인 경우 산출세액을 계산해 보면 ① 초과누진방식에 의한 산출세액과 ② 누진공제방식에 의한 산출세액은 다음과 같이 동일하다.

① 초과누진방식에 의한 산출세액 : 6,240,000원+(70,000,000원-50,000,000원)×24%
= 11,040,000원

② 누진공제방식에 의한 산출세액 : 70,000,000원×24%-5,760,000원 = 11,040,000원

4-3-3 세액공제 및 세액감면

소득세법과 조세특례제한법에서는 다양한 세액공제과 세액감면 규정을 두고 있지만, 여기서는 근로소득자에게 적용될 수 있는 대표적인 세액공제 규정들에 대해서 살펴보기로 한다.

1) 근로소득세액공제

근로소득이 있는 거주자(국내근로소득이 있는 자 뿐만 아니라 국외근로소득이 있는 자도 해당됨)에 대해서는 근로소득세액공제를 적용한다.

구 분		내 용	
상용근로자 세액공제액	공제액	근로소득 산출세액	세액공제액
		130만원 이하	근로소득 산출세액 × 55%
		130만원 초과	715,000원+(근로소득 산출세액-130만원)×30%

구 분	내 용		
공제한도	총급여액		공제한도
	3,300만원 이하		74만원
	3,300만원 초과 7,000만원 이하		Max(①, ②) ① 74만원-[(총급여액-3,300만원)×8/1,000] ② 66만원
	7,000만원 초과 1억 2천만원 이하		Max(①, ②) ① 66만원-[(총급여액-7,000만원)×1/2] ② 50만원
	1억 2천만원 초과		Max(①, ②) ① 50만원-[(총급여액-1억2천만원)×1/2] ② 20만원
일용근로자 세액공제액	근로소득에 대한 산출세액 × 55%		

2) 자녀세액공제

종합소득이 있는 거주자의 기본공제대상자에 해당하는 자녀(공제대상자녀에는 입양자 및 위탁아동을 포함) 및 손자녀가 있는 경우에는 자녀세액공제를 적용한다.

구 분	내 용	
세액공제액	구분	자녀세액공제액
	① 자녀수 공제	공제대상자녀 및 손자녀로서 8세 이상의 사람이 • 1명인 경우 : 연 25만원 • 2명인 경우 : 연 55만원 • 3명 이상인 경우 : 연 55만원+2명을 초과하는 1명당 연 40만원
	② 출산 · 입양 공제	해당 과세기간에 출산하거나 입양신고한 공제대상자녀가 있는 경우 • 출산 · 입양신고한 공제대상자녀가 첫째인 경우 : 연 30만원 • 출산 · 입양신고한 공제대상자녀가 둘째인 경우 : 연 50만원 • 출산 · 입양신고한 공제대상자녀가 셋째 이상인 경우 : 연 70만원

3) 연금계좌세액공제

종합소득이 있는 거주자가 연금계좌(사적연금 : 연금저축, 퇴직연금)에 납입한 금액이 있는 경우 연금계좌세액공제를 적용한다.

구 분	내 용
세액공제액	연금계좌세액공제액 = Min(①, ②)×공제율* ① Min[(연금저축계좌납입액, 연금저축계좌납입액 한도*)]+퇴직연금계좌납입액 ② 퇴직연금계좌납입액 포함 한도*

* 연금저축계좌납입액 한도, 퇴직연금계좌납입액 포함 한도 및 공제율

종합소득금액 (근로소득만 있는 경우 총급여액)	연금저축계좌납입액 한도 (퇴직연금계좌납입액 포함 한도)	세액공제율
4,500만원 이하 (5,500만원 이하)	연 600만원 (연 900만원)	15%
4,500만원 초과 (5,500만원 초과)		12%

연금계좌세액공제 사례

〈사례 1〉 총급여액 5,000만원인 근로소득만 있는 거주자의 연금계좌세액공제

	연금저축납입액	퇴직연금납입액	연금계좌세액공제액 Min(①, ②)×15%
1	500만원	200만원	① Min(500만원, 600만원)+200만원 = 700만원 ② 900만원 → 700만원×15% = 105만원
2	200만원	500만원	① Min(200만원, 600만원)+500만원 = 700만원 ② 900만원 → 700만원×15% = 105만원
3	700만원	0원	① Min(700만원, 600만원)+ 0원 = 600만원 ② 900만원 → 600만원×15% = 90만원
4	0원	700만원	① Min(0원, 600만원)+700만원 = 700만원 ② 900만원 → 700만원×15% = 105만원

〈사례 2〉 총급여액 1억 4,000만원인 근로소득만 있는 거주자의 연금계좌세액공제

	연금저축납입액	퇴직연금납입액	연금계좌세액공제액 Min(①, ②)×12%
1	500만원	200만원	① Min(500만원, 600만원)+200만원 = 700만원 ② 900만원 → 700만원×12% = 84만원
2	200만원	500만원	① Min(200만원, 600만원)+500만원 = 700만원 ② 900만원 → 700만원×12% = 84만원
3	700만원	0원	① Min(700만원, 600만원)+ 0원 = 600만원 ② 900만원 → 600만원×12% = 72만원
4	0원	700만원	① Min(0원, 600만원)+700만원 = 700만원 ② 900만원 → 700만원×12% = 84만원

4) 보험료세액공제(특별세액공제)

근로소득이 있는 거주자(일용근로자 제외)가 해당 과세기간에 보장성보험(만기에 환급되는 금액이 납입보험료를 초과하지 않는 보험)의 보험계약에 따라 공제대상 보험료를 지급한 경우 보험료세액공제를 적용한다.

구 분	내 용
세액공제액	보험료세액공제액 = ①×15% + ②×12% 　① 장애인전용보장성보험료(연 100만원 한도) 　② 일반보장성보험료(연 100만원 한도)

1. 공제대상 보험료 세부내용

1. 장애인전용보장성보험료 : 기본공제대상자 중 장애인을 피보험자 또는 수익자로 하는 장애인전용보험으로서 보험료 등 납입영수증에 장애인전용보험 등으로 표시된 것
2. 일반보장성보험료 : 기본공제대상자를 피보험자로 하는 보험으로서 보험료 등 납입영수증에 보험료공제대상임이 표시된 보험의 보험료
3. 주택임차보증금의 반환을 보증하는 것을 목적으로 하는 주택임차보증금 반환 보험료도 보험료세액공제대상인 보장성보험료에 해당됨(보증대상 임차보증금이 3억원 이하인 경우에 한정)
4. 보험료세액공제는 보험기간과 관계없이 납입시점에 속하는 과세기간에 공제
5. 장애인전용보장성보험의 보험료에 대하여 장애인전용보장성보험료 세액공제와 일반보장성보험료 세액공제를 중복하여 적용받을 수 없음

2. 근로소득이 있는 거주자가 부담하는 건강보험료·노인장기요양보험료·고용보험료(공적 보험료)와 보장성보험료(사적 보장성보험료)에 대한 소득세법상 처리 비교

1. 건강보험료·노인장기요양보험료·고용보험료 부담액 : 부담한 보험료 전액을 종합소득공제 중 보험료소득공제 받음
2. 보장성보험료 부담액 : [① 장애인전용보장성보험료(연 100만원 한도)×15% + ② 일반보장성보험료 (연 100만원 한도)×12%]로 종합소득세액공제 중 보험료세액공제 받음

5) 의료비세액공제(특별세액공제)

근로소득이 있는 거주자(일용근로자 제외)가 기본공제대상자(나이 및 소득금액의 제한을 받지 않음)을 위하여 해당 과세기간에 의료비를 지급한 경우에는 의료비세액공제를 적용한다.

구 분	내 용
세액공제액	의료비세액공제액 = ((①+②)×15%+③×20%+④×30% ① 일반의료비 : Min(ⓐ, ⓑ) 　　ⓐ 기본공제대상자를 위하여 지급한 의료비(②·③·④의 의료비는 제외) - 총급여액×3% 　　ⓑ 연 700만원 ② 특정의료비(본인 등 의료비) : 다음 중 어느 하나에 해당하는 사람의 위하여 지급한 의료비[*1] 　　ⓐ 해당 거주자 　　ⓑ 과세기간 종료일 현재 65세 이상인 사람 　　ⓒ 과세기간 종료일 현재 6세 이하인 사람 　　ⓓ 장애인 　　ⓔ 건강보험산정특례자에 해당하는 중증질환자, 희귀난치성질환자, 결핵환자 ③ 미숙아 및 선천성이상아를 위하여 지급한 의료비[*2] ④ 난임시술비[모자보건법에 다른 보조생식술에 소요된 비용(처방받은 의약품구입비용 포함)][*3]

*1 '①'의 의료비가 총급여액의 3%에 미달하는 경우에는 그 미달하는 금액을 뺌
*2 '①·②'의 의료비 합계액이 총급여액의 3%에 미달하는 경우에는 그 미달하는 금액을 뺌
*3 '①·②·③'의 의료비 합계액이 총급여액에 3%를 곱하여 계산한 금액에 미달하는 경우에는 그 미달하는 금액을 뺌

공제대상 의료비

공제대상 의료비	공제대상 제외 의료비
해당 근로자가 직접 부담하는 다음 중 어느 하나에 해당하는 의료비(보험회사 등으로부터 지급받은 실손의료보험금은 제외) ① 진찰·진료·질병예방을 위해 의료법에 의한 의료기관에 지급하는 비용 ② 치료·요양을 위한 약사법에 따른 의약품(한약 포함) 구입·지급비용 ③ 장애인보장구·의사처방에 따른 의료기기 직접 구입·임차비용 ④ 시력보정용안경·콘택트렌즈 구입비용(1명당 연 50만원 한도) ⑤ 보청기구입비용 ⑥ 노인장기요양보험법에 따른 장기요양급여에 대한 비용으로서 실제지출한 본인일부부담금 ⑦ 산후조리원에 산후조리 및 요양의 대가로 지급하는 비용으로서 출산 1회당 200만원 이내의 금액	① 미용·성형수술비용 ② 건강증진을 위한 의약품 구입비용 ③ 국외소재 의료기관에 지급한 의료비 ④ 간병인에게 지급하는 비용 ⑤ 스포츠센터 재활비용

🔎 의료비세액공제사례

〈사례 1〉 총급여액 8천만원인 근로소득자의 의료비세액공제(일반의료비가 총급여액의 3%를 초과)

일반 의료비	특정 의료비	미숙아 등 의료비	난임 시술비	의료비세액공제액
1,100만원	600만원	500만원	400만원	((①+②)×15%+③×20%+④×30%=415만원 ① Min(1,100만원-8천만원×3%, 700만원)=700만원 ② 600만원 ③ 500만원 ④ 400만원
700만원	600만원	500만원	400만원	((①+②)×15%+③×20%+④×30%=379만원 ① Min(700만원-8천만원×3%, 700만원)=460만원 ② 600만원 ③ 500만원 ④ 400만원

〈사례 2〉 총급여액 8천만원인 근로소득자의 의료비세액공제(일반의료비가 총급여액의 3%에 미달)

일반 의료비	특정 의료비	미숙아 등 의료비	난임 시술비	의료비세액공제액
100만원	600만원	500만원	400만원	((①+②)×15%+③×20%+④×30%=289만원 ① Min(100만원-8천만원×3%, 700만원)=△140만원 ② 600만원 ③ 500만원 ④ 400만원
0원	600만원	500만원	400만원	((①+②)×15%+③×20%+④×30%=274만원 ① Min(0원-8천만원×3%, 700만원)=△240만원 ② 600만원 ③ 500만원 ④ 400만원

<사례 3> 총급여액 8천만원인 근로소득자의 의료비세액공제
(일반의료비와 특정의료비의 합계액이 총급여액의 3%에 미달하는 경우)

일반 의료비	특정 의료비	미숙아 등 의료비	난임 시술비	의료비세액공제액
100만원	100만원	500만원	400만원	(①+②)×15%+③×20%+④×30%=212만원 ① Min(100만원-8천만원×3%, 700만원)=△140만원 ② 100만원 ③ 500만원-40만원=460만원 ④ 400만원
0원	0원	500만원	400만원	(①+②)×15%+③×20%+④×30%=174만원 ① Min(0원-8천만원×3%, 700만원)=△240만원 ② 0원 ③ 500만원-240만원=260만원 ④ 400만원

<사례 4> 총급여액 8천만원인 근로소득자의 의료비세액공제
(일반의료비·특정의료비·미숙아 등 의료비의 합계액이 총급여액의 3%에 미달하는 경우)

일반 의료비	특정 의료비	미숙아 등 의료비	난임 시술비	의료비세액공제액
50만원	50만원	100만원	500만원	(①+②)×15%+③×20%+④×30%=138만원 ① Min(50만원-8천만원×3%, 700만원)=△190만원 ② 50만원 ③ 100만원-140만원=△40만원 ④ 500만원-40만원=460만원
0원	0원	0원	500만원	(①+②)×15%+③×20%+④×30%=78만원 ① Min(0원-8천만원×3%, 700만원)=△240만원 ② 0원 ③ 0원-240만원=△240만원 ④ 500만원-240만원=260만원

6) 교육비세액공제(특별세액공제)

근로소득이 있는 거주자(일용근로자 제외)가 그 거주자와 기본공제대상자(나이의 제한을 받지 않되, 장애인의 기능향상과 행동발달을 위한 발달재활서비스를 제공하는 기관에 대해서는 과세기간 종료일 현재 18세 미만인 사람만 해당)를 위하여 해당 과세기간에 공제대상 교육비를 지급한 경우에는 교육비세액공제를 적용한다.

구 분	내 용

세액공제액	교육비세액공제액 = Min(①, ②)×15%
	 ① 교육비지출액−소득세 · 증여세가 비과세되는 학자금 · 장학금 수령액[*]
	 ② 한도
	     ⓐ 본인을 위한 일반교육비 : 한도 없음
	     ⓑ 가족을 위한 일반교육비 : 기본공제대상자인 배우자 · 직계비속 · 형제자매 · 입양자 · 위탁아동을 위하여 지출한 일반교육비(직계존속 포함 ×)
	     • 대학생 1명당 연 900만원
	     • 초등학교 취학전 아동, 초 · 중 · 고등학생 1명당 연 300만원
	     ⓒ 장애인 특수교육비 : 기본공제대상자인 장애인(소득금액의 제한도 받지 않음)을 위하여 지출한 장애인 특수교육비(직계존속 포함 ○) : 한도 없음

* 소득세 · 증여세가 비과세되는 학자금 · 장학금의 범위
  ① 사내근로복지기금으로부터 받은 장학금 등
  ② 재학 중인 학교로부터 받은 장학금 등
  ③ 근로자인 학생이 직장으로부터 받은 장학금 등
  ④ 그 밖에 각종 단체로부터 받은 장학금 등

1. 공제대상 교육비

구 분		공제대상 교육비	대상자	
			본인	가족
일반교육비	초등학교 취학 전 아동 교육비	유치원 교육비	○	○
		영유아보육법에 따른 어린이집 교육비, 학원·체육시설 교육비(급식비, 방과후 과정, 특별활동비, 해당 시설에서 구입한 도서구입비 포함)	×	○
	초·중·고등학생 교육비	초등학교·중학교·고등학교 교육비(학원 수강료는 공제 안됨) 대학입학전형료, 수능응시료	○	○
	대학생 교육비	대학교 교육비	○	○
	평생교육시설 등 교육비	고등학교 졸업 이하의 학력이 인정되는 학교형태의 평생교육시설·전공대학 명칭을 사용할 수 있는 평생교육시설·원격대학·학위취득과정 교육비	○	○
	유학생 교육비	국외교육기관(유치원, 초·중·고·대학교) 교육비	○	○
	대학원생 교육비	대학원의 1학기 이상에 해당하는 교육과정과 시간제과정에 지급하는 교육비	○	×
	근로자직업능력개발 훈련시설 수강료	근로자직업능력개발 훈련시설 수강료(고용보험법에 따른 근로자의 직무능력향상을 위한 지원금은 차감한 금액)	○	×
	학자금대출 원리금상환액	학자금대출의 원리금 상환에 지출한 교육비(감면받거나 면제받은 금액, 지방자치단체·공공단체로부터 지원받아 상환한 금액은 차감한 금액)	○	×
장애인특수교육비 (국가 등으로부터 지원받는 금액은 제외)		① 사회복지시설, 장애인재활교육 실시기관으로 인정된 비영리법인 ② 장애인(장애아동)의 기능향상과 행동발달을 위한 발달 재활서비스 제공기관(지방자치단체가 지정한 기관) ③ 위와 유사한 외국에 있는 시설 또는 법인	○	○

2. 취학 전 아동 및 초·중·고등학생 교육비 포함항목 비교정리

구분		취학전아동	초등학생	중학생	고등학생
급식비(학교지급)		○	○	○	○
교과서대금(학교구입)		×	○	○	○
방과후과정 방과후학교	수업료·특별활동비	○	○	○	○
	도서구입비(학교구입)	○	○	○	○
	도서구입비(학교외 구입)	×	○	○	○
교복구입비(학생 1명당 연 50만원 한도)		×	×	○	○
현장체험학습비(학생 1명당 연 30만원 한도)		×	○	○	○

7) 월세세액공제

과세기간 종료일 현재 무주택 세대의 세대주(세대주가 월세세액공제 및 주택자금소득공제를 받지 않는 경우에는 세대의 구성원을 말함)로서 해당 과세기간의 총급여액이 8천만원 이하인 근로소득이 있는 거주자(해당 과세기간에 종합소득과세표준을 계산할 때 합산하는 종합소득금액이 7천만원을 초과하는 사람은 제외)가 월세액을 지급하는 경우(월세세액공제는 거주자가 신청한 경우에 적용)에는 월세세액공제를 적용한다.

구 분	내 용
세액공제액	Min(월세액, 1천만원)×15%(또는 17%) • 월세액 = 임대차계약증서상 주택임차기간 중 지급하여야 하는 월세액의 합계액 　　　　　　× (해당 과세기간의 임차일수/주택임대차 계약기간에 해당하는 일수) • 17% 공제율 적용 대상자 : 해당 과세기간의 총급여액이 5,500만원 이하인 근로자(해당 과세기간에 종합소득과세표준을 계산할 때 합산하는 종합소득금액이 4,500만원 이하인 자)의 경우는 17% 공제율 적용

📑 공제대상 월세액

다음의 요건을 충족하는 주택(주택법 시행령에 따른 오피스텔과 건축법 시행령에 따른 고시원업의 시설 포함)을 임차하기 위하여 지급하는 월세액(사글세액 포함)

1. 국민주택규모의 주택이거나 기준시가가 4억원 이하인 주택일 것(이 경우 해당 주택이 다가구주택이면 가구당 전용면적을 기준으로 함)
2. 주택에 딸린 토지가 10배(도시지역의 토지는 5배)를 초과하지 아니할 것
3. 임대차계약증서의 주소지와 주민등록표 등본의 주소지가 같을 것
4. 해당 거주자 또는 해당 거주자의 기본공제대상자인 배우자 및 생계를 같이하는 부양가족이 임대차계약을 체결하였을 것

4-4 기납부세액

기납부세액은 해당 과세기간 중에 미리 선납한 소득세을 말하는 것으로 결정세액에서 기납부세액을 차감한 금액이 차감납부할 세액이 된다. 기납부세액의 종류로는 원천징수당한 소득, 중간예납세액 및 수시부과세액 등이 있고, 근로소득자의 경우 기납부세액은 소득의 지급자가 원천징수한 세액이 이에 해당한다.

정 리 문 제

01. 다음 (   ) 안에 들어갈 내용으로 알맞게 짝지어진 것은?

> (㉠   )이란 근로소득금액을 지급하는 자가 당해 과세연도의 총급여액에 대한 근로소득세액을 세법에 따라 정확하게 계산하여 매월 급여 지급시 원천징수한 기납부세액과 비교한 후, 다음 연도의 (㉡   )월분 급여를 지급하는 때에 많이 징수한 세액은 돌려주고, 적게 징수한 세액은 추가 징수하는 절차를 말한다.

	㉠	㉡
①	확정신고	1
②	연말정산	2
③	연말정산	1
④	확정신고	2

02. 다음 중 소득세법상 근로소득 연말정산에 대한 설명으로 옳지 않은 것은?

① 연말정산은 해당 과세기간의 다음연도 2월분 급여를 지급할 때 한다.
② 연말정산은 근로소득만 있다고 가정할 때의 소득세 결정세액을 계산하여 정산한다.
③ 근로소득이 있는 자가 연말정산 후 다른 소득이 없으면 연말정산으로 납세의무가 종결된다.
④ 근로소득 외의 다른 종합소득이 있으면 다음연도 3월에 이를 합산하여 종합소득세를 신고 납부한다.

03. 다음 중 소득세법상 인적공제 기본공제 대상자에 대한 설명으로 잘못된 것은?

① 본인 : 나이, 소득금액제한 없음
② 배우자 : 나이, 소득금액제한 없음
③ 직계존속 : 나이 60세 이상, 연간 소득금액 100만원 이하
④ 직계비속 : 나이 20세 이하, 연간 소득금액 100만원 이하

04. 다음 중 소득세법상 인적공제의 기본공제 대상이 아닌 것은?

① 본인

② 연간 소득금액 100만원 이하의 배우자

③ 65세 이상 연간 소득금액 100만원 이하의 직계존속

④ 22세 이하의 직계비속

05. 다음 중 소득세법상 기본공제대상자 판정시 연령제한 요건으로 옳지 않은 것은?

① 직계존속 : 60세 이상

② 직계비속 : 20세 이하

③ 형제자매 : 20세 이하 또는 60세 이상

④ 국민기초 보장법에 의한 수급자 : 18세 미만

06. 소득세법상 인적공제에 관한 설명으로 옳은 것은?

① 기본공제는 1인당 연 250만원이 근로소득금액에서 공제된다.

② 배우자공제는 나이는 무관하나 연간 소득 금액이 150만원 이하만 가능하다.

③ 부양가족 공제 중 직계존속은 70세 이상, 직계비속은 20세 이하만 가능하다.

④ 추가공제 중 경로우대공제는 70세 이상만 가능하며 1명당 연 100만원까지 공제된다.

07. 소득세법상 배우자의 기본공제대상 판정으로 틀린 것은?

① 배우자의 공제대상 요건에 나이제한은 없다.

② 배우자의 공제대상 요건에 생계를 같이 해야 한다는 요건은 없다.

③ 거주자의 배우자(근로소득만 있음)로서 총급여가 700만원인 배우자는 기본공제대상자이다.

④ 해당 연도 중 사망한 배우자는 기본공제대상자이다.

08. 다음 중 소득세법상 기본공제에 관한 설명으로 옳지 않은 것은?

① 기본공제액은 1명당 연 150만원이며, 기본공제대상자의 수에 제한이 없다.

② 거주자의 배우자로서 연간 소득금액이 없는 경우에만 기본공제 대상자이다.

③ 해당 거주자 본인도 기본공제 대상자이다.

④ 거주자의 부양가족으로서 장애인의 경우 연간 소득금액의 합계액이 100만원 이하인 사람은 기본공제 대상자이다.

09. 다음 중 소득세법상 기본공제 대상자에 대한 설명으로 틀린 것은?

① 기본공제 대상자 1인당 150만원을 종합소득금액에서 공제한다.

② 부양가족이 장애인에 해당하는 경우에는 나이의 제한을 받지 않는다.

③ 기본공제 대상자가 아닌 자는 추가공제대상자가 될 수 없다.

④ 총급여가 100만원 초과인 배우자(근로소득만 있음)는 기본공제 대상자가 될 수 없다.

10. 다음 중 소득세법상 종합소득공제 중 기본공제에 해당하는 것은?

가. 배우자 150만원 공제	나. 장애인 아들 200만원 공제
다. 70세 본인 100만원 공제	라. 62세 아버지 150만원 공제

① 가, 라　　　　② 가, 다　　　　③ 나, 다　　　　④ 나, 라

11. 다음 소득세법상 종합소득공제에 대한 설명으로 사실과 다른 것은?

① 장애인인 부양가족은 나이의 제한은 없으나 소득금액의 제한이 있다.

② 직계비속은 취학의 사유로 본래 주소에서 일시 퇴거해도 부양가족으로 공제할 수 있다.

③ 분리과세배당소득만 있는 거주자는 종합소득공제를 적용하지 않는다.

④ 거주자의 직계존속이 형편상 별거하면 생계를 같이 하는 것으로 보지 않는다.

12. 다음 중 소득세법상 기본공제에 대한 설명으로 옳지 않은 것은?

① 생계를 같이 하는 부양가족에 대한 기본공제 금액은 1명당 연 150만원이다.

② 거주자의 배우자에 대한 기본공제는 나이 요건은 없고 소득금액 요건만 있다.

③ 기본공제 대상자인 부양가족의 나이 요건은 직계존속 60세 이상, 직계비속은 20세 이하이다.

④ 부양가족 중 장애인에 대한 기본공제는 나이와 소득금액의 제한을 받지 않는다.

13. 다음 중 소득세법상 인적공제에 설명으로 옳은 것은?

① 직계비속이 해당 과세기간 중에 20세가 된 경우에는 기본공제대상자가 될 수 없다.

② 배우자 공제는 연령의 제한은 없으나 연간 소득금액의 제한은 있다.

③ 기본공제대상자가 아닌 자도 추가공제대상자가 될 수 있다.

④ 직계비속 중 장애인은 나이, 소득금액 모두 제한이 없다.

14. 다음 중 소득세법상 종합소득공제 계산시 거주자의 부양가족으로 기본공제 적용 대상에 해당하지 않는 것은?

① 부모님   ② 자녀

③ 형제자매   ④ 고모

15. 다음 중 소득세법상 인적공제 중 기본공제의 나이 요건으로 틀린 것은?

① 직계존속 : 70세 이상

② 직계비속 : 20세 이하

③ 배우자 : 나이요건 없음

④ 형제자매 : 60세 이상 또는 20세 이하인 자

16. 다음 중 소득세법상 기본공제대상자 판정 시 생계를 같이하는 부양가족의 범위에 대한 설명으로 틀린 것은?

① 부양가족은 원칙적으로 해당 과세기간의 종료일 현재의 상황에 따른다.

② 직계존속이 주거 형편에 따라 별거하고 있는 경우에는 생계를 같이하는 것으로 본다.

③ 직계비속이 동거하지 않는 경우 무조건 기본공제 대상자가 되지 아니한다.

④ 배우자는 동거 여부와 무관하게 생계를 같이 하는 사람으로 본다.

17. 다음 중 소득세법상 인적공제에 관한 설명으로 옳지 않은 것은?

① 거주자 본인은 나이요건과 소득요건의 제한을 받지 않는다.

② 거주자의 배우자는 소득요건은 제한이 없으나 나이요건은 제한을 받는다.

③ 거주자와 생계를 같이하는 직계존속의 나이요건은 만 60세 이상이다.

④ 거주자의 직계비속의 소득요건은 해당 과세기간의 소득금액 합계액이 100만원 이하이다.

18. 다음 중 소득세법상 종합소득공제시 추가공제에 대한 설명으로 가장 틀린 것은?

① 65세 이상인 사람의 경우 1명당 연 100만원의 추가공제가 가능하다.

② 대통령령으로 정하는 장애인인 경우 1명당 연 200만원의 추가공제가 가능하다.

③ 기본공제대상자 중에서 추가공제를 받을 수 있다.

④ 배우자가 없으나 기본공제대상자인 직계비속이 있는 경우 연 100만원의 추가공제가 가능하다.

19. 다음 중 소득세법상 아래 빈 칸 ㉠, ㉡에 알맞은 것은?

> 기본공제 대상자 중 70세 이상인 사람 1명당 연(㉠)만원, 대통령령으로 정하는 장애인인 경우 연
> (㉡)만원을 추가로 공제한다.

	㉠	㉡
①	50	200
②	100	100
③	100	200
④	200	100

20. 다음 중 소득세법상 추가공제 대상자의 공제금액으로 옳은 것은?

① 경로우대공제 : 1인당 연 150만 원　　② 부녀자공제 : 연 100만 원

③ 한부모공제　　: 연 50만 원　　　　④ 장애인공제 : 1인당 연 200만 원

21. 소득세법상 거주자 김경인씨의 부양가족에 대한 기본공제와 추가공제의 합(거주자 김경인씨에 대한 공제
는 제외)은 얼마인가?(부양가족은 72세인 아버지, 66세인 어머니(장애인) 두 사람이며 두 명 모두 연간소
득금액이 100만원 이하인 기본공제대상자이다.)

① 300만원　　　　　　　　　② 400만원

③ 600만원　　　　　　　　　④ 800만원

22. 근로소득이 있고 독신인 75세 장애인이 아닌 남성 본인의 근로소득세액 연말정산을 할 때 소득공제
중 인적공제는 얼마인가?

① 150만원　　　　　　　　　② 200만원

③ 250만원　　　　　　　　　④ 300만원

23. 다음 중 소득세법상 배우자가 없는 거주자(남성)가 기본공제대상자인 직계비속이 있는 경우 기본공제
외에 추가로 소득공제 받을 수 있는 금액은 얼마인가?

① 50만원　　　　　　　　　② 100만원

③ 150만원　　　　　　　　　④ 200만원

24. 소득세법상 연간소득금액 100만원 이하인 기본공제 대상이 되는 75세 직계존속(장애인)에 대한 종합소득인적공제액으로 옳은 것은?

① 250만원   ② 300만원

③ 350만원   ④ 450만원

25. 다음 중 소득세법상 생계를 같이 하는 소득자(거주자)의 형제자매 중 기본공제가 가능한 경우는? (단, 형제자매는 소득이 없으며 장애인이 아니다.)

① 15세 동생   ② 25세 동생

③ 35세 형   ④ 45세 누나

26. 다음 중 〈보기〉에서 소득세법상 소득공제금액이 같은 것으로 짝지어진 것은? (모두 공제가능하다고 가정)

| ㄱ. 기본공제 중 본인공제   ㄴ. 한부모공제   ㄷ. 경로우대공제   ㄹ. 장애인 공제 |

① ㄱ, ㄴ   ② ㄴ, ㄷ

③ ㄷ, ㄹ   ④ ㄱ, ㄴ, ㄷ

27. 다음 중 소득세법상 특별소득공제 항목으로 옳은 것을 고른 것은?

① 기본공제   ② 연금보험료공제

③ 보험료소득공제   ④ 자녀세액공제

28. 다음 중 소득세법상 특별소득공제 중 전액공제 대상이 아닌 것은?

① 고용보험료

② 국민건강보험료

③ 주택임차자금 차입금의 원리금 상환액

④ 노인장기요양보험료

29. 소득세법상 근로자가 부담하는 다음 항목 중 전액소득공제 대상에 해당하는 것만을 고른 것은?

가. 주택자금 소득공제	나. 국민연금보험료공제
다. 고용보험료공제	라. 신용카드 소득공제

① 가, 나   ② 나, 다

③ 가, 라   ④ 다, 라

30. 다음 중 소득세법상 거주자로서 기본공제대상자에 해당하는 8세 이상 자녀가 각각 1인, 2인, 3인, 4인인 경우에 자녀세액공제액이 잘못 계산된 것은?

① 1인 : 25만원   ② 2인 : 55만원

③ 3인 : 95만원   ④ 4인 : 125만원

31. 부양 중인 자녀(기본공제대상자에 해당)가 다음과 같을 때 소득세법상 자녀세액공제는 얼마인가?

・첫째 아들 : 10세	・둘째 딸 : 8세	・셋째 아들 : 4세(2년전 입양신고)

① 15만원   ② 55만원

③ 45만원   ④ 60만원

32. 다음 중 소득세법상 자녀세액공제에 대한 내용으로 가장 잘못된 것은?

① 기본공제대상이 1명인 경우 세액공제액은 25만원이다.

② 기본공제대상이 2명인 경우 세액공제액은 55만원이다.

③ 기본공제대상이 3명 이상인 경우 세액공제액은 55만원 + (공제대상 자녀 수 - 2명) × 40만원이다.

④ 출산, 입양자녀가 있는 경우 세액공제액은 해당 과세기간에 출산, 입양신고한 자녀 수 × 30만원(둘째 70만원, 셋째 90만원)을 공제한다.

33. 다음 중 소득세법상 종합소득이 있는 거주자가 해당 과세기간에 입양 신고한 자녀(둘째)가 있는 경우 입양에 따른 자녀세액추가공제액은 얼마인가?

① 30만원   ② 50만원   ③ 70만원   ④ 100만원

34. 다음 중 소득세법상 자녀세액공제에 관한 설명으로 옳지 않은 것은?

① 기본공제대상자로서 8세 이상인 자녀가 1명이면 25만원의 자녀세액공제가 가능하다.
② 기본공제대상자로서 8세 이상인 자녀가 2명이면 55만원의 자녀세액공제가 가능하다.
③ 기본공제대상자로서 8세 이상인 자녀가 3명이면 85만원의 자녀세액공제가 가능하다.
④ 기본공제대상자로서 8세 이상인 자녀가 4명이면 135만원의 자녀세액공제가 가능하다.

35. 소득세법상 세액공제대상인 의료비가 아닌 것은?

① 장애인보장구 구입비용
② 시력보정용안경, 콘택트렌즈구입비용 (1인당 연 50만원 이내)
③ 보청기구입비용
④ 미용목적인 성형수술을 위한 의료비용

36. 다음 중 소득세법상 특별세액공제대상 의료비에 속하지 않은 것은?

① 외국소재 종합병원에서 진료한 성형수술비
② 치료를 위한 의약품 구입비
③ 장애 회복을 위한 수술비
④ 보청기 구입을 위하여 지출한 비용

37. 다음 중 소득세법상 다음 (   )안에 들어갈 알맞은 단어는 무엇인가?

> 시력보정용 안경 또는 콘택트렌즈를 구입하기 위하여 지출한 비용으로서 기본공제대상자(연령 및 소득 금액의 제한을 받지 아니한다) 1명당 연 (   ) 이내의 금액은 의료비 공제대상이 된다.

① 30만원   ② 40만원   ③ 50만원   ④ 60만원

38. 다음 중 소득세법상 의료비 세액공제 대상에 해당하지 않는 것은?

① 치료·요양을 위한 의약품을 구입하기 위하여 지출한 비용
② 시력보정용 안경 또는 콘택트렌즈 구입비용으로서 기본공제대상자 1명당 연 50만원 이내의 금액
③ 보청기를 구입하기 위하여 지출한 비용
④ 미용·성형수술을 위해 지출한 비용

39. 소득세법상 교육비 세액공제금액 1명당 한도액이 다른 것은?

① 대학생   ② 중학생

③ 고등학생   ④ 초등학생

40. 근로자 본인이 아닌 기본공제대상자인 부양가족을 위하여 지출한 교육비 중에서 소득세법상 교육비 세액 공제대상이 아닌 것은?

① 유치원생을 위하여 지출한 태권도학원 학원비

② 급식을 실시하는 초·중·고등학교의 급식비

③ 초·중·고등학생이 학교에서 구입한 교과서대

④ 대학원생의 등록금

41. 다음 중 소득세법상 교육비세액공제가 적용되는 교육비와 그 한도가 잘못된 것은?

① 기본공제 대상자 장애인 특수교육비 : 연 1,200만원

② 기본공제 대상자 대학 교육비 : 연 900만원

③ 기본공제 대상자 중학교 교육비 : 연 300만원

④ 기본공제 대상자 유치원 교육비 : 연 300만원

42. 소득세법상 교육비세액공제 중 틀린 것은?

① 근로소득이 있는 거주자는 교육비세액공제를 받을 수 있다.

② 교육비세액공제는 공제대상자의 나이 제한이 없다.

③ 거주자 본인의 경우 대학원 교육비도 세액공제 대상 교육비에 해당된다.

④ 교육비세액공제는 공제 대상 교육비의 한도액이 없다.

43. 다음 중 소득세법상 교육비 세액공제에 대한 설명으로 틀린 것은?

① 대학원 교육비는 본인만 공제대상이다.

② 부양가족의 교육비세액공제는 한도가 있다.

③ 취학전 아동의 개인 과외 교습비는 공제대상이 아니다.

④ 교육비세액공제의 공제율은 20%이다.

44. 다음 중 소득세법상 특별세액공제가 아닌 것은?

① 보험료세액공제   ② 의료비세액공제

③ 전자신고세액공제   ④ 교육비세액공제

45. 다음 중 소득세법상 세액공제 적용요건(기본공제대상자 판단기준)을 설명한 것 중 잘못된 것은?

① 보험료세액공제는 소득요건을 충족해야 한다.

② 보험료세액공제는 연령요건을 충족해야 한다.

③ 의료비세액공제는 소득요건, 연령요건 모두 없다.

④ 기부금세액공제는 연령요건을 충족해야 한다.

✓ 저자 약력

김완섭

부산대학교 회계학과 졸업
부산대학교 대학원 회계학과 졸업(경영학박사)
석산조세문제연구소 연구원
부산대학교, 경성대학교, 동서대학교, 부산여자대학교 강사
(현) 경인여자대학교 세무회계학과 교수

저서 및 논문

법인세감면제도의 변천과 법인세감면에 대한 실증연구
경영자에 의한 이익평준화와 그 유인에 관한 실증적 연구
자본시장에 근거한 이익평준화 연구
간접감면을 이용한 법인세평준화연구
법인세평준화연구에 대한 비판적 검토
비상장주식에 대한 국세청 평가심의위원회 평가방법의
적정성에 관한 연구
부가가치세 핵심정리와 사례연구
부가가치세법
NCS기반의 세무실무 외 다수

손정호

중앙대학교 회계학과 졸업
중앙대학교 대학원 회계학과 석사과정 졸업(경영학석사)
중앙대학교 대학원 회계학과 박사과정 수료
세무사, 경영지도사
(전) 일천세무법인 일산 지점장
(전) 안산대학교 겸임교수, 숭의여자대학교 겸임교수,
　　중앙대학교 경영학부 강사
(현) 손정호세무회계사무소 대표세무사, 경인여자대학교 겸임교수,
　　서울디지털대학교 겸임교수, 중앙대학교 평생교육원 강사,
　　한국세무사회 기업회계 출제위원

저서 및 논문

차입경영이 경영성과에 미치는 영향

세법의 이해

		저자와의
5 판 발 행	2025년 3월 5일	협의하에
저　　　자	김완섭 · 손정호	인지생략
발 행 인	허병관	
발 행 처	도서출판 어울림	
주　　　소	서울시 영등포구 양산로 57-5, 1301호 (양평동3가)	
등　　　록	제2-4071호	
전　　　화	02-2232-8607, 8602	
팩　　　스	02-2232-8608	
정　　　가	24,000원	
I S B N	978-89-6239-977-6　　13320